여성·신학·윤리

여성 · 신학 · 윤리

2013년 6월 20일 초판 1쇄 인쇄
2013년 6월 25일 초판 1쇄 발행

지은이 | 이인경
펴낸이 | 김영호
펴낸곳 | 도서출판 동연
등   록 | 제1-1383호(1992. 6. 12)
주   소 | 서울시 마포구 월드컵로 163-3, 2층
전   화 | (02)335-2630
전   송 | (02)335-2640
이메일 | yh4321@gmail.com

ISBN 978-89-6447-212-5 93200

여성 · 신학 · 윤리

이인경 지음

동연

머리말

　'여성', '신학', '윤리'는 소위 학자로서의 내가 누구인지를 말해 주는 것들이다. 그것들 중 어느 하나가 빠져도 나를 온전히 설명하지 못한다. 그런데 이때 나는 단일 정체성을 가진 여성이 아니라 다중 정체성을 가진 여성이다. 하여, 이 책은 그런 내가, 즉 포스트 페미니스트 신학자의 한 사람으로서, '여성'과 '신학'과 '윤리'에 대해 고민하고 성찰하고 연구한 결과들의 모음이다.

　여성으로서 신학을 하고 있는 나는, '여성들의, 여성들에 의한, 여성들을 위한'이라는 기준에 부합하는 여성신학을 나의 신앙적·학문적 성찰의 표현 언어로 선택하였다. 〈1부 여성과 신학: 여성으로 신학하기〉는 나에게로 다가와서 내가 받아들인 여성신학 이야기를 담고 있다. 1부에 실린 두 편의 글은, 부족하지만, 일종의 헌정 논문이다. 오늘의 나를 있게 해 준, 나의 신앙적 갈등과 학문적 고민을 표현할 수 있게 해 준, 선배 여성신학자들과 동시대 여성신학자들에게 바치는 글이다. "내가 더 멀리 본다면, 그것은 거인의 어깨 위에 앉아 있기 때문이다."

1부의 첫 번째 글 "기독교 여성담론의 주체와 주제"는 나의 여성신학 입문과정으로부터 시작하여, 기독교 여성담론으로서의 여성신학의 문제제기와 논의들을 소개하며, 나의 여성신학을 시작하는 첫 운을 떼는 시도를 보여준다. 두 번째 글 "여성의 구원을 위하여 그리고……"는 여성신학의 고전이라 평가되는 엘리자베스 쉬슬러 피오렌자의 『돌이 아니라 빵을』 다시 읽기이다. 대부분의 기독교인에게, 특히 개신교인에게 성서는 신앙과 삶의 절대적인 규범의 자리에 놓여 있지만, 기독교인인 동시에 페미니스트 여성에게는 성서가 그 자체로는 절대적인 규범일 수 없다. 쉬슬러 피오렌자의 여성해방적 성서해석학은 성서가 여성차별·배제·억압을 정당화하는 "시대를 초월한 불변의 하나님의 말씀이 새겨진 돌"이 아니라 "불의와 억압에 대항하여 싸우는 여성들에게 하나님의 백성으로서의 에너지를 주는 빵"이 될 수 있음을 보여줌으로써, 기독교 페미니스트 여성들에게 해법의 실마리를 제공한다.

〈2부 여성과 윤리: 여성의 몸으로 세상 살기〉는, 물리적인 몸으로 살며 사랑하며 죽음을 맞이하는 세상에서 생명살림의 윤리를 모색한 글들이다. 2부의 첫 번째 글 "페미니스트 윤리의 한 모델: 생명살림의 윤리"는 2부 글들의 기본 전제와 관점을 보여준다. 두 번째 글 "생명공학 시대의 모성에 대한 페미니스트 윤리적 분석"은, 가부장제 사회에서 여성에게 강요하는 '도구적 모성'에 문제제기하여, 나의 생물학적 '어머니됨/모성' 경험 분석과 성찰에 기초한 '체험적 모성'의 윤리적 함의를 제시한다. 세 번째 "죽음의 인간화를 위한 생명윤리적 접근"은 의료기술의 발전이 오히려 '난폭한 죽음'의 상황을 초래한 지금, 죽음의 정의와 안락사 문제를 중심으로 '죽음의 인간화'를 모색한 글이다. '세브란스 김 할머니' 사례를 통해 존엄사/안락사 논쟁이 다시 촉발되어 법 제정이 논의되고 있는 한국 현실을 감안할 때, '죽음의 인간화'를 위한 생명윤리적 접근이 절실하다고 하겠다. 비록 이 글이 다른 저자들과 함께 쓴 책에 수록된 글이지만, 굳이 가져온 이유이다. 네 번째 글 "성 전환자의 호적상 성별 정정 허가 판결에 대한 신학적 · 윤리적 분석"은, 성 전환자의 호적상 성별 정정 허가 판결에 대한 한국사회의 반응과 특히 기독교(개신교)의 부정적 태도를 비판하며 그 판결이 가지는 신학적·윤리적 의미를 규정한다.

〈3부 여성과 교회: 여성의 눈으로 교회 다시 보기〉는 2007년 나의 목사 안수를 계기로 교회를 다시 보게 된 이후의 결과물들이다. 그전에는 학교가 나의 주된 영역이었다면, 이제 교회도 본격적으로 나의 삶과 활동의 한 영역으로 들어온 것이다. 3부의 첫 번째 글 "여성신학의 관점에서 본 부흥운동"에서는 1907년 대부흥운동 어간의 여성들의 신앙경험과 신앙행태에 나타난 '여성의 주체됨'을 주목하여 여성신학과 여성윤리의 관점에서 분석한 결과 한국사회와 교회를 변화시킬 변혁의 영성을 발견하였다. 두 번째 글 "최태용에 대한 기독교윤리학적 조명"은 내가 소속된 교단인 기독교대한복음교회의 창립자 최태용 목사의 사상을 기독교윤리학적 관점에서 조명한 글이다. 비록 최태용의 삶의 여정 중에는 친일 논란을 일으킨 일도 있었지만, 오히려 그의 사상에 나타난 자기성찰의 원리를 계승한 제자들과 후배들이 그의 과오와 죄책을 고백할 만큼 그 사상의 깊이와 폭이 크다 하겠다. 세 번째 글 "윤치병, 신언행(信言行) 일치의 삶을 살다"는 信言行 일치의 삶을 살다간 윤치병 목사에 대한 기독교윤리학적 성찰의 글이다. 이 글은, 사회적 지위와 부가 교회에서 영향력을 발휘하고 무한경쟁의 논리와 성공지향적 가치관을 신앙적·신학적으로 정당화하는 오늘 한국교회의 현실에서, 윤치병 목사야말로 새롭게 주목되고 기억되어야 할 실천적 신학자이자 목회자임을 역설한다. "최태용에 대한 기독교윤리학적 조명"과 "윤치병, 信言行 일치의 삶을 살다"는 논문의 형식을 갖추었으되, 발표 원고대로 '~합니다'체로 썼음을 밝힌다. 그러한 문체가 주는 느낌을 살리기 위함이다.

이 책의 글들은 강연에서 발표했거나 학회 논총에 실렸거나 여러 저자가 함께 쓴 책에 있던 글들 가운데 애착이 가는 것들을 모아 다듬은 것이다. 부끄럽지만, 내 신학 여정의 한 매듭을 짓는다는 마음으로 내어 놓는다.

우선, 책의 출간을 흔쾌히 맡아 주신 도서출판 동연의 김영호 사장님께 감사드린다. 또한, 동료 교수님들의 따뜻한 조언과 격려 덕분에 책이 나올 수 있었다. 감사의 말씀을 드린다.

이 책을 내면서 가족의 소중함을 새삼 느꼈다. 내가 사랑하고 나를 사랑하는 가족의 기도와 후원이 아니었다면, 책을 낼 엄두도, 실행에 옮길 용기도 나지 않았을 것이다. 감사의 마음을 담아 이 책을 가족에게 바친다.

신학 여정의 한 매듭을 지으며
성서 캠퍼스 연구실에서
이인경

차례

논문 출처

"기독교 여성담론의 주체와 주제"
「젠더와 문화」 제1권(창간호, 2008): 45-85.

"여성의 구원을 위하여 그리고…… : 엘리자베스 쉬슬러 피오렌자의 『돌이 아니라
　　빵을』 다시 읽기"
「진보평론」 제33호(2007년 가을): 284-301.

"페미니스트 윤리의 한 모델: 생명살림의 윤리"
「신학과 목회」 제23집(2005. 5): 95-113.

"생명공학 시대의 모성에 대한 페미니스트 윤리적 분석 – 출산테크놀로지를 중심으로"
「한국기독교윤리학 논총」 제8집(2006): 172-193.

"죽음의 인간화를 위한 생명윤리적 접근 – 죽음의 정의와 안락사 문제를 중심으로"
『소극적 안락사 무엇이 문제인가?』. 기윤실 부설 기독교 윤리연구소 편(서울: 예
　　영커뮤니케이션, 2007): 48-62.

"성 전환자의 호적상 성별 정정 허가 판결에 대한 신학적·윤리적 분석"
기독교윤리실천운동 주최 〈성 전환자 호적 정정에 관한 기독교적 고찰〉 포럼
　　(2007. 7. 21) 발표.

"여성신학의 관점에서 본 부흥운동"
「한국기독교윤리학회논총」 제9집(2007): 127-151.

"최태용에 대한 기독교윤리학적 조명"
제2회 최태용 목사 기념 공개강좌(2007. 12. 17) 발표.

"윤치병, 신언행(信言行) 일치의 삶을 살다"
기독교대한복음교회 제2회 전국장로수련회(2010. 10. 22) 발표.

1부

여성과 신학
: 여성으로 신학하기

기독교 여성담론의
주체와 주제

I. 들어가는 말

[씰리] 그는 몸집이 크고, 나이가 많고, 키도 크고, 수염이 허연 백인이죠. …… 푸른 빛깔이 도는 회색요. 침착한 눈이죠. 하지만 큰 눈이에요. 속눈썹은 하얗고요. ……

[슈그] 왜 하나님이 백인처럼 생겼나요? …… 어째서 성경은 그들이 만드는 다른 모든 것이나 다 똑같아서, 백인들만이 온갖 일들을 다 하고 흑인들은 저주만 받죠? …… 하느님은 남자도 아니고 여자도 아니며, 그러니까 그것이죠.[1]

대학교 때 여성학 관련 수업의 과제로 읽은 워커(Walker)[2]의

---

1) 알리스 워커, 『보라빛』, 안정효 옮김 (서울: 문경, 1986), 232-233.

『보라빛』의 한 대목이다. 학부 때부터 신학을 전공한 나로서는 그 어느 부분보다도 이 대목이 와 닿았다. 성서학과 조직신학 수업을 통해 하나님은 그 어떠한 구체적인 형상으로도 환원되지 않는 무한하고 초인격적인 존재라는 것을 배웠음에도 불구하고, 무의식중에 나도 씰리처럼 하나님을 백인 남자―게다가 우리나라 전통적인 산신령 이미지인 백발의 할아버지―로 생각하고 있었기 때문일까? 마치 내가 슈그로부터 지적을 당한 것 마냥 얼굴이 화끈 달아올랐었다. 나의 하나님 경험과 이해를 여성인 나 자신의 언어로 고백하고 표현하기에는 신앙과 신학의 깊이가 얕았기 때문이라고 해야 할까? 물론 그런 이유도 있었겠지만, 그때까지 내가 접했던 신학―남성 중심적인 신학―에서는 하나님의 남성성은 당연한 것이었다. 그것이 비록 상징에 불과한 것이라 할지라도 소위 주류 신학 전반에 걸쳐 암묵적으로 전제된 것이었다.[3] 그

---

2) 백인 남성은 물론이고 백인 여성과도 다른 흑인 여성의 신앙 주체됨을 보여준 워커의 작품은, 백인 여성 중심의 여성신학에 대한 문제제기의 단초를 흑인여성신학자들에게 제공하였다고 평가된다. 실제로 흑인여성신학자들이 자신들의 신학을 백인여성신학과 구분하여 표현하기 위해 사용한 '우머니스트'(womanist)라는 단어는 워커의 『어머니의 정원을 찾아서』(In Search of Our Mother's Gardens)에서 차용한 것이다. 우머니스트 신학은 좁게는 '흑인여성신학'이라는 의미로, 넓게는 '유색인종 여성신학'을 한데 아우르는 의미로 사용된다.

3) 데일리(Daly)는 신학의 그러한 전제를 다음과 같이 적나라하게 폭로하였다. "만약 하나님이 남성이라면, 남성이 하나님이다." 메리 데일리 지음, 『하나님 아버지를 넘어서: 여성들의 해방 철학을 향하여』, 황혜숙 옮김 (서울: 이화여자대학교출판부, 1996), 73. 남성 중심적 사회에서 남성이 만든 하나님 상징은 당연히 남성적 이미지를 반영할 터이고, 하나님인 남성이 만든 하나님의 남성적 상징에 이의를 제기한다는 건 신성모독으로 간주될 것이다.

벽이 워낙 높고 견고했기에, 나의 경우 페미니스트 의식화 과정을 겪었음에도 불구하고 그것을 나의 신앙과 신학으로까지 연결시키기에는 힘에 부쳤던 것이다.

대학교 3학년이 되어서 만난 여성신학을 통해서야 비로소, 내면화된 남성 중심적인 신학적 성찰과 신앙고백을 조금씩 걸러낼 수 있었으며 여성신학적 언어로 나의 신앙과 경험을 표현하기 시작하였다. 여성신학을 통해 나의 고민이 나 혼자만의 것이 아님을 알게 되었고, 선배 여성들의 축적된 연구는 나의 문제제기가 어떤 맥락 안에 있으며 어떻게 발전시켜 나가야 할지를 인도해 주었다.4) 나의 삶을 구성하는 중요한 두 축이자 내가 누구인가를 특징 지워지는 기독교 신앙과 페미니스트 여성으로서의 정체성 사이에서 방황하던 그 시기에, 여성신학은 나의 고민과 갈등을 풀어나가는 데에 지대한 역할을 하였다. 만일 내가 여성신학을 알지 못했더라면, 선배 여성신학자들의 축적된 연구와 동료 여성신학자들과의 교류가 없었더라면, 아마 지금의 나는 존재하지 못했을 것이다.

나는 한국에서 나고 자란 386세대 여성으로서, 열 살 미만인 두 아이5)의 엄마이며 맞벌이를 하고 있다. 대학에서 강의를 하고 있는 비정규직 시간강사6)이며, 교회에서는 협동목사이다.

---

4) "내가 더 멀리 본다면, 그것은 거인의 어깨 위에 앉아 있기 때문이다." 거다 러너 지음, 『역사 속의 페미니스트: 중세에서 1870년까지』, 김인성 옮김 (서울: 평민사, 2006), 241에서 재인용.
5) 현재는 둘 다 초등학생이다.

국내에서 에큐메니칼 신학 수업과 훈련을 받았으며, 기독교사회
윤리학을 전공한 포스트 페미니스트 신학자이다. 나의 실존적인
고백과 삶의 자리를 언급함으로써 이 글을 여는 까닭은, 이 글을
쓸 수 있는 나의 의식과 능력이 바로 여성신학에 힘입었기 때문
이며, 나의 여성신학적 관점은 나의 구체적인 삶의 자리의 반영임
을 밝히기 위해서이다.

　　이 글에서 다루고자 하는 기독교 여성담론은 "여성들의, 여성
들에 의한, 여성들을 위한"[7]이라는 기준에 부합하는 여성신학이
다. 각각의 기준은 개별적으로 작동하는 것이 아니라 유기적으로
연결된다. 그러므로 전통적인 기독교의 '남성들에 의한', '여성들
에 관한' 이야기[8]와 1960년대 말 1970년대 초 이전의 '여성들에
의한', '여성들의' 이야기는 내가 논의하고자 하는 기독교 여성담
론에서 제외된다. 본론에서 언급되겠지만 전자는 여성을 배제하
고 억압함으로써 남성 중심적인 가부장제적 기독교를 공고히 하
였기에 '여성들을 위한'이라는 기준에 어긋난다. 또한 후자는 비
록 '여성들에 의한', '여성들의' 것이었지만 결과적으로 남성 중심
적인 가부장제 사회의 기준에 여성의 목소리를 첨가하는 수준에
그친 명목상 '여성들을 위한' 것이었다는 점에서 기독교 여성담론

---

6) 현재는 비정년트랙 전임교수이다.
7) 메리 데일리 지음, 『하나님 아버지를 넘어서: 여성들의 해방 철학을 향하여』, 253.
8) 이것은 가부장제적 담론에 해당된다. 이 담론에 대해서는 이인경, "하나님의 형상대
　로: 기독교와 여성," 『기독교의 이해』, 기독교의이해교재편찬위원회 편 (대구: 계명
　대학교, 2005)을 참조하라.

의 기준을 온전히 충족시키지 못한다.

Ⅱ. 기독교 여성담론으로서의 여성신학
: '여성들의', '여성들에 의한', '여성들을 위한'

　나는 본격적이고 진정한 의미의 기독교 여성담론이 1960년
대 말 1970년대 초부터 시작되었다고 본다. 그 이전에도 시대마
다 페미니스트 의식을 가진 기독교여성들과 그녀들의 저작이 있
었지만, 주변화 되고 파편화 되어 하나의 흐름으로 형성되지 못했
다. 러너의 연구9)에 따르면, 그 이전의 여성들은 자신들과 같은
고민을 했던 선배 여성들의 존재와 작품들을 거의 알지 못했다.
그 이전의 페미니스트 사상가들은 자신들보다 앞선 '위대한 남자
들'과 대화를 나눌 뿐, 그전의 여성 사상가들과 대화하여 자신의
이념을 검증하고 시험하고 개선할 수가 없었다고 한다.10) 왜냐
하면 여성들은 자신들의 역사에 대한 지식을 거부당해 왔기 때문
에, 모든 여성들이, 마치 그전에는 어떤 여자도 그렇게 생각해본
적이 없고 글을 써본 적도 없는 것처럼 주장했다는 것이다.11)

---

9) 나는 이 글을 준비하면서 페미니스트 역사학자 러너(Lerner)의 연구로부터 많은 도
　움과 영향을 받았다. 기독교 여성담론의 기준과 범위를 규정하는 문제로 씨름하던
　중 만난 러너의 책들은, 막연하면서도 복잡했던 내 생각을 구체적이고 단순하게 정
　리하도록 해 주었다.
10) 러너, 397.

1960년대 말 1970년대 초부터 전개되기 시작한 여성신학은 선배 여성들의 축적된 업적 위에 서서 또한 동시대 여성들의 연구를 전유하고 비판하면서 여성의 경험과 관점과 질문을 여성 자신의 언어로 표현하고, 기존 신학계와 교계의 근본적인 변화를 촉구하는 문제제기를 하며, 동시대 다양한 삶의 자리에 놓여 있는 여성들과의 연대를 통해 미래의 대안을 모색해 왔다.[12] 여성신학은 소위 주류 신학계와 교계로부터 끊임없이 주변화의 위협을 받았지만 굴하지 않고 동시대 여성들과 함께 선배 여성들의 업적을 계승하면서 하나의 흐름을 형성해오고 있다는 점에서, 본격적인 기독교 여성담론의 시작이라 하겠다. 기독교 여성담론을 "여성들의, 여성들에 의한, 여성들을 위한" 것이라고 할 때, 여성신학은 이러한 기준들을 충족시킨다. 여성신학 이전의 기독교 여성사상가들이 '여성들에 의한'(누가)과 '여성들의'(무엇을), 그리고 부분적인 '여성들을 위한'(왜)까지만 말했다면, 여성신학은 비로소 온전한 '여성들을 위한'과 '여성들에 의한'까지도 다루었다. 여성신학 이전의 기독교 여성사상가들이 온전한 '여성들을 위한'이 아닌 부분적인 '여성들을 위한'을 말했다는 것은 그녀들의 지식과 사상이 여성들을 위한 것이 아니라, 그녀들 자신이 의도했든 의도하지 않았든 결과적으로, 그녀들이 남성 중심의 세계로 편입하기 위한

---

11) 러너, 241.

12) 여성신학의 이러한 점들은 러너가 언급한 페미니스트 의식의 구성요건과 유사하다. "…… 3) 자매애의 발달, 4) 여성의 조건을 변화시키기 위한 목표나 전략을 여성들이 자율적으로 규정하고, 5) 미래의 대안을 전개해야 한다." 러너, 388.

것이었기 때문이다. 나는 여성들이 남성 중심의 세계로 편입하는 것 자체를 무조건 부정적으로 비판하려는 것은 아니다. 남성 중심적 세계에 대한 근본적인 문제제기나 새로운 대안 없이, 남성 중심적 세계로의 편입에만 그치는 것을 문제 삼는 것이다.13) 여성신학도 그런 비판으로부터 완전히 자유로울 수 없겠지만, 남성 중심적 세계의 획일적인 기준에 문제를 제기하고 여성들에 의한―선배 여성들과의 연대 그리고 동시대 여성들과의 연대―, 여성들을 위한 대안을 제시해 오고 있다는 점은, 여성신학을 그 이전의 기독교 여성사상가들과는 다르게 평가해야 할 중요한 차이이다.

　　나는 그 누구보다도 데일리야말로 본격적인 기독교 여성담론의 물꼬를 튼 선구자라고 생각한다.14) 비록 데일리는『하나님

---

13) 순이치(池上俊一)도 이러한 점을 잘 지적하고 있다. "여성이 남성과 함께 지식을 쌓고 어떻게든 남성과 동일한 수준에서 동일한 일을 해내는 것만으로는 그 지식은 별 소용이 없다. 만약 그들이 여성이라는 사실을 잊거나 잊으려고 하며 가능한 한 남성에 접근하여 남성의 관점을 자신의 관점으로 삼아 여성을 멸시하는 입장에 선다면, 그 지식은 참으로 아무 짝에도 쓸모없는 것이다." 이케가미 순이치 지음,『여성에게 문화는 있었는가』, 김응천 옮김 (서울: 사계절, 1999), 235.

14) 이 대목에서 세이빙(Saving)을 언급하지 않을 수 없겠다. 세이빙은 "The Human Situation: A Feminine View"(1960)라는 제목의 글을 통해 전통적 신학의 개념들이 남성적 경험만을 중심으로 형성되었음을 여성의 시각에서 분석하였다. 전통적으로 정의되어 온 교만으로서의 '죄'의 개념이 남성에게는 적용되지만 여성에게 죄란 저개발 또는 자기부정이라는 세이빙의 주장은, 여성의 경험을 신학의 주제로 삼은 최초의 여성신학 논문으로 평가된다. 강남순,『페미니즘과 기독교』(서울: 대한기독교서회, 1998), 59. 나도 그러한 평가에 동의한다. 그러나 세이빙의 논문이 그 즉시로 반향을 불러일으킨 것이 아니라 여성신학이 어느 정도 전개된 이후 재발견되었다는 점에서, 나는 세이빙을 본격적인 기독교 여성담론의 선구자라고 보기에는 다소 무리가 있다고 생각한다.

아버지를 넘어서』를 분기점으로 하여 기독교를 떠난 탈기독교 여성신학자로 분류되지만, 기독교의 남성 중심적 상징체계에 대해 최초로 문제제기했을 뿐만 아니라 그 문제제기가 지금까지도 설득력 있는 것으로 평가된다.[15) 나는 데일리의 이러한 공헌뿐만 아니라, 여성들의 연대를 통하여 기독교의 남성 중심적 상징체계에 대한 대안을 모색하도록 독려하고 데일리 자신이 먼저 그 모범이 되었다는 점을 높이 평가하고 싶다. 그런 점에서 데일리는 이전의 기독교 여성사상가들과 구별된다. 데일리 이전의 기독교 여성사상가들은 선배 여성들의 업적과 저작에 대해 거의 알지 못했거나 무관심했다. 그 이유는 가부장제 사회에서 여성들은 선배 여성들의 역사에 대한 지식을 거부당해 왔기 때문이다. 선배 여성들의 역사에 대한 지식을 거부당한 여성들은 자신들의 주장의 근거를 선배 여성들의 작업에 둘 수 없었고 두지 않았기[16) 때문에, 여성사상가들은 자신들의 논리를 새로이 가다듬느라 시간과 에너지와 재능을 낭비했다.[17) 여성신학의 효시라 불리는『여성의 성서』를 편집하고 출판한 스탠튼(Stanton)과, 페미니즘 이론의 고전으로 간주되는『제2의 성』을 쓴 드 보봐르(de Beauvoir)와 같은 페미니스트 사상가들조차도 그러했다.[18) 데일리 이전의 여성사상가

---

15) 강남순, 60.

16) 여성들 스스로도 선배 여성들의 업적에 대한 가부장제 사회의 거부를 거스르기보다는 수동적으로 받아들인 경우가 있었다. 러너, 241.

17) 러너, 241.

18) 러너는 스탠튼이 여권운동을 함께 했던 그림케(Grimke) 자매 중 언니 사라의 책『남

들은 자신들의 조건이 사회적으로 결정되어 있다는 이해에는 이르렀으나, 다른 여성들과 함께 해야만 자신들에 대한 사회적 부당함을 극복할 수 있다는 자각까지는 미치지 못하였던 것이다.[19] 데일리는 가부장제 사회의 방해에 굴복하지 않았다. 데일리는 선배 여성들의 축적된 업적 위에 서서 그리고 동시대 여성들의 연구를 전유하고 비판함으로써, 한 세대에서 다음 세대로 이어지는 여성들의 연대와 동일 세대 간의 여성들의 연대를 보여주었다.

데일리의 『교회와 제2의 성』[20], 『하나님 아버지를 넘어서』를 필두로 하여, 여러 여성신학자들의 연구가 그 뒤를 이어 나옴으로써 기독교 여성담론은 활기를 띠기 시작했다. 한국에는 1970년대 말부터 서구의 이러한 여성신학이 소개되기 시작하여 한국에서 기독교 여성담론이 형성되도록 하는 촉매제 역할을 하였다. 한국의 기독교 여성들은 서구의 여성신학이 본격적으로 소개되기 이전부터 여성문제의식을 가지고 있었으며 그 문제의식을 기초로 하여 여성들의 연대를 위한 조직을 만들었다. 그와 더불어 번역되기 시작한 서구의 여성신학 이론을 통해 문제의식을 신학적으로 표현하였다.[21] 이렇게 시작된 한국의 여성신학은 서

녀의 동등성에 관한 편지』(*Letters on the Equality of Sexes*, 1838)를 읽었을 것이라고 추측한다. 그러나 스탠튼은 그 책을 『여성의 성서』에서 전혀 언급하지 않았다는 것이다. 이것은 성서를 해석하는 관점의 차이에서 비롯된 것이기는 하지만, 선배 여성들의 작업이 여성 계승자들에게 이어지지 않는 고질적인 한계라고 러너는 지적한다. 러너, 239-240, 397-398.

19) 러너, 390.
20) 『교회와 제2의 성』, 황혜숙 옮김 (서울: 여성신문사, 1994).

구의 여성신학과 교류하는 동시에 한국의 기독교여성이 처해 있는 구체적인 역사와 상황에 응답하면서 전개되었다.

여성신학(feminist theology)은 페미니즘의 신학적 표명이다. 여성신학은 하나의 관점, 즉 페미니스트 관점에서 형성된 신학이며, 기독교에 대한 여성학적 연구의 결과로 형성된 것이다. 여성신학을 "여성의" 신학(Woman's Theology, Theology of Woman) 혹은 "여성적" 신학(Feminine Theology)이라고 칭하는 것은 소위 여성성과 남성성이라는 사회통념적인 특성을 반영하는 신학으로 오해할 소지가 있다.[22]

---

21) "교회와 신학 속에서 성차별에 대한 문제의식을 가지고 있던 교회 여성들에게 서구 여성신학의 등장은 자신들의 문제의식을 이념화하고 집단적으로 표명할 수 있는 적극적인 계기가 되었고, 여신협의 창설과 활동은 그러한 인식의 적극적인 표명이었다고 할 수 있다." 박경미, "한국 여성신학 20년," 『신학연구 50년』, 이화여자대학교 한국문화연구원 편 (혜안, 2003).

22) 강남순, 『현대여성신학』 (서울: 대한기독교서회, 1994), 15, 101. 이러한 개념 정의에 따르면, 여성이라고 모두 여성신학자가 아니며 남성이라고 여성신학을 하지 못하란 법이 없다. 실제로 한국의 신학자 중에 여성신학을 하는 남성이 있다. 하지만 나는 생물학적으로도 사회·문화적으로도 여성으로 살아보지 않은 남성이 여성신학을 하는 데는 한계가 있다고 생각한다. 이것은 그 자신 피억압자나 민중이 아니더라도 그들의 경험을 자신의 신학적 출발점과 자료로 삼는 신학자를 가리켜 해방신학자나 민중신학자라고 부르는 경우와는 다르다. 여성신학자는 여성으로서의 자신의 억압 경험과 학문적 작업이 별개일 수 없기 때문이다. 물론 여성신학자는 자신의 억압경험뿐만 아니라 다른 여성들의 억압 경험 및 다른 피억압자들의 억압 경험과도 연대하여 신학적 성찰 작업을 한다. 그러나 나는 여성으로서의 자신의 억압 경험과 그것에 대한 성찰을 신학의 출발점으로 삼는 신학자라야 여성신학자라고 생각한다. 이러한 나의 입장은 모든 여성신학자의 입장을 대변하는 것이 아님을 밝혀둔다. 여성신학은 특정한 하나(the feminist theology)가 아니라 여럿(feminist theologies)이며 그 어떤 여성신학도 그 가운데 하나(a feminist theology)일 뿐이기 때문이

신학의 개념을 구체적인 삶의 정황에서의 인간경험을 하나님과의 관계에 비추어서 성찰하는 것이라고 정의할 때, 성찰의 주체와 인간경험의 내용과 하나님에 대한 기본가정에 따라 신학의 성격과 내용과 구조가 달라진다.23) 여성신학에 의하면, 객관적이고 추상적인 신학이란 있을 수 없을 뿐만 아니라 무의미하며 신학은 인간의 구체적인 삶의 정황과 경험을 반영할 수 있어야 하며 반영하고 있다고 주장한다.24) 이러한 관점에서 볼 때, 모든 신학은 상황신학이라고 말할 수 있다. 그러므로 여성신학은, 기존의 신학이 객관성과 보편성을 주장하지만 실은 서구 백인 남성만의 경험과 정황이 반영된 신학임을 비판한다. 여성신학은 페미니스트 관점에서 여성을 성찰의 주체로 하여 여성의 경험과 정황에서 출발하는 신학이다. 여성신학은 여성의 주체성을 기반으로 여성의 존엄성을 회복하는 일에 투신하는 입장에서 하는 신학이다. 이렇게 볼 때, 여성신학은 단순히 학문적 차원만 가지는 것이 아니라 운동적 차원도 함께 가지고 있다고 하겠다. 즉, 여성신학은 여성의 인간화를 주장하며 그것을 실현시키기 위한 여성들의 투쟁의 한 부분이기 때문에, 여성신학은 여성해방에 관한 사상을 논리적으로 체계화시키는 이론화 작업에만 머무르지 않고 여성해방을 실현하기 위해 여성들을 결속시키고 힘을 북돋워 주는

다.
23) 손승희,『여성신학의 이해』(서울: 한국신학연구소, 1989), 16.
24) 강남순,『현대여성신학』, 105.

운동의 차원도 가지고 있다는 것이다.25) 그러므로 여성신학은 이론을 위한 이론이 아니라 실천 지향적 이론이다.

III. '여성들에 의한'

1. 〈안토니아스 라인〉과 성서의 족장 이야기

나는 첫 해외여행을 가기 위해 서른다섯 살 때 여권을 발급받았다. 호주제가 아직 폐지되기 전이었고 결혼하기 전이었기 때문에 여권 신청 서류의 호주란에 아버지의 이름을 기입해야 했다. 서른다섯 살이나 되었음에도 불구하고, 비록 아버지이기는 하지만, 나 아닌 다른 사람이 그 자리에 있어야 한다는 사실에 몹시 당혹스러웠던 기억이 난다. 결혼 후에는 그런 당혹스러움에다가 혼란이 가중되었다. 호주 자리에 시아버지 이름을 써야 했기 때문이다. 또한 교회에서도 전도사, 목사가 되고 나서는 그 순서가 바뀌었지만 평신도 때는 가족 단위로 작성된 교인 주소록에 내 이름보다 남편 이름이 먼저 기록되어 있었다.26)

---

25) 손승희, 16.

26) 내가 다니는 교회는 비교적 진보적인 교회임에도 불구하고 그러하다. 관행이라는 이름으로 행해지는 여성차별에 대해 교회 내에서 문제를 제기하기란 그리 쉬운 일이 아니다. 이인경, "여성의 희생과 교회의 폭력에 대한 여성신학적 분석,"『한국여성신학』 제51호 (2002); 이인경, "알레르기 있으세요?"『월간 새가정』 제53권 제4

2005년 위헌 결정되어 2008년 1월 1일자로 실효된 호주제가 여전히 우리의 정서에 잔존하여 우리의 일상에 영향력을 발휘하고 있는 한국의 현실에서, 나는 〈안토니아스 라인(Antonia)〉이라는 영화를 떠올리게 된다. 이 영화는 남성에게 종속된 존재가 아닌 당당한 주체로서의 여성을 그리고 있으며, 여성에서 여성으로 4대째 가계가 계승되는 것을 보여준다. 또한 이 영화는 가계 계승자인 여성뿐만 아니라 그들을 둘러싼 다양한 사람들—남성, 장애인, 미혼모, 동성애자 등—의 진솔하고 아름다운 모습을 엮어내고 있다. 이 영화를 보면서 대비되어 연상되는 성서의 이야기가 하나 있다. 〈안토니아스 라인〉과는 정반대로, 그러나 대다수 한국인의 정서상 받아들이기에는 별 무리가 없는, 남성에서 남성으로 가계가 이어지는 이야기이다. 기독교에서 흔히 믿음의 조상이라고 불리는 아브라함으로부터 이삭—야곱—요셉으로 이어지는 소위 족장 이야기는 〈안토니아스 라인〉에서 보여주는 것과는 사뭇 대조적인 모습을 보여준다. 이 이야기는 가계 계승을 위해 암투와 속임과 배신과 미움이 만연한 현실을 보여주며, 그 과정에서 여성들은 남성 중심적인 가부장제에 의해 희생되고 배제되며 차별당하고 억압당한다.[27] 이 이야기를 여성신학의 관점에서 해석하는 새로운 흐름이 있음에도 불구하고, 대부분의 한국 교회에서는 여전히 남성 중심적이고 문자적으로 읽음으로써 교

호 (2006).
27) 이인경, "하나님의 형상대로," 240-241.

회의 성차별적 인식과 관행을 신학적으로 정당화하고 있다. 〈안토니아스 라인〉에서 여성들은 부차적이거나 종속적인 존재가 아니라, 자신들의 삶을 긍정하는 주체적인 존재로 그려진다. 〈안토니아스 라인〉의 여성들은 가부장제 사회의 여성차별과 억압에 맞서 서서히 그러나 단호하게 연대하여 저항한다. 이 영화는, 다양한 여성들의 삶을 보여주며 그 여성들이 문제를 해결하고 대안을 모색하는 과정에서 중요한 역할을 하는 것은 여성 개인의 탁월한 능력보다도 여성들 간의 연대―세대와 세대 간 그리고 동시대―라는 점을 부각시킨다.

여성신학은, 〈안토니아스 라인〉의 여성들이 그랬던 것처럼, 전통적인 기독교와 기존 신학의 여성 차별적 인식을 폭로하고 문제제기한다. 또한 여성에 대한 전통적인 규정을 거부하고 여성들의 주체됨을 주장하며 새로운 기준을 제시한다. 여성신학은, 여성들 간의 차이를 여성해방의 장애물이 아니라 여성들 간의 진정한 연대를 위한 풍요로운 자산으로 간주한다. 여성의 주체됨에 대한 여성신학의 논의들을 소개하기에 앞서, 전통적인 기독교와 남성 중심적인 기존 신학에서 여성을 어떤 존재로 인식하고 묘사했는지를 살펴보자.

2. 전통적인 기독교와 기존 신학의 여성 억압적 여성 인식
   : 열등하고 사악한 존재로서의 여성

전통적으로 기독교는 여성을 열등하고 사악한 존재로 규정
하여 왔다. 시대에 따라 표현의 차이는 있었을지언정 기본논조
에는 변함이 없었다. 기독교는 최초의 여성 '하와'가 등장하는 창
조 이야기와 타락 이야기를 남성 중심적으로, 문자적으로 해석
함으로써 여성은 남성인 아담보다 나중에 창조된 열등한 존재이
며, 사탄과 내통하여 아담을 유혹하는 사악한 존재로 간주하였
던 것이다.28) 물론 예수의 어머니 동정녀 '마리아'를 하와와는
대척점에 있는 여성상으로 그려왔지만, 그것은 마리아가 예수의
어머니라는 점 때문이기에 예외적인 경우라 할 것이다. 고대로
부터 현대에 이르기까지 기독교 사상가들은 표현만 달리 했을
뿐, 여성이 열등하고 사악한 존재라는 기본전제에 충실하였다.
테르툴리아누스(Tertullian)는 여성을 악마의 대문이라고 했으며,
아우구스티누스(Augustine)는 여성들이 하나님의 형상대로 창조되
지 않았다고 보았고, 아퀴나스(Aquinas)는 여성을 덜된(misbegotten)
남성이라고 정의하였다. 루터(Luther)는 하나님이 아담을 모든 피
조물 위에 주인으로 창조하셨지만 이브(하와)가 모두 망쳐 놓았

---

28) 여성신학적 해석에 대해서는 최만자·박경미, 『새 하늘 새 땅 새 여성』(서울: 생활
성서사, 1993)와 필리스 트리블 지음, 『하나님과 성의 수사학』, 유연희 옮김 (서울:
태초, 1996)을 참조하라.

다고 보았으며, 바르트(Barth)는 여성이 그녀의 머리인 남성에게 존재론적으로 종속되어 있다고 말했으며, 본회퍼(Bonhoeffer)는 여성들은 남편들에게 종속되어야 한다고 주장하였다.[29]

21세기에 들어선 최근 몇 년 사이에도 우리는 기독교의 위와 같은 여성 차별적인 인식이 반영된 사건들을 목격하였다. 2004년 7월 31일 교황청에서 발표한 '교회와 세계에서 남성과 여성의 협력에 관하여'라는 제목의 문건은 우리로 하여금 기독교(가톨릭)의 여성 차별적 인식을 재확인하게 해 주었다. 그 성명서에 의하면, 여성 고유의 특성은 "듣기, 환영, 겸손, 충실, 칭찬, 기다림"이며 "이는 성모 마리아의 미덕이며 여성의 출산능력과 연관돼 있다"고 한다. 이러한 주장은 교황청이 밝힌 바, 페미니즘의 두 가지 사상에 대한 가톨릭의 입장이라고 한다. 교황청의 성명서에서 말하는 페미니즘의 두 가지 사상이란, 첫째 여성이 그동안 짓밟혀왔기 때문에 권력을 얻기 위해 남성의 적이 되려는 움직임이며, 둘째 여성과 남성의 차이가 선천적인 것이 아니라 역사·문화적 환경 때문이라고 보는 관점이다. 그러나 교황청의 이러한 주장은 페미니즘에 대한 왜곡된 이해에서 비롯된 것이다.

"여자가 기저귀 차고 강단에 설 수 없다"는 대한예수교장로회 합동 측 총회장 임태득 목사의 망언도 기독교(개신교)의 여성 비하적 인식을 단적으로 보여주는 사건이다. 페미니스트적인 비판은 차치하고라도, 여성목사 안수를 허용하지 않는 대표적인 보

---

29) 데일리, 『하나님 아버지를 넘어서』, 50-51.

수 교단이라는 사실을 알면서도 자발적으로 그 교단의 신학생이 된, 그 자리에 있었던 많은 여성들이 수치심과 자괴감을 토로할 정도였다. 임 목사의 그러한 발언은 여성의 생물학적 성을 단순한 차이로 보지 않고 사회 문화적 차별의 근거로 삼았다는 데에 문제가 있으며, 더구나 이를 성서적이라고 주장한 것은 성서해석의 문제가 정치적 행위임을 보여주는 것이라고 하겠다.30)

데일리는 현대에 들어와서도 남성 중심적인 기존 신학이 여성의 주체됨과 여성의 인권을 주장하는 페미니즘과 여성 차별적인 전통적 기독교 사이의 갈등을 교묘하게 회피하기 위하여 다음과 같은 장치들을 사용하였다고 비판한다. 첫째, '사소화'(trivialization)하는 것이다. 여성차별 문제를 다른 사회 문제들에 비해 덜 심각한 것으로 간주하거나 다른 사회문제들과의 연관성이 없는 것으로 생각하게 하는 방법이다. 둘째, '특별화'(particularization)의 장치이다. 사회구조로서의 가부장제에 대한 페미니즘의 문제제기를 기독교의 어느 특정한 시기 또는 특정 그룹, 성서의 일부구절에만 해당되는 것으로 보는 경향이다. 셋째, '영성화'(spiritualization)하는 것이다. 이것은 구체적인 억압 현실을 인정하지 않고 원론적인 성서 구절만 강조하는 방법이다. 즉 여성차별의 현실이 엄연히 존재하고 하나님의 이미지와 그리스도의 이미지가 남성임에도 불구하고, "하나님의 형상대로 사람을 창조하셨다. 하나님이 그들을 남자와 여자로 창조하셨다", "남자나 여자나 차별이 없

---

30) 이인경, "하나님의 형상대로," 241-242.

습니다. 그것은 여러분이 그리스도 예수 안에서 다 하나이기 때문입니다"라는 성서 구절을 즐겨 인용함으로써 엄연히 존재하는 여성차별의 현실을 무화시키려는 방식이다. 넷째, '보편화'(universalization)의 방법이다. 특정한 성차별주의에 대한 페미니즘의 문제제기를 회피하기 위해 보편적인 인간 해방의 문제로 희석시키는 것이다.[31] 데일리의 이러한 비판은, 시공간의 차이에도 불구하고, 오늘의 한국 신학계와 교계에도 적용된다.[32]

또한 데일리는, 전통적인 기독교의 여성 차별적인 규정과, 페미니즘의 문제제기를 교묘하게 빗겨가기 위한 현대 신학의 위와 같은 장치가 여성들로 하여금 '타자'로서의 정체성을 내면화하도록 함으로써 여성 억압에 공모하기를 강요했다고 주장한다.[33] 그 부작용이 여성의 주체됨을 방해하는 여성 자신의 장애로 나타난다. 데일리가 말한 부작용들은 다음과 같다.[34]

---

31) 데일리, 『하나님 아버지를 넘어서』, 53-54.
32) 신학 및 신학 관련 학문을 전공한 석사 이상의 회원들로 구성된 한국기독교학회는 매년 한 두 차례의 공동학술대회와 전공학회별 학술대회를 개최하고 있다. 공동학술대회의 각 전공학회별 발표시간에는 자신의 전공학회 모임과 겹치지 않을 경우, 다른 전공학회의 발표를 들을 수 있다. 나는 여성신학회와 기독교윤리학회의 회원으로 거의 매년 참석하여 느낀 바, 여성신학회의 발표시간에 들어온 거의 대부분의 타 전공 남성들의 자질과 태도는 그들이 과연 학자인가를 의심케 한다. 또한 기독교윤리학회의 학술대회의 경우 전체 주제가 페미니즘이었던 해를 제외하고는 여성신학적 관점의 논문은 특별한(?) 대우를 받는다. 이것은, 데일리가 비판한 것처럼, 한국의 [남성]신학자들도 남성 중심적인 기존 신학의 교묘한 장치의 세례를 받았기 때문이리라.
33) 데일리, 『하나님 아버지를 넘어서』, 117.
34) 데일리, 『하나님 아버지를 넘어서』, 120-126.

첫 번째 부작용은 '심리적 마비'(psychological paralysis)이다. 이것은 주체로서 당당히 서려는 여성이 자신에게 가해지는 사회적 조종의 기제 속에서 갈등하면서 느끼는 희망의 결여, 죄책감, 사회적 불승인에 대한 불안감에서 비롯된다. 이러한 분열된 자아의 마비를 극복하기 위해서는 분열되지 않은 자기 자신을 긍정하는 데서 오는 자신감이 요구된다.

두 번째는 '여성의 反여성주의'(feminine antifeminism)라는 부작용이다. 이것은 남성 중심적 사회의 질서에 잘 적응하고 성공한 여성들이 그들을 모범으로 삼으려는 여성들에게 무의식적으로 취하는 태도이다. 다른 여성들을 지지하거나 격려하기보다는 여성들의 기를 죽이는 이러한 태도는, 여성들 간에 결속하고 지지하려는 의식적인 노력을 통해 극복할 수 있다.

세 번째는, 남성 중심적 사회에서 남성적 견해를 내면화한 '거짓 겸손'(false humility)이라는 부작용이다. 이것은 여성이 너무 높은 것을 바라지 않고 자신의 성공에 대해 이중적인 두려움을 갖는 것으로, 이러한 성공 회피는 남성들의 경쟁자가 되거나 남성들을 위협하는 것에 대한 죄의식에 부분적으로 기인한다. 거짓 겸손, 즉 자기 과소평가라는 부작용을 극복하기 위한 방법은 여성됨이 얼마나 좋은 것인가에 대한 여성들의 기준과 자부심을 높이는 것이다.

네 번째 부작용은 '감정적 의존'(emotional dependence)이다. 이것은 거짓 겸손과 밀접하게 관계있으며, 낮은 자아상에 근거한다. 감정적 의존에서 벗어나기 위해서는, 여성들이 서로의 의식을 고양하고 자유를 향한 모험을 선택하도록 격려하는 것이 필요하다.

여성들이 타자로서의 정체성을 내면화함으로써 여성 억압에 공모하도록 강요당했으며, 그로 인한 부작용이 여성의 주체됨을 방해하는 장애로 나타난다는 데일리의 주장은, 영(I. Young)의 '억압' 개념을 통해 더 잘 이해될 수 있다.35) 영은 여성이 당하고 있는 다양한 억압을 규명하는 데에 유용한 구조적 억압 개념을 제시한다. 영이 제시한 억압 개념은 첫째, "자유주의 사회의 일상적인 관행 때문에 겪는 불이익과 불의"를 의미한다. 둘째, 억압은 "의문의 여지가 없는 규범, 습관, 상징에 각인된 체계적인 강제"를 가리킨다. 셋째, 억압은 "일상적인 상호작용, 미디어, 문화적 정형화, 그리고 관료주의적 위계구조와 시장 메카니즘의 구조적 특징 하에 있는 선량한 사람들의 무의식적인 가정과 반응 때문에 겪는 불의"를 뜻한다. 영은 이러한 억압 개념에 기초하여 억압이 단일한 유형으로서가 아니라 다양한 양상으로 나타난다고 주장한다.

첫째, '착취'(exploitation)이다. 착취는 한 사회집단의 노동의 산물이 그 집단에게 돌아가지 않고 다른 집단의 것으로 전환되

---

35) Iris Marion Young, *Justice and the Politics of Difference* (Princeton: Princeton University Press, 1990). 영의 억압 개념에 대한 논의는 이인경, 『에큐메니칼 페미니스트 윤리』 (서울: 한들출판사, 2005), 132-135에 소개한 내용에서 발췌했음을 밝힌다.

는 과정을 통해 발생한다. 특히 여성은 자신의 노동의 산물뿐만 아니라 여성의 양육적인 에너지와 성적인 에너지도 착취당한다.

둘째, '주변화'(marginalization)이다. 이것은 사회적 맥락에서 능력을 발휘할 수 있는 문화적, 관습적, 제도적 조건이 박탈되는 것을 의미한다. 영은 이러한 주변화가 자유주의적 개인주의의 인간 이해에서 비롯되었다고 본다. 자유주의적 개인주의는 합리적이고 자율적이며 독립적인 인간을 평등한 시민의 조건으로 보기 때문에, 그 기준에서 벗어나는 여성들은 주변적인 존재로 간주된다.

셋째, '무권력'(powerlessness)이다. 무권력은 능력을 계발하고 발휘할 기회가 거의 없는 부차적 사회 지위에서 비롯된다. 이는 주변화의 논리적 귀결에 해당한다. 권력이 없는 사람들은 자율성을 거의 갖지 못한 채 노동하며, 창조성 또는 판단력을 발휘할 수 없다. 또한 기술적 전문성이나 권위가 없으며 자기 자신을 표현하는 것이 서투르고 따라서 존중받지 못하며 신뢰받지 못한다.

넷째, 억압은 '문화적 제국주의'(cultural imperialism)의 형태로 나타난다. 문화적 제국주의란 한 사회의 지배집단의 경험과 문화가 보편화되고 규범화되는 것을 의미한다. 그러므로 지배집단은 다른 집단이 표출하는 차이를 결핍과 부정적인 것으로 인식한다. 한편, 피지배집단은 지배집단에 의한 정형화되고 열등한 본질 규정을 내면화하고 비가시적인 존재가 된다.

다섯째, '구조적 폭력'(systematic violence)이다. 단지 특정한 집단의 구성원이라는 이유만으로 폭력이 그 구성원에게 가해질 때 그것은 구조적 폭력에 해당한다. 폭력은 그것이 발생하고 또 발생할 가능성을 모든 사람이 아는 사회적 소여라는 점에서 하나의 사회적 관행으로 볼 수 있다.

3. 여성신학의 여성 해방적 여성인식
: 신앙주체 및 도덕 행위자로서의 여성

여성신학은 여성의 주체됨을 방해하는 전통적인 기독교와 기존 신학에 의한 이러한 여성 억압에 대해 문제를 제기하고 여성의 주체됨을 주장한다. 나는, 여성신학이 여성의 주체됨을 말하는 방식을 휴머니즘적 페미니스트 신학, 여성 중심적 페미니스트 신학, 포스트 페미니스트 신학으로 분류할 수 있다고 본다.36) 이 세 가지 방식은 '여성의 종속은 신학적으로 잘못된 것이며, 여성의 신앙적·도덕적 경험은 존중될 가치가 있다'37)라는 전제에서 출발한다. 그런데 이 세 가지 방식은 모두 '여성의 종속은 신학적으로 잘못된 것'이라는 점에는 동의하지만, '여성의 신앙적·도덕적 경험은 존중될 가치가 있다'를 입증하는 논리

---

36) 휴머니즘적 페미니스트 신학, 여성 중심적 페미니스트 신학이라는 표현은, 영이 말한 개념인 humanism과 gynocentrism에 기초한 것이다. 이 후에 전개하는 논의는 이인경, 『에큐메니칼 페미니스트 윤리』에서 발췌하였음을 밝힌다.

37) 이것은 "여성의 종속은 도덕적으로 잘못된 것이며, 여성의 도덕적 경험은 존중될 가치가 있다"라는 페미니스트 윤리의 기본 전제에서 따온 것이다. Alison M. Jaggar, "Feminist Ethics: Projects, Problems, Prospects," in *Feminist Ethics*, ed. Claudia Card (Lawrence: University Press of Kansas, 1991).

는 다르다.

1) 휴머니즘적 페미니스트 신학

휴머니즘적 페미니스트 신학은 전통적인 기독교와 기존 신학에 비추어 여성이 남성과 동등한 신앙 주체요 도덕 행위자로서의 능력을 가지고 있음을 주장한다. 이 신학은 여성과 남성 모두 인간적 잠재력을 가진 존재로 간주한다. 여성은 더 이상 열등한 존재가 아니라는 것이다. 여기서 말하는 인간적 잠재력이란 합리적 이성의 능력을 가리키는데,[38] 이것은 소위 공적인 영역에서 필요로 하는 자질이다. 이 신학은 여성도 남성과 동등한 능력을 가지고 있다는 가정 하에서 이제까지 남성들이 주도해 온 영역에 여성들도 포함시켜야 한다고 주장한다. 이 신학은 여성을 소위 여성성에 제한하는 것은 여성의 온전한 인간적 잠재력 계발을 저지하며 여성을 수동적이고 의존적이며 약하게 만든다고 본다. 휴머니즘적 페미니스트 신학은 남성에게만 적용되던 기존의 평등 개념을 확대하여 여성을 포함하는 포괄적 동일성으로서의 평등을 강조한다. 요컨대, 이 신학은 여성이 남성과 같다는 것을 강조함으로써 여성이 남성과 동등한 신앙주체이며 도덕 행위자라고 주장한다. 그러나 이 신학은 기존 질서는 그대로 둔 채, 즉 전통적인 기독교와 기존 신학의 가치와 기준을 문제 삼지 않은 채, 여성을

---

38) 강남순, 『현대여성신학』, 167-170l; 이인경, 『에큐메니칼 페미니스트 윤리』, 139-145.

그 질서에 편입시키려 한다는 비판을 받는다. 또한 이 신학은 여성 개인이 가진 다중 정체성을 간과할 뿐만 아니라, 여성들 간의 차이도 보지 못한다는 한계가 있다.

2) 여성 중심적 페미니스트 신학

여성 중심적 페미니즘은 전통적인 기독교와 기존 신학이 제시하는 기준과는 다른 여성만의 독특한 능력이 있으며, 그 능력이야말로 여성을 신앙 주체와 도덕 행위자로서 보게 하는 기준이 된다고 주장한다. 이 신학은 여성의 몸과 전통적인 여성적 활동 속에서 보다 긍정적인 가치를 발견한다. 이 신학에서는 소위 여성성이 여성해방의 걸림돌도 여성억압의 원천도 아니다. 오히려 이 여성적인 가치를 소위 남성적인 가치보다 우월한 것으로 본다.[39) 여성 중심적 페미니스트 신학은 남성 중심적인 전통적 기독교와 기존 신학에서 폄하되었던 여성성을 명예회복시킬 뿐만 아니라 더 나은 사회를 위해 고무시켜야 가치로 승격시킨다. 이 신학은 기존 사회의 가치체계를 근원적으로 비판한다는 점에서 근본적

---

39) 이러한 주장은 길리간의 '돌봄의 윤리'에 대한 페미니즘의 두 가지 반응 중 하나의 입장이다. 길리간의 이론에 대한 페미니즘의 반응은 두 가지로 나타났다. 하나는 돌봄의 윤리가 여성의 종속적 지위를 고착시키는 역할을 한다는 것이다. 다른 하나는 돌봄의 윤리가 여성의 도덕적 경험의 가치를 적극적으로 부각시킴으로써 페미니스트 윤리의 새로운 지평을 열었다고 평가하는 것이다. 이인경,『에큐메니칼 페미니스트 윤리』, 146-156. 여성 중심적 페미니스트 신학의 주장은 후자의 평가에 근거한 것이다. 길리간의 돌봄의 윤리에 대해서는 캐롤 길리간 지음,『심리이론과 여성의 발달』, 허란주 옮김 (서울: 철학과현실사, 1994)을 보라.

이고 급진적인 문제제기의 성격을 가지고 있지만, 현상적으로 보면 남성 중심적인 가부장제 사회를 그대로 유지시킨다는 비판을 받는다. 전통적인 여성성에 대한 여성 중심적 재평가는 여성이 억압 당하고 있다는 주장을 약화시킴으로써 여성이 해방되어야 한다는 주장의 근거를 모호하게 한다는 것이다. 또한 이 신학은 남녀를 분리시키는 배타적 동일성으로서의 평등을 주장함으로써 가부장제 사회의 위계적인 가치구조의 서열만 바꾸었을 뿐 위계적인 성격은 그대로 유지한다는 비판을 받는다. 더구나 모든 여성에게는 본질적인 속성이 있다고 주장함으로써 여성들 간의 차이를 간과하는 한계를 가진다.

3) 포스트 페미니스트 신학

포스트 페미니스트 신학은 남성과 여성, 여성과 여성, 남성과 남성 등 모든 개인의 차이와 여성 개인의 다중 정체성을 주장함으로써, 남성 중심적인 전통적 기독교와 기존 신학이 제시하는 신앙 주체와 도덕 행위자로서의 기준을 상대화시킨다. '포스트'(post)라는 말은 두 가지 의미를 가지고 있다. 하나는, 연속성을 강조하는 '후기'의 의미와 다른 하나는, 불연속성을 강조하는 '탈'의 의미이다. 포스트 페미니스트 신학의 '포스트'는 둘 다 함축한다. 포스트 페미니스트 신학이 단일 범주로서의 여성 개념을 해체하여 여성들 간의 차이를 말한다는 점에서는 '탈'의 의미를 함축한다. 휴머니즘적 페미니스트 신학과 여성 중심적 페미니스트 신학이 여성을 어떤 기준으로든 하나의 범주로 가정한 반면, 포스트 페미니스트 신학은 인종, 민족, 계층, 종교, 연령, 성성(sexuality) 등에 따른 여성의 차이를 강조한다. 여성을 하나의 계급으로 보는 페미니즘의 대전제가 포스트 페미니스트 신학에서는 해체되고 있다. 바로 이러한 점 때문에 포스트 페미니스트 신학의 '포스트'는 '탈'의 의미를 갖는다고 할 수 있다. 그러나 포스트 페미니스트 신학이 여성들 간의 차이를 말한다고 해서 여성의 억압 현실을 부정하는 것은 아니다. 오히려 여성들이 처한 현실을 구체적으로 드러냄으로써, 즉 인종, 민족, 계층, 종교, 연령, 성성 등의 차이에 따라 여성 억압이 다양한 형태로 나타난다는 것을 보여줌으로써, 추상적 또는 허위 자매애(sisterhood)가 아닌 구체적 또는 진정한 자매애의 가능성을 제시하고 있다. 이러한 점을 고려해 볼 때, 포스트 페미니스트 신학은 여성신학의 기획을 저해하는 것이 아니라 오히려 구체화시키고 완성하고 있다고 볼 수 있다. 따라서 포스트 페미니스트 신학의 '포스트'는 연속성의 의미인 '후기'를 함축한다.

Ⅳ. '여성들의'

1. 여성신학의 출발점으로서의 여성 경험

여성신학을 본격적인 기독교 여성담론으로 평가하는 주된

요인 중의 하나는, 여성신학이 기존의 남성 중심적인 신학에서 배제, 차별, 억압된 '여성의 경험'을 신학의 출발점과 자료로 삼는다는 점이다. 여성신학의 새로운 점은 '경험'을 말한다는 데에 있는 것이 아니라 '여성의' 경험을 말한다는 것이다. 어떠한 신학도 경험을 말하지 않는 것은 없다.[40] 앞에서도 언급했지만, 객관적이고 추상적인 신학이란 있을 수 없다. 모든 신학은 의도했건 의도하지 않았건 인간의 구체적인 삶의 정황과 경험을 반영하기 때문이다. 여성의 경험을 신학의 출발점과 자료로 채택하는 여성신학은 그 신학적 방법론과 지향성 자체가 기존 신학의 허위 보편주의를 폭로하는 것이었다. 여성신학은 연역적 방법론을 신학적 방법론으로 채택한 신학과, 특정한 남성의 경험을 보편적인 인간의 경험으로 일반화시킨 신학, 둘 다에 대해 문제를 제기한 것이다.[41]

---

40) "여성신학은 진리의 기준뿐만 아니라 내용의 기본 전거로서 여성의 경험에 의거한다고 흔히들 말해 왔다. 지금까지 이 '경험'의 원리가 마치 여성신학(혹은, 아마도 해방신학들)에만 독특한 것처럼 취급하려는, 따라서 그것을 전통적인 신학들의 진리의 '객관적'인 전거와는 거리가 먼 것으로 보려는 경향이 있어 왔다. 이것은 모든 신학적 반성의 경험적인 기초에 대한 하나의 오해인 것으로 보인다. 신학의 객관적 전거들이라 불리어 온 것들, 즉 경전과 전통은 그 자체가 성문화된 집합적 인간 경험이다." R. R. 류터 지음, 『성차별과 신학』, 안상님 옮김 (서울: 대한기독교출판사, 1985), 19.

41) 연역적 방법론의 신학에 대한 문제제기는 여성신학 이외에도 있었다. 해방신학, 정치신학, 민중신학 등과 같이 귀납적 방법론의 신학들에 의한 문제제기였다. 여성신학은 이러한 귀납적 방법론의 신학들에 대해서도 문제를 제기하였다. 왜냐하면 위의 귀납적 방법론의 신학들이 신학방법론에서는 여성신학과 맥을 같이 하지만, 연역적 방법론의 신학들과 마찬가지로 남성의 경험을 인간의 보편적인 경험으로 일반화시키기 때문이다.

남성 중심적인 신학에서 배제·차별·억압된 여성의 경험은 어떤 것들일까? 영(P. Young)에 따르면, 여성의 경험은 몸의 경험(bodily experience), 사회화된 경험(socialized experience), 여성 해방적 경험(feminist experience), 역사적 경험(historical experience), 개인적 경험(individual experience)으로 나누어진다.42) 몸의 경험이란 임신, 출산과 같은 여성의 생리적인 기능과 관련된 경험을 말한다. 사회화된 경험이란, 여성은 남성보다 열등하고, 여성의 영역은 가정과 가족이며, 여성의 가치는 아이를 낳아 기르는 데에 있으며, 여성은 온유하고 순종적이고 자기 부정적이어야 한다는 사회 문화적 통념에 의해 내면화된 경험을 의미한다. 여기서는 여성의 역할과 기능의 가치가 남성의 역할과 기능의 가치보다 상대적으로 낮은 것으로 평가된다. 여성 해방적 경험은, 여성의 사회화된 경험을 비판하고 거부하는 과정에서 형성된 경험이다. 여기서는 사회가 여성에게 요구하는 전형적인 여성상과 역할을 비판하며 여성 자신과 타인들의 온전한 인간됨에 관심을 기울인다. 또한 여성이 속한 인종과 계급이 여성의 역할과 기대에 어떻게 영향을 미치는지에 관심을 둔다. 역사적 경험은 우리보다 앞선 시대의 여성들의 역사에 대한 것이다. 그런데 대부분의 역사책에는 여성의 이야기가 배제되어 있으며 혹 기록되어 있다 하더라도 피상적으로 기록되어 있기 때문에 여성의 역사에 대해 알기 어렵다. 그래서

---

42) Pamela Dickey Young, *Feminist Theology / Christian Theology: In Search of Method* (Minneapolis: Fortress Press, 1990), 53-56.

여성 해방적 역사학자들은 여성의 잃어버린 역사를 발굴하고 있다. 개인적 경험은 여성 개개인의 인생 경험을 뜻하는데 이 경험은 위에서 분류한 각각의 경험들에 포함되는 것도 있다.

　모든 여성신학자들이 거의 예외 없이 여성의 경험을 여성신학의 출발점과 자료로는 삼되 첫째, 여성신학의 규범으로까지 볼 것이냐에 대해서, 둘째, 여성의 경험 중에서 어떤 경험을 자신의 신학의 출발점과 자료로 선택할 것인가에 대해서는 학자들마다 차이가 있다. 여성의 경험을 여성신학의 규범으로 볼 것인가라는 첫 번째 주제는, 전통적으로 기독교의 절대적인 규범으로 간주되어 온 성서의 자리를 여성의 경험으로 대체할 수 있느냐라는 논쟁을 여성신학 내에 불러일으켰다.43) 성서와 여성의 경험과의 관

---

43) 나는 이러한 논쟁에 대한 하나의 대안으로서 정현경의 '겹겹의 억압으로부터 여성을 해방시키는 힘'을 규범으로 제안한 바 있다. 겹겹의 억압이란 여성들이 당해왔고 당하고 있는 다중적인 억압을 뜻하며, 해방시키는 힘이란 억압으로부터 해방되고자 하는 의지와 추진력을 말하는데, 이 힘은 실체로서 존재한다기보다는 일종의 능력을 의미한다. 그러므로 여성의 경험과 성서는 그 자체가 규범이라기보다는 '겹겹의 억압으로부터 여성을 해방시키는 힘'이라는 규범 하에 있는 자료로 간주된다. 정현경은 이우정의 글에서 그 개념을 이끌어 내었으며, 나는 정현경의 개념이 여성의 경험과 성서에 관한 논쟁의 대안이 될 수 있음을 주장하였던 것이다. 이인경, "복음서 안의 억압된 여인 사건에 대한 여성해방적 분석," 연세대학교 석사학위논문(1992); 이인경, 『에큐메니칼 페미니스트 윤리』. 나는 이러한 과정이 앞에서 인용된 "내가 더 멀리 본다면, 그것은 거인의 어깨 위에 앉아 있기 때문이다"라는 문구의 구체적인 한 예가 될 수 있다고 본다.
한국의 여성신학자들은 여성의 경험 vs. 성서의 논쟁에 대해 의견의 일치를 보지 못했지만, 여성신학은 기존 신학과 달리 여성의 경험에서 출발하고 중요한 자료로 간주한다는 견해를 공유하였다. 그 결과, 한국여성신학회는 첫 번째 연구논문집을 『한국여성의 경험』이라는 제목으로 출간하였다.

계에 대한 논쟁은 성서의 가부장성의 정도(degree)에 대한 관점, 그리고 성서의 권위에 대한 문제와 연관된다. 거의 대부분의 여성신학자들은 성서 자체를 가치중립적인 것으로 보지 않을 뿐만 아니라, 성서에 가치중립적으로 접근하지도 않는다. 성서 자체를 가치중립적인 것으로 보지 않는다는 것은, 성서가 가부장제적 사회에서 산출되었으며 가부장제적인 성격을 반영하고 있다는 것을 의미한다. 그러나 성서의 가부장성의 정도에 대해서는 여성신학자들마다 입장이 다르다. 즉, 성서가 가부장제적이라는 점에는 동의하지만, 성서의 핵심까지 가부장제적인지 아니면 성서에 감추어진 목소리, 숨겨진 역사, 기독교 신앙을 형성할 대안적인 사건이 있는지에 대해서는 의견을 달리한다.[44] 성서에 가치중립적으로 접근하지 않는다는 것은, 여성해방적 관점에서 성서를 해석한다는 것이다. 여성해방적 관점에서 성서를 해석한다는 것은 "잊혀진 전승들을 발굴해 잘못된 해석을 바로잡는 것이며, 남성 위주의 학문적 외피를 벗겨내고 성서적 표상들과 신학적 의미들이 갖고 있는 여러 가지 새로운 차원들을 재발견하는 것"[45]을 의미한

---

44) 성서의 가부장성의 정도에 대한 여성신학자들의 관점의 차이에 대해서는 다음을 참고하라. 강남순, 『현대여성신학』; 강남순, 『페미니즘과 기독교』(서울: 대한기독교서회.1997); 이인경, "하나님의 형상대로". 나는, 성서가 비록 가부장제적 문화에서 산출되었고 가부장제적 관점에서 해석됨으로써 여성의 억압과 차별을 정당화했지만, 성서의 근본정신은 평등주의적이며 성서를 여성해방의 관점에서 해석할 때 여성을 해방시키는 힘이 성서에 있다고 본다.
45) E. S. 피오렌자 지음, 『돌이 아니라 빵을: 여성신학적 성서해석학』, 김윤옥 옮김 (서울: 대한기독교서회, 1994), 35-36.

다.46) 이것은 성서가 비록 가부장제적 문화의 산물이고 가부장제적 관점에서 해석됨으로써 여성억압을 정당화했지만, 성서를 여성해방의 관점에서 해석할 때 성서에는 여성을 해방시키는 힘이 있다고 전제할 때 가능한 일이다.47)

2. 여성 경험의 다양성과 연대

여성의 경험 중에서 어떤 경험을 자신의 신학의 출발점과 자료로 선택할 것인가라는 두 번째 주제는 백인 여성 중심의 초기 여성신학 내에서의 논쟁과 우머니스트48) 신학자들을 포함한 포

---

46) 피오렌자에 의하면, 여성의 구원과 해방을 위한 투쟁 경험을 규범으로 삼는 여성해방적 성서해석학은 여성들에게 성서를 되돌려 준다. 성서가 여성 차별·배제·억압을 정당화하는 "시대를 초월한 불변의 하나님의 말씀이 새겨진 돌"이 아니라 "불의와 억압에 대항하여 싸우는 여성들에게 하나님의 백성으로서의 에너지를 주는 빵"이 될 수 있음을 보여줌으로써 말이다.

47) 이런 전제를 가지고 성서를 해석할 때 어떤 강조점을 가지고 접근하는가에 따라 세 가지 방법으로 분류된다. 첫째, 전통적으로 가부장제적 사회에서 여성의 종속을 요구하는 것으로 읽혀져 왔던 여성에 관한 본문을 재해석하는 것이다. 둘째, 가부장제에 대한 신학적 비판을 가능케 하는 성서의 일반적인 주제, 즉 큰 줄기를 파악하는 것이다. 셋째, 가부장제적인 문화 속에 사는 고대와 현대의 여성들의 역사와 이야기의 교차점을 알기 위한 것이다. K. Doob Sakenfeld, "Feminist Use of Biblical Materials," in *Feminist Interpretation of Bible*, ed. Letty M. Russell (Philadelphia: The Westminster Press. 1985), 56.

48) 우머니스트라는 단어는 '여자답다'(Womanish)라는 말에서 유래되었으며, 흑인 페미니스트 또는 유색인 페미니스트를 가리킨다. 우머니스트는 여성의 문화, 여성이 가진 감정적 유연성, 그리고 여성의 힘을 인정할 뿐만 아니라 선호한다. 또한 우머니스트는 전 인류의 생존과 완전성을 위해 온 마음으로 몰두한다. 우머니스트는 음악과 춤과 달과 영혼을 사랑하며, 사랑과 음식과 둥근 것을 사랑하며, 투쟁과 갈등

스트 페미니스트 신학자들의 인종적 · 계급적 · 문화적 문제제기
로 나누어 생각해 볼 수 있다. 초기 여성신학자들은 여성해방적
경험이냐, 몸의 경험을 포함한 전통적인 여성적 경험이냐를 가지
고 두 그룹으로 나뉘었다.49) 그러나 여성의 경험에 대한 초기 여
성신학자들 간의 이러한 강조의 차이에도 불구하고, 그 경험들이
남성 중심적 신학에서 배제 · 차별 · 억압된 경험이라는 점은 공통
적이다.

우머니스트 신학자들을 포함한 포스트 페미니스트 신학자들
은, 백인 여성 중심의 초기 여성신학이 간과했던 여성들 간의 인
종적 · 계급적 · 문화적 차이를 부각시켰다. 포스트 페미니스트 신
학자들은, 초기 여성신학자들이 중산층 백인 여성의 경험을 모든
여성의 경험인 것처럼 일반화시켰다고 비판하였다. 마치, 남성 중
심적인 기존 신학이 여성의 경험을 배제한 채 특정한 남성의 경험

을 사랑하고, 자기 종족과 자기 자신을 사랑한다. 앨리스 워커 지음, 『어머니의 정원
을 찾아서』, 구은숙 옮김 (서울: 이프, 2004), 6-7.

49) 여성 해방적 경험을 우선시하는 여성신학자로는 류터, 피오렌자, 콜린스(Collins),
플라스코(Plaskow), 데일리 등이 있으며, 전통적인 여성적 경험을 신학의 출발점과
자료로 삼는 여성신학자에는 크리스트(Christ), 워쉬번(Washbourn), 스타호크
(Starhawk), 부다페스트(Budapest) 등이 있다. 류터, 피오렌자, 그리고 콜린스는 여
성 해방적 경험이 영적 통찰력을 부여해주며 전통을 비판하는 준거가 된다고 본다.
플라스코와 데일리는 여성 해방적 경험이 영성에 대한 새로운 이해를 구성한다고
주장한다. 페미니스트 관점에서 크리스트는 모성에 대한 논의와 여성신 상징에 대
한 연구를, 워쉬번은 월경에 대한 연구를, 스타호크와 부다페스트는 여성신 상징에
대한 연구를 함으로써 [가부장제에 의해 배제되고 억압된] 여성의 경험과 여성의
몸을 회복시킨다. Carol Christ and Judith Plaskow eds., *Womanspirit Rising: A
Feminist Reader in Religion* (San Francisco: Harper & Row, 1979), 7-9.

만을 반영했으면서도 모든 인간의 경험을 대표하는 것 마냥 허위
보편주의 주장을 한 것과 똑같은 오류를, 초기 여성신학도 범했다
는 것이다. 특히 우머니스트 신학자들은 이러한 문제제기와 더불
어, 자신들의 특수한 상황에서 비롯된 경험을 신학의 출발점과 자
료로 삼아 신학적 성찰작업을 하였다.50) 포스트 페미니스트 신
학의 이러한 문제제기는 백인 여성신학에도 영향을 주었다. 출발
은 백인 중산층 여성의 경험에서 하였지만 다른 피억압자들의 경
험과 연대하여 신학적 성찰을 하는 백인 여성신학자들이 나타났
다.51) 또한 글을 쓸 때 자신의 특수한 삶의 자리를 언급함으로써

---

50) Katie G. Cannon, *Black Womanist Ethics* (Atlanta, Georgia: Scholars Press, 1988);
Jacquelyn Grant, *White Women's Christ and Black Women's Jesus: Feminist
Christology and Womanist Response* (Atlanta, Georgia: Scholars Press.1989); Delores S.
Williams, *Sisters in the Wilderness: The Challenge of Womanist God-Talk* (Maryknoll,
New York: Orbis Book.1993). 크리스트와 플라스코는 초기 여성신학에 대한 포스트
페미니스트 신학자들의 문제제기를 담은 글들을 *Weaving the Visions: New Patterns
in Feminist Spirituality*(1989)라는 하나의 책으로 엮어 출간하였다. 이 책에서 워커,
윌리엄스(Williams), 케넌(Cannon), 로드(Lorde)는 흑인 여성의 경험이 백인 여성의
경험과는 다르다고 주장한다. 알렌(Allen), 이와후(Ywahoo), 산체스(Sanchez)는 자
신들의 부족으로부터 배운 땅에 대한 경외와 사랑을 말한다. 매터(Matter), 헤이워
드(Heyward), 해리슨(Harrison), 로드는 레즈비언의 경험과 관점에서 가부장제적인
억압을 비판한다. 이 책의 전편에 해당하는 *Womanspirit Rising*(1979)과 비교할 때
이 책에는 다양한 인종과 문화권 출신의 여성신학자들의 글이 수록되어 있지만, 아
시아와 아프리카에서 활동하고 있는 여성신학자들의 글은 빠져 있다. 파벨라
(Fabella)와 오두요예(Oduyoye)가 편집한 *With Passion and Compassion: Third
Women Theology Doing Theology*(1990)는 이러한 한계를 보완한 책으로, 아시아와
아프리카 여성신학자들의 목소리를 담고 있다.
51) 러셀은 제3세계 여성들과 연대하여 신학 작업을 한 대표적인 백인 여성신학자이다.
cf. *Inheriting Our Mother's Garden: Feminist Theology in Third World Perspective*

자신의 경험이 모든 여성을 대표하는 보편적인 경험이 아님을 드러내기 시작하였다. 포스트 페미니스트 신학의 문제제기로 인해 여성신학은 특정한 하나(the feminist theology)가 아니라 여럿(feminist theologies)이며 그 어떤 여성신학도 그 가운데 하나(a feminist theology)라는 사실이 분명해졌다.

한국의 여성신학은 실천적인 측면에서부터 시작되었다. 한국여신학자협의회가 창설된 1980년을 한국의 여성신학 원년으로 보기 때문이다. 한국의 여성신학은 학계의 신학자들보다는 목회 현장에서 성차별을 직접 몸으로 경험한 평신도 여성 지도자들과 여성 목회자들에 의해서 주도되었으며, 학계와 교계 여성들 간의 연대 속에서 이루어졌다.52) 한국의 여성신학이 대부분 교회와 기독교 신학의 틀을 벗어나지 않는 개혁주의적 성격을 띠는 이유가 아마도 여기에 있지 않나 생각된다.53) 또한, 앞에서도 언급했듯이, 한국의 여성신학은 초창기부터 서구의 여성신학 이론을 소개하는 동시에 한국의 기독교 여성이 처해 있는 구체적인 역사와 상황에 응답하면서 전개되었다. 30년이 채 안 되는 그리 길지 않은 기간 동안, 한국의 여성신학은 서구의 다양한 여성신학들을 소개하는 한편 한국의 여성으로서의 경험에 대한 여성신학적 성

(Westminster John Knox Press, 1988).

52) 박경미, "한국 여성신학 20년," 392-393, 450.

53) 박경미는 이러한 개혁주의적 성격 때문에 여성 해방적 성서 해석과 여성해방적 교회론이 한국의 여성신학의 중요한 관심사 중의 하나였다고 분석한다. 박경미, "한국 여성신학 20년," 450.

찰작업들을 지속적으로 전개하였다.

박순경(1983, 1988, 1997)은 민족 분단의 문제와 통일의 과제를 여성신학의 관점에서 신학화했으며, 이우정(1982, 1983)은 전통 민중 문화에 나타난 여성의 경험을 여성신학적으로 재해석하였다. 손승희(1989, 1997), 정현경(1990, 2001, 2002), 이은선(1997, 2003, 2004)은 여성적 경험과 여성의 몸의 경험을 중시하는 여성신학을 전개하고 있으며, 특히 정현경은 기독교와 다른 종교 간의 경계를 넘나들면서 살림이스트(Salimist)[54]로서의 여성을 그려내고 있다. 이경숙(1994, 2000), 최영실(1995, 2004), 최만자(1993, 1995), 박경미(1988, 1993, 1998)는 여성신학적 성서해석 작업을 해 오고 있으며, 강남순(1994, 1998, 2002)은 휴머니즘적 페미니스트의 입장에서 젠더라는 주제를 자신의 신학적 성찰에 일차적으로 반영하고 있다. 양미강(1992, 1997, 2001)은 한국교회 여성의 역사를 여성신학적으로 재서술하고 있으며, 구미정(2004, 2005)은 생태여성주의의 관점에서 신학적 작업을 하고 있다. 오현선(2007)은 최근 들어 이슈가되고 있는 이주 여성들의 경험과 연대하여 여성신학적 성찰을 하고 있다.[55]

---

54) 살림이스트는 '살림'에서 온 말이다. 살림은 한국 여성이 매일 하는 가정 일을 일컫는 말이다. 더 나아가 살림이란 모든 사람을 배부르고 행복하게 먹이는 것, 가족의 평화와 건강과 풍요함을 끌어내는 것, 아름다운 삶의 환경을 만드는 것을 뜻한다. 살림이스트는 한국의 에코페미니스트 또는 한국 에코페미니스트의 비전에 참여하고 싶어 하는 세계의 모든 사람들을 가리킨다. 살림이스트는 모든 것(특히 죽어가는 지구)을 살아나게 하는 사람이다. 현경, 『미래에서 온 편지』 (서울: 열림원. 2001).

V. 나오는 말
: '여성들을 위한'

요즘 '알파걸', '신삼종지도' 등과 같은 신조어가 등장할 정도로 여성의 지위가 향상되었다고 하지만, 여전히 교회는 무풍지대라고 한다면 지나친 표현일까? 본격적인 기독교 여성담론으로서의 여성신학이 시작된 지 반 세기도 채 되지 않은 오늘, "여성들의, 여성들에 의한, 여성들을 위한"을 너무 일찍, 너무 쉽게 양보해서는 안 된다고 생각한다. 남성 중심적인 전통적인 기독교와 신학이 여성을 배제하고 차별하고 억압해 온 2천 년은 물리적으로도 오랜 시간이지만, 그 긴 세월 동안 깊숙이 각인되고 유전되어 기독교인의 의식과 태도에 원천적으로 내면화된 여성 혐오·경멸·배제·차별·억압은 풍화와 퇴적을 거듭하면서 단단하고 두터운 지층을 형성하였다. 여성신학을 중심으로 하는 기독교 여성담론이 학문의 세계—여전히 남성 중심적이기는 하지만—에서는 점차 알려지고 설득력을 인정받고 있는 반면, 대부분의 교회에서는 아직도 먼 나라 먼 행성의 이야기로 들려지고 있는 것이 오늘의 현실이다. 이것은 한국의 여성신학이 목회 현장의 여성들로부터 시작되었지만, 한국 교계의 남성 중심적인 가부장제적 위계 구조

---

55) 한국의 여성신학에 대해서는 최만자, "한국 여성신학: 그 신학 새로하기의 어제와 내일," 『한국기독교신학논총』 22집 (2001); 박경미, "한국 여성신학 20년."; 이경숙, "한국 여성신학의 발자취와 미래: 주제별 고찰과 내일의 과제," 『한국기독교신학논총』 50집 (2007)을 참조하라.

의 벽이 여전히 높고 단단하다는 사실을 확인시켜 준다. 물론 이러한 현상은 신학과 교회 간의 괴리라는 고질적인 원인에 기인한 측면도 없지 않다. 2천 년 동안이나 시소의 한쪽에 집중적으로 무게가 실려 왔는데, 겨우 40년 만에 수평으로 만든다는 것은 무리하고 성급한 기대가 아닌가 싶다.

나는 성/성별 체계가 여전히 우리 사회의 주된 기제로 작동하는 한, 그리고 여전히 교회가 성/성별 체계를 신학적으로 정당화하는 한, '여성들을 위한'을 쉽게 포기해서는 안 된다고 생각한다. 모튼(Morton)이 제안한 "상상으로 하는 실험"56)은 30여 년이 지난 오늘도 유효하다. 출간된 지 20여 년 만에 한국어로 번역된 브란튼베르그(Brantenberg)의 『이갈리아의 딸들』57)이 여전히 오늘의 독자들에게도 불편함과 통쾌함을 동시에 느끼게 한다는 것은 우리 사회가 남성 중심적인 사회라는 것을 새삼 확인시켜 준다. '여성들을 위한'은 기독교 여성담론의 중요한 기준이다. '여성들을 위한'은 '여성들에 의한'과 '여성들의'의 지향성을 담보해 주는 역할을 하며, 그 지향성을 구체화시킬 수 있는 방법을 선택하는 기

---

56) 모튼은 그녀의 강연을 듣는 청중들에게 다음과 같은 '상상으로 하는 실험'을 제안한 적이 있다. 신학교의 교수 대부분이 여자 교수들이고 남자 교수는 매우 예외적으로 있다면? 모든 신학대학의 총장이나 학장이 모두 여성이라면? 남자가 신학교에 들어온 목적은 여성 목회자와 결혼을 해서 잘 돕고 보필하기 위한 것이라면? 남성인 당신에게 누군가가 당신은 똑똑하지만 남성이기 때문에 목사 안수를 받을 수 없어서 딱하다고 한다면? Nelle Morton, *Journey is Home* (Boston: Beacon Press, 1985).
57) 게르드 브란튼베르그 지음, 『이갈리아의 딸들』, 노옥재 외 옮김 (서울: 황금가지, 1996).

준이기도 하다. 앞에서 언급했듯이 '여성들에 의한'에 해당되는 선배 여성들의 업적을 계승하고 동시대 여성들과의 연대하는 방법도, '여성들을 위한'에 대한 고민 속에서 나온 것이다. 궁극적으로 여성신학이 여성들을 위한 것만이 아니라 남성을 포함한 모든 인간을 위한 것이기는 하지만, 여성신학은 페미니즘의 관점에서 여성평등, 여권신장, 여성인권, 여성해방 등으로 표현된 '여성들을 위한'을, 남성 중심적인 교계와 기존 신학의 권력과 횡포에 눌려, 너무 성급하게 '모든 인간을 위한'으로 희석시키지 않아야 할 것이다. '여성들을 위한'을 사소화·보편화시키지 않는 학문적 풍토와 특별화·영성화시키지 않는 사회적 분위기가 신학과 교계에 무르익을 때까지, 여성신학은 '모든 인간을 위한'에게 '여성들을 위한'을 내어주지 않아야 한다. 나는 '여성들을 위한'을 전제로 한 다양한 '여성들에 의한', 다양한 '여성들의' 이야기가 더 많이 말해지고 들려져야 한다고 생각한다. 이러한 나의 주장이, 남성 중심적인 가부장제 사회에서 억압당한 경험의 반영이기도 하지만, 그것을 넘어서서 나를 억압의 피해자로서만 규정하지 않으려는 여성신학적 성찰에서 나온 것이다.

포스트 페미니스트 신학자로서 나는, 선배 여성들과 동시대 여성들과의 연대에 힘입어, 지금 내가 서 있는 삶의 자리에서 신학적 성찰을 하고자 한다. 신학적 성찰의 과정 중에 있지만, 어차피 완결된 신학적 성찰이란 존재하지 않는 것이기에, 몇 가지 제안을 하는 것으로 이 글을 끝맺고자 한다. 첫째, '딴지걸기'이다. 차별과 배제와 억압을 경험한 사람들은 그것을 극복하기 위해, 주류 사회의 가치와 기준을 내면화하여 그 가치와 기준에 도달하기 위해 '따라잡기'를 하거나, 주류 사회의 가치와 기준에 대해 문제를 제기하며 대안을 찾거나 하는 두 가지 유형의 모습으로 나뉜다. 나는 '따라잡기'가 자칫 여성들로 하여금 정신분열증에 걸리도록 할 위험성과 한계가 있다고 생각하며, 따라잡기가 '신화'에 불과하다는 미스의 주장58)에 동의한다. 왜냐하면 따라잡기는 여성들의 경험과 삶을 외면하고 왜곡하며, 남성 중심적 가부장제 사회의 가치 체계를 여전히 온존시키기 때문이다. '딴지걸기'란, 남성 중심적 가부장제 사회에 사는 한, 그 사회의 가치와 기준을 완전히 무시할 수 없겠지만 그것이 전부가 아님을 인식하고 각자가 서 있는 삶의 자리가 지닌 의미를 새롭게 받아들이는 것이다. 이러한 딴지걸기는 여성이 자신을 더 이상 피해자나 뒤쳐진 자로 생각하지 않고, '축복받은 자',59) '적절하게 힘이 있는 주변인',60) '자기 성찰적 주변부인'61)으로 인식할 때 가능하다.

---

58) 마리아 미스 외 지음, 『에코페미니즘』, 손덕수·이난아 옮김 (서울: 창작과 비평사, 2000).

59) 최영실은, 한국의 여성들이 역사적으로 살펴볼 때 억압과 가난 속에 살았지만 그러한 억압 가운데 있는 자기 자신을 바라보며 그러한 자신이 오히려 이 세상을 변화시킬 수 있다는 자기 긍정의 정체성을 가지고 있었다고 주장한다. 최영실은 여성들의 이러한 자기 인식을 가리켜 '축복받은 자'라고 명명하였다. 최영실, "성서적 관점에서 본 한국여성신학(Ⅰ)," 『기독교사상』 398호 (1998), 117-118.

60) 조한혜정은, 여성이 자신의 주변인으로서의 정체성을 인정하고 그 자리를 더 이상 주변으로만 규정하지 않을 때 여성은 자신의 경험과 시각을 새롭게 재구성하게 된다고 주장한다. 조한혜정에 의하면, 바로 이 여성은 남성이라는 '중심'을 따라잡으

둘째, '긍휼의 마음, 생명의 마음 가지기'이다. 여성으로서의 나의 억압 경험은 다른 피억압자들의 억압 경험과 연대하게 하는 끈이 되었다. 어머니 됨으로서의 나의 몸의 경험과 여성적 경험은 생명 가진 존재들에 대해 긍휼과 생명의 마음을 가지게 하였다. 생명을 잉태하고 보듬고 자라게 하는 자궁의 진통이 새 생명을 낳듯이, 하나님의 마음인 긍휼을 품고 그 긍휼 때문에 진통할 때 억눌리고 무시당했던 생명이 온전히 회복될 수 있음을 알게 되었다.[62] 수많은 신체적, 정신적, 사회적, 문화적 폭력 등으로 인해 죽임의 문화가 만연한 오늘의 현실에서, 우리에게 절실하게 필요한 것은 긍휼의 마음, 생명의 마음이다.[63] 또한 '할 수 있으면 해야 된다'는 과학기술시대의 명법 앞에서 생명 가진 존재들에 대한 긍휼과 생명의 마음은 '할 수 있어도 하지 않는다', '할 수 있어도 할 수 없다'를 고백하게 만들었다.

이 제안들이 '여성들을 위한' 것이냐에 대해서 이론의 여지가

려하기보다는 자기가 가지고 있는 것을 보게 되는 '적절하게 힘이 있는 주변인'이다. 조(한)혜정,『성찰적 근대성과 페미니즘』(서울: 또 하나의 문화, 1998), 121-137.

61) 강남순은, 자기 자신을 타자화되어 온 희생자로서가 아니라 그 타자화의 경험을 적극적인 창조적 차원으로 승화시키는 여성을 가리켜 '자기 성찰적 주변부인'이라고 부른다. 강남순,『페미니즘과 기독교』, 414.

62) '긍휼'을 뜻하는 히브리어 단어 '라하밈'(rachamim)은, 생명 탄생에 중요한 역할을 하는 신체기관 중의 하나인 '자궁'을 의미하는 히브리어 낱말 '레헴'(rehēm)과 어근이 같다.

63) 박경미, "21세기 여성신학의 전망,"『기독교사상』460호 (1997); Mary John Mananzan and Park Sun Ai, "Emerging Spirituality of Asian Women," in *With Passion and Compassion: Third World Women Theology Doing Theology*, eds. Virginia Fabella and Mercy Amba Oduyoye (Maryknoll, New York: Orbis Books, 1990).

있을지 모르겠다. 그러나 나는 모든 여성을 대표할 수도 없고, 하고 싶지도 않다. 포스트 페미니스트 신학자로서 나는, 내가 서 있는 삶의 자리에서 신학적 성찰을 할 뿐이다.[64) 그리고 여성들과 연대하여 희망을 퍼뜨릴 것이다. 여전히 남성 중심적인 가부장제 사회에서 희망을 말한다는 것이 가능한가라는 의문이 제기될 수 있겠지만, 이때 희망이란, 절망스러운 현실을 은폐하고 장밋빛 미래를 말하는 것을 뜻하지 않는다. 희망이란 절망을 드러내고 그 절망에 저항하는 것이다. 여성신학은 절망스러운 상황 속에서도 굴하지 않고 그 절망을 폭로하고 그 절망에 저항하며 희망을 만들어 내었다. 서로 다른 삶의 자리에서 선배 여성들과 동시대 여성

---

64) 나는 전략적으로는 휴머니즘적 페미니즘이 필요하다고 생각한다. 그러나 그와 동시에 다중적인 정체성을 가진 나의 삶의 자리에서 신학적 성찰을 하기를 원한다. 남성과 '같음'을 강조하는 것만으로 한계가 있기 때문이다. 내가 강남순의 휴머니즘적 페미니스트 신학을 일면 지지하면서도, 견해를 달리하는 이유가 바로 이것이다. 강남순은 여성신학이 강조점의 차이에 따라 특수담론과 보편담론의 두 차원을 모두 지녔다고 보지만, 강남순의 강조점은 보편담론으로서의 여성신학에 있다. 강남순 자신이 밝힌 바, 강남순은 남성과의 같음을 주장하는 휴머니즘적 페미니스트 신학자이다. 강남순의 주장에 대해서는 강남순, 『페미니즘과 기독교』, 65-66을 보라. 여성들이 현실적으로 남성 중심적인 가부장제 사회에서 살고 있고 소위 남성들의 전유물로 간주되어 온 영역에 들어가기 위해서는 그 사회의 가치와 기준을 무시할 수 없겠지만, 그 사회를 떠받치고 있는 가치와 기준에 대해 근본적으로 문제제기하지 않는 '같음' 주장은 한계가 있다고 본다. 그러므로 나는 '같음' 논리를 지닌 보편담론으로서의 여성신학을 강조하는 휴머니즘적 페미니스트 신학자라기보다, 남성 중심적인 가부장제 사회의 가치와 기준을 상대화시키는 '차이' 주장으로서의 여성신학, 즉 포스트 페미니스트 신학자이다. '차이' 주장으로서의 여성신학은 보편담론이냐 특수담론이냐라고 할 때는 특수담론에 해당되지만, 그것은 강남순이 말한 제2격의 신학으로서의 특수담론과는 다른 의미를 갖는다.

들이 한 땀 한 땀 이어온 희망이라는 '조각보'에 나의 한 조각을
보태고 싶다.

여성의 구원을 위하여 그리고……
: 엘리자베스 쉬슬러 피오렌자의
『돌이 아니라 빵을』다시 읽기

I. 들어가는 말
: 기독교인인 동시에 페미니스트일 수 있을까?

지금 나는 기독교 페미니스트로서의 정체성을 가지고 있지만, 한때 기독교와 페미니즘이 양립할 수 없다는 생각을 한 적이 있었다. 너무나도 괴로운 시절이었다. 나의 삶의 중요한 두 축이자 내가 누구인가를 특징 지워주는 기독교 신앙과 페미니스트 여성으로서의 정체성 사이에서 방황하던 그때, 나의 고민과 갈등을 해결하는 데에 지대한 역할을 한 것은 여성신학이었다. 여성신학이라는 학문 자체가 기독교와 페미니즘의 양립 가능성을 전제한 것이기도 하거니와 "페미니즘의 신학적 표명"[1]이라는 여성신학

---

1) 강남순 지음, 『현대여성신학』(서울: 대한기독교서회, 1994), 15.

의 형식적 정의를 감안할 때, 여성신학은 내 고민 해결의 실마리와 관점과 방법론 그 자체였다.[2]

여성신학은 하나의 관점, 즉 페미니스트 관점에서 형성된 신학이며, 기독교에 대한 여성학적 연구의 결과로 형성된 것이다. 여성신학을 '여성의' 신학(Woman' Theology, Theology of Woman) 혹은 '여성적' 신학(Feminine Theology)이라고 칭하는 것은 소위 여성성—남성성이라는 사회 통념적인 특성을 반영하는 신학으로 오해할 소지가 있다. 여성신학은, 객관적이고 추상적인 신학이란 있을 수 없을 뿐만 아니라 무의미하고 모름지기 신학이란 인간의 구체적인 삶의 정황과 경험을 반영할 수 있어야 하며 반영하고 있다고 주장한다.[3] 여성신학은 기존의 전통신학이 객관성과 보편성을 주장하지만 실은 서구 백인 남성만의 경험과 정황이 반영된 신학임을 비판한다. 모든 신학은 상황신학일 수밖에 없기 때문이다.

여성신학을 본격적으로 공부하면서 나는 다시금 딜레마에 빠졌다. 그것은 '성서'와 '여성의 경험'의 관계를 어떻게 설정할

---

2) 남성 중심적인 가부장제 사회와 교회에서 여성으로 산다는 것, 신학을 한다는 것에 대해 고민하다가 만난 여성신학은 나에게 새로운 생명을 준 '구원의 생수'였다. "남성 중심적인 가부장제적 사회와 교회에서 차별·배제·억압당하여 정신분열증에 걸리거나 만신창이가 될 지경인 여성들(그리고 남성들)에게 여성신학은 구원의 생수이다. 또한 가부장제적 사회 구조에 길들여져서 명시적이든지 암묵적이든지 또한 의도적이든지 비의도적이든지 기득권을 누려온 남성들(그리고 여성들)에게 여성신학은 구원의 관문이다. 이 물을 마시지 않고는, 이 문을 통과하지 않고는 그 누구도 구원을 말할 수 없기 때문이다." 이인경, "하나님의 형상대로: 기독교와 여성," 『기독교의 이해』, 기독교의 이해 교재편찬위원회 편 (대구: 계명대학교출판부, 2005).
3) 손승희, 『여성신학의 이해』 (서울: 한국신학연구소, 1989), 15-16.

것인가라는 문제 때문이었다. 이 문제는 결국 성서와 여성의 경험 중 어느 쪽이 더 권위 있는가에 대한 것이다. 기독교 신앙과 여성으로서의 정체성 가운데 그 어느 것 하나도 포기할 수 없는 나였기에, 성서와 여성의 경험을 놓고 비교우위를 논하기란 그리 쉬운 일이 아니었다. 대부분의 교회가 성서를 기독교의 절대적인 규범으로 간주하고 그 속에서 자란 나로서는, 역사비평을 공부했을 뿐만 아니라 성서와 나의 여성으로서의 경험이 상충됨에도 불구하고 성서에 대한 그러한 규범적 이해로부터 자유롭지 못했다.

　　여성신학은 여성의 경험을 신학의 출발점과 자료로 삼는다. 이 점에 대해서는 여성신학자들 간의 이견이 없다고 하겠다. 물론 여성의 경험 중 어떤 경험을 자신들의 신학의 출발점과 자료로 선택할 것인가에 대해서는 학자들마다 차이가 있겠지만, 기존의 남성 중심적인 신학에서 배제, 차별, 억압된 여성의 경험이라는 점에서는 다르지 않다는 것이다. 그런데, 여성의 경험을 여성신학의 출발점과 자료로 삼되 여성의 경험을 여성신학의 규범으로 볼 것이냐에 대해서는 여성신학자들의 견해가 분분하다.4)

---

4) 비록 여성의 경험이 다양하고 복잡하다 할지라도 그리고 여성신학자에 따라 여성의 경험의 신학적 위치를 다르게 전제한다 할지라도, 모든 여성신학자들이 거의 예외 없이 여성의 경험을 여성신학의 출발점과 자료로 삼는다는 점 때문에 강남순은 여성신학자들 간의 차이를 인정하지 않는다. 이때 언급되는 여성신학자들은 강남순의 분류에 따르면 초기 여성신학의 대표적 학자들이다. 강남순, "21세기에 들어선 여성신학: 여성신학의 인식론적 지평과 쟁점, 그리고 그 성찰적 과제에 대한 비판적 고찰," 『신학사상』 115집 (2001 겨울), 155-192. 초기 여성신학이 서구 백인 여성신학자들 중심이었고 그러다 보니 그 경험이라는 것이 그녀들의 인종적·계급적 상황을 반영

기독교의 절대적인 규범으로 간주되어 온 성서의 자리를 여성의
경험이 대체할 수 있느냐에 대해 여성신학자들의 관점이 몇 갈래
로 나뉜다. 성서와 '여성의 경험'의 관계에 대한 논쟁은 성서의 가
부장성의 정도(degree)에 대한 관점, 그리고 성서의 권위에 대한 문
제와 연관된다. 여성신학은 성서 자체를 가치중립적인 것으로 보
지 않을 뿐만 아니라, 성서에 가치중립적으로 접근하지도 않는다.
성서 자체를 가치중립적인 것으로 보지 않는다는 것은, 성서가 가
부장제적 사회에서 산출되었으며 가부장제적 성격을 반영하고
있다는 것을 의미한다. 그러나 그 정도(degree)에 대해서는 여성신
학자들마다 입장이 다르다. 즉, 성서가 가부장제적이라는 점에는
동의하지만, 성서의 핵심까지 가부장제적인지 아니면 성서 안에
감추어진 목소리, 숨겨진 역사, 기독교 신앙을 형성할 대안적인
사건이 있는지에 대해서는 의견을 달리한다. 여성신학자들마다
여성으로서의 어떤 경험을 신학의 출발점과 자료로 삼을 것인가
에 대한 견해가 다양하고, 성서와 '여성의 경험'의 관계에 대한 관
점이 다르며, 성서의 가부장성의 정도와 성서의 권위에 대한 입장
이 나뉜다.5) 이러한 사실은 여성신학이 특정한 하나(the feminist

한 것이었기에 강남순의 평가가 일면 설득력과 정당성을 가진다. 그러나 다른 한편
으로는 강남순 자신이 여성신학자임에도 불구하고 기존(남성 중심적) 신학의 시각
으로 여성신학의 여성 경험의 강조를 평가한 것이 아닐까 생각된다.
5) 여성신학자들의 입장 차이에 따른 분류는 다음의 책들을 보라. 강남순 지음, 『현대여
성신학』 (서울: 대한기독교서회, 1994); 강남순, "페미니즘과 성서 해석학," 『성서해
석학』, 정기철 엮음 (호남신학대학교출판부/한들, 1997); 이인경, "하나님의 형상대
로: 기독교와 여성," 『기독교의 이해』, 기독교의이해교재편찬위원회 편 (대구: 계명

theology)가 아니라 여럿(feminist theologies)이며 그 어떤 여성신학도 그 중의 하나(a feminist theology)임을 보여준다.

내가 여성신학을 공부하기 시작한 1980년대 중 – 후반에서 1990년대 전반 무렵, 한국 기독교 여성들이 여성신학을 공부할 때 필독했던 책들이 있다. 최소한 레티 M. 러셀(Letty M. Russell)의 책6), 로즈마리 레드포드 류터(Rosemary Radford Ruether)의 책7), 그리고 엘리자베스 쉬슬러 피오렌자(Elizabeth Schuessler Fiorenza)의 책8) 한 권씩 정도는 읽어야 여성신학을 말할 수 있다고 여겼다.9) 소위 여성신학의 고전이라 불리는 책들이었다. 물론 여성신학계에서는 메리 데일리(Mary Daly)의 『교회와 제2의 성』을 여성신학의 본격적인 이론서로 평가하기도 하지만 후기 메리 데일리가 탈기독교적 · 탈성서적 입장을 취하였다는 점 때문에 메리 데일리의 책은 그다지 널리 읽혀지지 않았다. 교회 안에 있으면서 기독교에서 무언가 희망을 찾고자 하는 여성들에게 비록 메리 데일리의 전

대학교출판부, 2005).

6) 『해방의 말씀』, 김상화 역 (서울: 대한기독교출판사, 1980); *Household of Freedom: Authority in Feminist Theology* (Philadelphia: Westminster Press, 1987).

7) 『성차별과 여성신학』, 안상님 옮김 (서울: 대한기독교출판사, 1985).

8) 『크리스찬 기원의 여성신학적 재건』, 김애영 옮김 (서울: 종로서적, 1986); *Bread Not Stone: The Challenge of Feminist Biblical Interpretation* (Boston: Beacon Press, 1984); *But She Said: Feminist Practices of Biblical Interpretation* (Boston: Beacon Press, 1992).

9) 이 시기는 한국 여성신학자들의 책이 본격적으로 나오기 전이었다. 서구 여성신학에 대한 소개나 번역서가 아닌, 한국 여성신학자의 논지가 담긴 책이 나오기 시작한 것은 1990년대 전반 이후였다.

기 저작들이 통찰력과 영감을 주었지만 메리 데일리의 후기 사상은 교회 내 현실성과 설득력이 부족하다는 평을 들었던 것이다.

여성신학자들의 많은 책 중에서도 엘리자베스 쉬슬러 피오렌자(이하 쉬슬러 피오렌자로 칭함)의 『돌이 아니라 빵을』10)은, 성서와 '여성의 경험'의 관계에 대한 논쟁이 어떤 맥락에 놓여 있으며 이 논쟁과 연관된 문제가 무엇인지를 예리하고 탁월하게 보여주는 대표적인 여성신학 책이다. 쉬슬러 피오렌자가 『돌이 아니라 빵을』에서 전개하는 '여성해방적 비판적 해석학'(또는 여성해방적 성서해석학)은, 오늘날 기독교인으로서 동시에 페미니스트로서 살아가려는 여성들에게, 그리고 남성들에게11) 여전히 유의미하고 설득력 있다고 생각한다. 이제 쉬슬러 피오렌자의 '여성해방적 비판적 해석학'의 문제제기와 관점과 방법론을 살펴보고, 그것이 오늘날 우리에게 어떤 의미를 주는지 모색해보자.

---

10) E. S. 피오렌자 지음, 『돌이 아니라 빵을: 여성신학적 성서해석학』, 김윤옥 옮김 (서울: 대한기독교서회, 1994 [Elisabeth Schuessler Fiorenza, *Bread Not Stone: The Challenge of Feminist Biblical Interpretation*, Boston: Beacon Press, 1984]). 이 글에서는 한글번역서를 위주로 내용 소개를 하고 번역서의 쪽수를 명기하되, 필요한 경우 내가 직접 번역하여 보완할 것이다.

11) 페미니스트란 첫째, 사회·문화적 성(gender)을 인식하고, 둘째 상대적으로 여성이 열악한 사회적 지위에 있음을 인정하며, 셋째, 여성 세력화를 통해 여성차별이 극복되어야 하며 극복될 수 있다는 믿음과 희망을 가진 사람이다. Claire G. Moses, "'What's in a Name?': Feminism in Global Perspective" (2003년 11월 6일 계명 여성 세미나 특강). 이러한 개념 정의에 따르면, 여성이라도 페미니스트가 아닐 수 있으며 남성이라도 페미니스트일 수 있다.

Ⅱ. 여성해방적 성서해석의 해석학적 중심으로서의 여성교회

쉬슬러 피오렌자는 성서를 전면 거부하는 탈성서적 페미니스트들의 입장과, 왜곡된 성서 해석의 잘못을 지적하며 특정한 성서 본문을 근거로 하여 성서의 권위를 주장하는 기독교 호교론자들(christian apologists)—기독교 호교론적 여성신학자를 포함한—의 입장 둘 다에 대해 비판적 관점을 취한다. 다음의 글에서 우리는 쉬슬러 피오렌자의 그러한 관점을 읽을 수 있다.

우리는 성서적 종교를 우리의 유산으로서 되찾아야 한다. 왜냐하면 "우리의 유산은 우리의 힘이기 때문이다." 동시에 나는 우리의 유산을 되찾는 일이 여성해방적 검토와 평가를 통해서만 가능하다고 강조하는 바이다.(12쪽)

기독교 호교론자와 탈성서적 페미니스트 모두 성서적 종교의 여성의 경험을 간과하고 있을 뿐만 아니라, 성서가 성서를 산출한 공동체와 무관하게 권위를 가지고 있다고 전제한다.(47쪽)

쉬슬러 피오렌자는 성서를 전적으로 거부하지도, 무조건적으로 성서의 권위를 인정하지도 않는다. 성서적 종교를 여성들의 유산으로 되찾되 그것은 여성해방적 성서해석을 통해서만 가능함을 역설한다. 그러면서 쉬슬러 피오렌자는 여성해방적 성서해석학의 과제를 아래와 같이 말한다.

> 기독교 여성은 가부장제적인 사회와 교회에서 정체성, 생존, 그리고 해방을 위한 우리의 투쟁을 통해, 성서가 우리(여성)를 공격하는 무기로 사용된 동시에 용기, 희망 그리고 이 투쟁에의 참여를 위한 자료였음을 알았다. 그러므로 여성해방적 해석의 과제는 성서를 비판하는 페미니스트에 대해 성서를 변호하는 일일 수 없으며, 오히려 성서의 억압적인 힘과 해방적인 힘이 분명하게 인식되는 방법으로 성서를 이해하고 해석하는 일이다. (7쪽)

그렇다면 성서의 억압적인 힘과 해방적인 힘을 구별하는 기준은 무엇인가? 쉬슬러 피오렌자는 "해방을 위하여 투쟁하는 여성의 경험"(45, 52쪽)을 신학의 출발점이자 규범으로 제시한다. 이러한 경험을 공유하는 여성들과 이에 동참하는 남성들의 교회 내 운동인 "여성교회"는 여성해방적 성서해석학의 기준이 된다.(14, 44쪽) 쉬슬러 피오렌자는 여성교회라는 표현을 가부장제에 대한 정치적 대립용어로서 사용한다.(14쪽) 쉬슬러 피오렌자가 말하는 여성교회는 평등한 사람들의 대화에 근거한 공동체, 비판적인 판단이 실천되고 공적인 자유가 실감되는 공동체이다. 이러한 이해는 쉬슬러 피오렌자 자신이 말하듯이 신약성서적 개념인 에클레시아(ekklesia)에 기초한 것이다. 에클레시아는 자유시민들이 자신들의 사회적·정치적·정신적 삶과 자녀들의 행복을 위해서 공동으로 결정할 수 있도록 모인 공적 집회이다. 이러한 맥락에서 여성교회는 여성의 종교적 자기긍정과 힘을 목표로 하며, 모든 가부장제적 소외, 주변화, 착취로부터의 해방을 지향한다.(15, 16쪽) 그러므로 여성교회는 여성으로 하여금 자기 자신을 위한 선택을 하도록 격려하며, 더 나아가 그러한 선택이 가장 억압당하는 여성들을 위한 선택이 되도록 그리고 그들의 투쟁에 참여하도록 한다.(17쪽) 이러한 여성교회의 참여와 사명은 성차별주의, 인종차별주의, 가난의 삼중 억압으로 고통당하는 가장 멸시받는 여성들과의 연대를 통해서 규정된다.(44쪽) 쉬슬러 피오렌자는 여성교회를 말함으로써 분리주의를 주장하려는 것이 아니라, 성서적 종교에서 여성의 가시성을 지원하고 남성의 영적 통제로부터 여성을 해방시키기 위함이라고 주장한다.(44쪽)

해방을 위하여 투쟁하는 여성의 경험과 여성교회를 여성해방적 성서해석학의 출발점과 기준으로 삼아 성서적 종교를 여성의 유산으로 되찾으려는 쉬슬러 피오렌자의 입장은, 탈성서적 페미니스트와 기독교 호교론적 여성신학자 사이에서 고민하는 많은 기독교 여성들 그리고 남성들에게 극단적인 선택─성서를 전적으로 거부하거나 무비판적으로 수용하는 양자택일─만이 대안이 아니라는 점을 보여준다. 가부장제적 문화의 산물인 성서가 여성교회를 위해서도 성스러운 경전일 수 있으려면, 그리고 성서를 여성의 유산이 되게 하려면, 교회와 사회의 가부장제적 억압에 대항하여 해방을 위해 투쟁하는 여성의 경험과 여성교회의 권위 아래 성서를 두어야 한다는 것이다. 그럴 때 성서는 여성교회의 비판적인 평가와 검증과정을 통해 더 이상 권위적인 원천(source) 으로서가 아니라 여성의 해방투쟁을 위한 자료(resource)로서 기능 하게 된다.(54쪽) 여성의 경험을 성서보다 더 권위 있는 것으로 간 주하되 성서를 전적으로 거부하지도 무조건적으로 수용하지도 않으려면, 성서를 바라보는 새로운 틀, 새로운 패러다임을 말하지 않을 수 없다.

Ⅲ. 성서 이해의 새로운 패러다임

해방을 위하여 투쟁하는 여성의 경험과 여성교회가 여성해 방적 성서해석학의 출발점과 기준이라면, 성서는 더 이상 규범 적 권위를 가질 수 없다. 그러므로, 쉬슬러 피오렌자는 성서를 이해하는 새로운 패러다임을 주장한다. 즉, 성서를 "무시간적 원 형(archetype)"으로 보지 말고 여성교회를 구성하는 "역사적 원형 (prototype)"으로 이해하자는 것이다. 성서를 무시간적 원형으로 간주할 때, 성서의 다양성과 그 안에 담겨있는 경험의 풍부함은 변화하는 새로운 상황에 언제나 동일하게 적용할 수 있는 추상 적 원리로 축소된다. 반면에, 역사적 원형으로서의 성서는 비판적인 변혁에 개방적이다.(19쪽) 또한 성서를 역사적 원형으로 인식할 때, 우리는 성서를 무비판적으로 수용하지도 또는 전면 거부하지도 않고 성서의 억압적인 전통과 해방적인 전통을 선택할 수 있다.(54쪽)

쉬슬러 피오렌자는 성서를 무시간적 원형으로 이해하는 성서해석의 우세한[12] 패러다임 중 세 가지 성서해석 모델을 소개하고 비판적으로 분석함으로써 기독교의 특권적 문서로서의 성서의 지위에 대해 문제를 제기한다. 그 세 가지 해석 모델은 서로 다른 검증방식을 가지고 있지만 성서를 무시간적 원형으로 본다는 점에서는 공통적이다.

그 세 가지 해석 모델 중 첫째는 교리적 모델(교리적 패러다임)이다. 이 모델은 교회의 가르침과 신조를 중심에 두며, 성서를 단순한 계시의 기록으로서가 아니라 계시 그 자체로 본다. 또한 성서는 신학적 논쟁에서 입증자료 또는 제일원리의 역할을 하며, 교회와 기독교 신앙에 대해서 권위와 진리를 가진다. 결국, 이 해석 모델은 성서를 축자영감에 의한 하나님의 직접적인 계시로 이해한다. 그러므로 이 해석 모델은 문자적 해석이라는 검증방식을 통해 성서가 무시간적 원형임을 드러낸다. 쉬슬러 피오렌자는 이러한 교리적 해석 모델에서 성서가 한편으로는 교회

---

12) 『돌이 아니라 빵을』이 1984년에 출판되었고, 이 부분을 다루고 있는 1장과 2장, 특히 2장은 1979년에 발표된 글이다. 20여 년이 지났지만, 쉬슬러 피오렌자가 언급하는 성서해석 패러다임은 오늘 한국교회에서도 여전히 우세한 성서해석 패러다임이다.

의 교리와 실천을 이데올로기적으로 정당화시키는 수단이 될 위험이 있으며, 다른 한편으로는 개인적 교화와 합법화의 수단이 될 위험이 있다고 본다.(48-49쪽, 70-76쪽) 오늘날 한국교회 대다수가 이런 해석모델을 따르고 있다고 해도 과언이 아닐 것이다.

두 번째는 역사적·사실적 모델(역사적 패러다임)이다. 이 모델은 교리적 모델에 대한 반동으로 전개되었다. 이 해석 모델은 성서를 역사적으로 신뢰할 만한 역사적 문서의 수집물로 이해하며, 자연과학처럼 순수하게 객관적인 역사적 사실을 재건하려고 시도한다. 여기서 역사는 실제로 일어났던 일을 의미하므로, 성서의 진리와 권위는 성서본문의 역사적 사실성과 동일시된다. 그러므로 이 해석 모델은 역사검증방식을 통해 성서가 무시간적 원형임을 보여준다.(49-50쪽, 76-81쪽) 쉬슬러 피오렌자에 의하면, 오늘날 학계의 성서연구는 역사적 해석 모델을 따르는 반면, 목회현장에서는 신앙공동체의 신앙이 파괴될 것을 우려하여 역사적 모델을 기피하거나 교리적 모델의 큰 테두리 안에서 적당하게 역사적 모델을 채택하고 있는 실정이라고 한다.(78-81쪽) 쉬슬러 피오렌자가 지적한 그러한 서구의 상황은, 한국에서 내가 학생으로서 신학을 하던 1980년대와 90년대뿐만 아니라 지금 2000년대에도 이러한 사정이 크게 다를 바가 없는 것 같다. 신학생 시절, 성서학 시간마다 내가 마음속으로 수없이 외쳤던 말이 있다. "그래서 어쩌란 말이냐?" 교수들(소위 전문가)은 학문적 성과물이라는 미명하에 무책임하게 강의만 하면 그만이다. 그것을 개인의 신앙과 목회현장에서 어떻게 풀어낼 것인가는 전적으로 학생(소위 비전문가)의 몫이다.

　이러한 문제점을 간파한 쉬슬러 피오렌자는 성서해석의 두 가지 윤리를 주장한다. 하나는 '역사적 읽기의 윤리'(ethics of historical reading)이며, 다른 하나는 '책임의 윤리'(ethics of accountability)이다. 역사적 읽기의 윤리에 의하면, 한 본문에 적합하게 주어질 수 있는 의미의 범위와 해석들의 수가 본문의 사회적 맥락에 의해 제한된다. 역사적 읽기의 윤리는 교리적 횡포에 맞서서 문법적으로 역사적으로 제한된 가능한 의미들을 밝힘으로써 본문을 공정하게 다루려 한다. 또한 역사적 읽기의 윤리는 해석자 자신의 경험과 관심에 본문을 동화시키지 않게 하며, 그렇게 함으로써 원문의 수사학적 자극을 생생하게 유지하고, 해석자 자신의 가설들, 세계관들, 관행들에 도전하게 한다. 책임의 윤리란 성서본문과 그 본문이 지닌 의미의 윤리적 함축에 대해 책임을 지는 것이다. 성서본문이 전쟁 합리화, 반유대주의와 여성혐오 촉진, 노예착취 정당화, 식민지적 비인간화 조장에 사용된다면, 해석자는 성서본문들을 역사적 상황 속에서 해석할 뿐만 아니라 사회·역사적 세계들과 정치·상징적 우주들을 해방적 기준에 비추어 평가하는 책임을 져야 한다는 것이다. 또한 성서가 불평등의 주종관계들을 합법화하고 서구문화적 식민화의 도구가 되었다면, 해석자의 책임이 성서기자의 본래 의도를 오늘의 독자들에게 밝히는 데에 한정될 수 없으며 성서본문의 윤리적 귀결과 정치적 기능을 해명하는 일도 해석자의 책임이라는 것이 책임의 윤리가 말하고자 하는 바이다.13) 쉬슬러 피오렌자는 우선은 전문가 집단인 성서학자들의 허위 가치중립적 태도를 비판하고 그들에게 이 두 가지 윤리를 강력하게 요청하며, 이는 성서를 읽는 모든 해석자에게도 해당된다고 주장한다.

세 번째는 대화적·다원적 모델(목회적·신학적 패러다임)이다. 이 모델은, 성서의 모든 본문과 전승을 회복하고 그것들을 역사적·공동체적 상황에 대한 신학적 응답으로 이해하는 양식비평과 편집비평의 모델이다. 이 해석 모델에 따르면 성서는 역사적·문화적 상황 속에 있는 성서공동체의 다원적이고 다면적인 삶과 신앙을 반영하는 만화경이다. 이 모델은 성서를 교리적 전제와 입증의 근거로 간주하거나 역사적·사실적 기록으로 이해하지 않고, 기독교인의 신앙과 삶의 모델로 본다는 점에서 무시간적 원형으로서의 성서 이해 패러다임 바깥에 있는 것으로 평가되기도 한다. 그러나 성서에는 다양한 본문뿐만 아니라 모순적이고 억압적이기까지 한 본문과 상징들도 많이 있어서, 오늘날 공동체에게 동일한 신학적 권위를 가질 수 없다. 그러므로 이 모델은 '정경 속의 정경'(canon within the canon)을 요청하지 않을 수 없게 된다고 쉬슬러 피오렌자는 말한다. 이처럼 성서의 다양

---

13) Elisabeth Schuessler Fiorenza, "The Ethics of Biblical Interpretation: Decentering Biblical Scholarship," *JBL* 107/1 (1988), 3-17; "해석의 에토스: 탈근대적·탈식민적 상황," 『신학사상』 95집 (1996 겨울), 38-63.

한 목소리 가운데서 하나님의 목소리를 확정지으려는 방식은, 성서를 무시간적 원형으로 간주하는 패러다임 안에서 가능하다.(50, 81-83쪽) 바로 이 대목에서 쉬슬러 피오렌자의 여성해방적 성서해석학의 입장과 해방신학의 차이가 선명하게 드러난다. 우리는 그것을 해방신학의 성서이해에 대한 쉬슬러 피오렌자의 다음과 같은 비판을 통해 확인할 수 있다.

> 해방신학자의 과제는 여성해방주의자나 사회주의자의 공격에 대해 성서나 교회가 변호될 수 있음을 입증하는 것이 아니라, 오히려 여성이나 가난한 사람들의 억압에 성서가 어떻게 기능하고 있는지에 대해 비판적으로 파악하고 더 이상 성서가 억압에 오용되는 것을 방지하는 것이다.(123쪽)

지금까지 살펴 본 세 가지 해석 모델은 성서를 무시간적 원형으로 이해하는 낡은 패러다임 속에 머물러 있다고 쉬슬러 피오렌자는 평가한다. 그러므로 이러한 세 가지 해석 모델이 우세한 오늘의 교회 현실에서 성서를 전면 거부하거나 무비판적으로 수용하는 극단적 선택 대신에, 성서를 여성의 유산으로 되찾기 위해서는 성서를 역사적 원형으로 바라보는 성서이해의 새로운 패러다임이 절실하게 요청된다.

Ⅳ. 여성해방적 성서해석 모델

해방을 위한 여성의 투쟁 경험을 성서해석과 신학적 성찰의 출발점과 기준으로 삼을 때, 성서는 더 이상 무시간적 원형이 아닌 역사적 원형으로 간주된다. 쉬슬러 피오렌자는 성서 이해의 이러한 패러다임의 전이 속에서, 여성해방적 성서해석 모델이 등장한다고 말한다. 여성해방적 성서해석 모델은 네 가지 요소로 구성된다. 그것은 의심의 해석학(hermeneutics of suspicion), 선포의 해석학(hermeneutics of proclamation), 회상의 해석학(hermeneutics of remembrance), 창조적 실현의 해석학(hermeneutics of creative actualization)이다.

첫째, 여성해방적 성서해석은 긍정과 동의의 해석학이 아니라 의심의 해석학으로 시작한다. 왜냐하면 성서 본문이 남성 중심적 언어로 기록되었고 가부장제적 사회구조를 반영하고 있기 때문이다. 그러므로 의심의 해석학은 성서가 여성해방을 위한 권위나 진리를 가지고 있지 않고 성서본문과 해석이 남성 중심적이며 가부장제적 기능을 한다는 전제에서 출발한다.(54-55쪽) 의심의 해석학은 성서본문, 성서해석, 성서번역, 기독교 전통, 신학적 주장, 규범체계, 현실 등 모든 분야에 적용된다. 바로 이러한 적용범위 때문에 의심의 해석학은 여성해방적 성서해석 모델의 구성요소일 뿐만 아니라 여성신학의 기본전제이기도 한 것이다.14) 그러므로 여성신학의 거의 모든 연구들은 의심의 해석학의 산물이라고 해도 과언이 아니다. 그러나 앞에서도 말했듯이 성서본문을 의심의 해석학으로 접근하되 성서의 가부장성의 정도에 대해서는 여성신학자들마다 견해를 달리한다.

둘째, 여성해방적 성서해석은 역사적 사실성의 해석학이 아니라 선포의 해석학을 발전시킨다. 왜냐하면 성서는 기독교 공동체에서 여전히 거룩한 책의 기능을 가지고 있기 때문이다. 선포의 해석학은 오늘날 신앙공동체에 미치는 성서의 신학적 의의와 힘을 검토해야 한다. 즉, 억압적·가부장제적 본문과 성차별적 전승은 여성들의 해방 투쟁을 위한 신성한 계시로서의 권위를 주장할 수 없다는 신학적 판단과 단호한 자세가 필요하다는 것이다. 가부장제적인 본문과 성차별적 전승은 여성에 대한 문화적 고정관념이나 가부장제적 복종을 강화시키는데, 그 이유는 본문이 잘못 해석되기 때문이 아니라 본문 자체가 가부장제적 억압을 정당화하기 위해서 형성되었기 때문이라는 것이 쉬슬러 피오렌자의 생각이다.(55, 58쪽)15)

---

14) 강남순은 의심의 해석학을 더 철저화한 '건강한 회의주의'(healthy skepticism)를 제안한다. 건강한 회의주의는 여성신학과 여성신학자의 내적 자기 성찰의 차원까지 담고 있다는 점 때문에 의심의 해석학을 더 철저화 했다는 평가를 받는다. 강남순, "한국에서의 여성신학," 『현대여성신학』, 289-291.

15) 쉬슬러 피오렌자의 이러한 생각이 잘 드러나는 하나의 예로 누가복음서 10장 38-42절에 나오는 '마르다와 마리아' 이야기를 들 수 있다. 이 이야기에 대한 여성신학적 해석들을 보면, 분문 자체가 가부장제적이고 성차별적이라기보다는 기존의 해석이 그러했다는 점을 강조하면서 요한복음서의 이야기와 연결하여 마르다와 마리아를 각각 재해석하고 있다. 그러나 쉬슬러 피오렌자는 그 본문 자체가 가부장제적이고 성차별적이라고 주장한다. 마르다와 마리아 이야기에 대한 여성신학적 해석

이제 쉬슬러 피오렌자는 선포의 해석학의 실천방안을 다음과 같이 강력하게 주장한다.

여성해방적 선포의 해석학은 한편으로는, 성차별적이거나 가부장제적인 것으로 확인된 모든 본문을 예배낭독용 성구집에서 제외해야 하며 기독교 예배와 교리문답에서 선포해서는 안 된다. 다른 한편으로는, 가부장제적 상황을 극복하고 인간의 자유와 온전성이라는 해방적 비전을 명백히 표현한 것으로 확인된 본문은 기도서와 교회의 가르침에서 선포되어야 한다.(59쪽)

셋째, 회상의 해석학은 성서의 역사를 여성해방적 관점에서 역사 비판적으로 재건함으로써 모든 성서전승을 회복하는 것이다. 회상의 해석학은 남성 중심적인 성서본문과 가부장제적 전승을 버리기 보다는 오히려 역사비판적인 분석을 활용함으로써 남성 중심적인 성서 본문을 넘어 성서종교의 여성의 역사로 나

들과 쉬슬러 피오렌자의 입장에 대해서는 다음의 책을 보라. 김호경,『여자, 성서 밖으로 나오다』(서울: 대한기독교서회, 2006), 141-153; 최영실 지음,『신약성서의 여성들』(서울: 대한기독교서회, 1997), 113-150; 한미라 지음,『여자가 성서를 읽을 때』(서울: 대한기독교서회, 2002), 176-180; Elizabeth Schuessler Fiorenza, *But She Said: Feminist Practices of Biblical Interpretation* (Boston: Beacon Press, 1992), 51-76. 쉬슬러 피오렌자의 생각에 동의하며 나도 한 가지 예를 들고 싶다. 내가 볼 때, 신명기 22장 23-29절의 강간 가해자에 대한 처벌 규정은 본문 자체가 그 당시의 가부장제적 사회를 반영하고 있으며 그 어떠한 해석으로도 여성들의 해방 투쟁을 위한 신성한 계시로서의 권위를 주장할 수 없다. 그러므로 여성에 대한 문화적 고정관념과 가부장제적 억압을 강화하는 여성억압적인 본문으로 선포해야 한다.

아가려고 한다. 여성해방적 의미는 남성 중심적 본문의 평등주의적인 잉여분에서 도출될 뿐만 아니라, 남성 중심적인 본문과 가부장제적인 역사 안에서도 그리고 그것을 통하여도 발견된다.(59-60쪽) 다음의 글을 통해 회상의 해석학에 대한 쉬슬러 피오렌자의 이러한 주장을 확인하게 된다.

> 우리는 남성 중심적 성서 본문들을 정보를 제공하는 데이터나 객관적인 보고서로서 받아들이기보다는, 오히려 남성에 의한 남성을 위한 사회적 구성물로서 이해해야 한다. 그리고 그 본문들의 "침묵"을 그 본문이 직접적으로는 말하지 않는 여성들의 역사적 현실을 시사하는 것으로서 읽어야 한다. "침묵으로부터의 주장"을 타당한 역사적 주장이 아니라고 거부할 것이 아니라 오히려 다른 역사적 현실을 가리키는 단서로 주의 깊게 이해해야 한다. 그리고 우리는 침묵에게 소리를 주고 그것들을 침묵당한 평등주의적인 초기 기독교운동의 다양한 전승의 일부분으로 이해함으로써 여성해방적인 역사재건 모델로 통합해야 한다.(210-211쪽)

그러므로 회상의 해석학은 가부장제적인 기독교의 과거 안에 있는 우리의 선배자매들의 고난과 희망의 기억을 포기하기보다는, 오히려 '기억된 과거'가 가진 전복적 힘을 통해서 그들의 고난과 투쟁을 회복시킨다. 이 전복의 힘을 가진 기억은 성서의 과거의 여성들의 고난과 희망을 생생하게 간직하고 있을 뿐만 아니라 과거와 현재와 미래의 여성들 간의 보편적인 연대도 가능하게 한다.(60-61쪽) 또한 회상의 해석학은 여성을 성서공동체와 신학의 중심에 놓는 역사적 재건을 위한 이론적 모델을 제안함으로써, 초대교회의 신학과 역사를 여성들 자신의 신학과 역사로 되찾는다.(60-61쪽) 요컨대, 회상의 해석학의 일차적인 과제는 성서시대 여성들의 고난의 기억을 되살릴 뿐만 아니라 성서적 유산을 교정하는 것이다. 쉬슬러 피오렌자는, 이 성서적 유산이 가부장제적인 억압의 역사로서만 이해되면 잘못 전해지는 것이며 여성의 해방과 종교적 주체화의 역사로서도 재건되어야 한다고 주장한다.(61-62쪽) 쉬슬러 피오렌자의 이러한 주장은 여성신학을 위한 귀한 통찰이 아닐 수 없다.

성서를 남성만의 이야기(history)로 간주하거나 해방의 잉여분에 여성이 포함된다고 볼 때, 우리에게 놓여진 선택은 성서를 거부하고 기독교를 떠나거나 아니면 기독교 안에 머물러 있되 여성은 피억압자/피해자 또는 부차적 존재라는 피해의식에 젖어있는 것이다. 그러나 성서를 여성의 이야기(herstory)로 재건할 때, 우리는 성서를 거부하거나 기독교를 떠나지 않아도 되며 해방의 잉여분에 매달리지 않아도 되고 여성 자신의 주체됨의 경험을 통해 성서에 접근하게 된다.16) 이처럼 쉬슬러 피오렌자는 성서

---

16) 이러한 통찰은 한국여성신학자들의 글을 통해서도 확인할 수 있다. 다음의 글들을 보라. 정현경, "변혁을 위한 영성,"『신학하며 사랑하며: 한국 기독교의 거듭남을 위

를 단하나의 원리로 축소시키거나 확대시키지 않고 성서를 있는 그대로 여성의 눈으로 접근하게 한다. 이때 여성의 눈이란 해방을 위해 투쟁하는 여성의 경험을 의미하며, 그 경험은 성서의 가부장제적인 억압의 이야기 속에서도 움트는 여성의 구원과 해방을 향한 몸짓을 읽어내게 한다.

넷째, 창조적 실현의 해석학은 역사적 상상력, 예술적 재창조, 새로운 예배와 의식 만들기를 통하여 여성들로 하여금 성서 이야기 속에 참여하도록 만든다. 창조적 실현의 해석학은 성서 이야기들을 여성해방적 관점에서 다시 이야기하며, 성서적 비전과 권면을 동등한 제자직의 전망에서 새롭게 도식화하고, 가부장제적 본문 안에 살아남아 있는 여성해방적 잔재들을 이야기로 부연하여 만들고자 하는 것이다. 이러한 창조적 개정의 과정인 창조적 실현의 해석학은 예술적 상상력의 모든 가능한 수단들ー문학적 창작, 음악, 춤ー을 활용한다. 쉬슬러 피오렌자는 창조적 실현의 해석학이 여성교회에게 상상의 자유, 공동의 창조성, 그리고 지금까지는 남성에게만 주어졌던 제의 만들기의 권한을 되찾아 준다고 말한다.(62-63쪽) 한국의 여성교회에서는 성서 이야기를 여성신학적 관점에서 각색하여 드라마로 만들어 예배를 드

하여』, 장상, 소홍렬 외 엮음 (서울: 문학과 지성사, 1996), 140-164; 최만자, "여성 원리·공존의 윤리·미래의 대안," 『여성의 삶, 그리고 신학』 (서울: 대한기독교서회, 2005), 173-193; 최영실, "신약성서 해석의 모델ー한국여성의 경험에서," 『생존과 해방을 위한 여정』, 정숙자 외 10인 지음 (서울: 대한기독교서회, 1999), 111-147; 현경, 『미래에서 온 편지』 (서울: 열림원, 2001).

리고 있다. 또한 한국여신학자협의회에서는 시편을 여성신학적
관점에서 개작한『한반도에서 다시 살아나는 여성시편』17)과 여
성신학적 예배의식 자료집인『새하늘 새땅을 여는 예배』18)를 출
간하였다.『한반도에서 다시 살아나는 여성시편』은 시와 기도 그
리고 찬양과 감사의 형식으로 여성문제를 하나님께 호소하는 여
성들의 간절한 염원과 기도를 담고 있다.『새하늘 새땅을 여는 예
배』는 쉬슬러 피오렌자도 말했듯이 주로 남성들에게만 주어졌던
예배 만들기의 권한을 여성들이 회복하여 만든 그리고 여성 자신
들의 신앙과 삶의 고백을 담은 예배의식 자료집이다.

V. 나오는 말
: 여성의 구원을 위하여 그리고……

교회와 사회에서 여성을 배제, 차별, 억압하는 것은 남성 중
심적인 성서해석에 그 원인이 있는 것이지 성서 자체는 그것과
무관하다고 말하는 이들이 있다. 하지만 오늘날 한국교회에서
여전히 우위를 점하고 있는 성서해석모델을 감안해 볼 때, 그들
의 주장은 무책임하고도 위험한 것이 아닐 수 없다. 또한 성서의

---

17) 한국여신학자협의회 성서언어연구반 엮음,『한반도에서 다시 살아나는 여성시편』
   (서울: 여성신학사, 2005).
18) 한국여신학자협의회,『새하늘 새땅을 여는 예배』(서울: 한국여신학자협의회,
   2003).

일부 본문을 근거로 한 성서 옹호론은 구원과 해방을 갈망하는 여성들에게 침묵하고 기다리라고 말한다. 여성의 구원과 해방은 지엽적이고 급하지 않은 것 또는 인간—남성을 대표단수로 하는 —의 구원과 해방에 함축된 것이라는 논리로 말이다. 그러나 그러는 사이에 여성들은 교회를 떠나거나 교회 안에서 속병을 앓고 있다.

흔히들 '21세기는 여성의 시대'가 될 것이라고 전망한다. 그러한 전망의 의도와 근거는 무엇일까? 그 의도와 근거는, 말하는 주체에 따라 다를 것이다. 같은 말이라 할지라도 그 말을 누가 하느냐에 따라 그 함의가 달라지기 때문이다. 이윤추구를 목적으로 하는 기업의 경우, 한 가정에서 상품의 실제 구매자가 여성인 점에 착안하여 마케팅 전략으로 내세운 모토가 바로 '21세기는 여성의 시대'라고 할 수 있다. 기업은, 사회경제적으로는 여전히 여성이 열악한 지위에 놓여 있음에도 불구하고 소비주체로서의 여성의 이미지를 강조하여 여성들에게 허위주체의식을 주입한다. 여성을 소비주체로서 간주하는 것에 문제가 있는 것이 아니라, 여성을 소비주체로만 본다는 점에 문제가 있다. 여성은 소비주체일 뿐만 아니라 생산주체이기도 하다. 그러나 기업은 여성도 남성과 동등한 생산주체임을 인정하지 않는 것으로 보인다. 이는 경기가 불황일 때 여성을 해고 영순위에 놓는 현실에서 단적으로 입증된다고 하겠다.

한편, 정부가 말하는 '21세기는 여성의 시대'는 두 가지 측면에서 해석할 수 있다. 첫째, 여성의 능력을 국가발전의 자원으로 서 직접 활용하기 위해서, 둘째, 다음 세대를 길러내는 여성의 모성을 강조하기 위해서이다. 이러한 의도에서 비롯된 '21세기 는 여성의 시대'라는 말은, 여성들이 사회에서 아무런 제약없이 활동할 수 있는 실질적인 법적·제도적 기반이 충분히 조성되지 않은 현 상황을 고려할 때, 여성들에게 수퍼우먼이 되라는 것에 다름 아니라고 생각한다. 물론 최근 들어 여성 관련 법규와 제도 들이 마련됨으로써 형식적인 남녀평등이 이루어지고는 있지만 미진한 감이 없지 않다. 한편, 현실적으로 대다수의 여성들이 재 생산(출산 및 양육)을 담당하고 있지만, 선택가능한 여성주체적인 모성이 격려되기 보다는 현 사회를 유지하기 위한 모성 이데올 로기가 강조되고 있다. 이러한 상황에서 여성의 고유한 자리는 소위 사적인 영역인 가정이라는 허위의식이 조장될 우려가 있 다.19)

교회도 여성들에 대한 허위의식을 조장한다는 비판으로부 터 그다지 자유롭지 못하다. 아니, 어쩌면 더 심하면 심했지 덜 하지 않다. 21세기가 요구하는 소위 여성적 덕목(섬김, 돌봄, 희생, 섬세함 등)은 한국교회를 유지하고 성장시켜 온 원동력이라고 해 도 과언이 아닐 것이다. 그러나 교회는 그러한 덕목들을 기독교 적 덕목으로서는 높게 평가하는 반면, 여성에 의한 것일 때는 당 연한 것으로 받아들이거나 평가절하한 측면이 없지 않다. 더 문

---

19) 이 부분은 나의 글 "하나님의 형상대로: 기독교와 여성"에서 발췌한 것임.

제적인 것은 교회가 여성으로 하여금 주체적인 판단과 자발적인 선택을 하도록 하기보다는, 오히려 남성 중심적인 가부장제적 사회와 교회의 여성 차별적·억압적 규범을 신학적으로 정당화하는 폭력을 행한다는 것이다. 교회는 가히 치외법권 지대라 하지 않을 수 없다. 사회에는 미흡하나마 여성차별과 억압을 규제하는 법률이 있어서 여성차별과 억압을 처벌할 수 있지만, 교회는 사회법을 뛰어넘는 아니 무시할 수 있는 소위 하나님의 법을 내세움으로써 어떠한 규제와 제재도 비껴 나갈 수 있기 때문이다.[20]

21세기가 진정으로 여성의 시대가 되기 위해서는 위에서 언급한 허위의식들이 제거되어야 한다고 본다. 왜냐하면 그러한 허위의식은, 여성의 삶과 경험을 정당하게 다루지 못하기 때문이다. 여성이 주체로서 여성 자신의 언어로 현실을 분석하고 미래를 전망하는 일이 가능할 때 비로소 '21세기는 여성의 시대'라고 말할 수 있지 않을까? 사회와 교회가 여성에게 강요하는 허위의식으로부터 탈피할 수 있는 하나의 방법은 여성의 눈으로 성서를 새롭게 해석하는 일이다. "성서 해석은 정치적 행위"[21]이기 때문이다. 쉬슬러 피오렌자에 의하면, 성서는 그 자체로 의미가 있는 것도 권위가 있는 것도 아니다. 성서가 우리(여성/남성)에

---

20) 이인경, "여성의 희생과 교회의 폭력에 대한 여성신학적 분석," 『한국여성신학』 (2002 겨울).

21) Elizabeth Cady Stanton, ed., "Introduction," *The Woman's Bible* (Mineola, N. Y.: Dover Publications, 2002).

게 의미 있고 권위 있다는 평가는, 성서가 여성의 해방과 여성의 인간됨을 말하고 있다는 것이 확인될 때 내릴 수 있다는 것이다. 즉, 여성의 해방을 추구하고 여성의 인간됨을 갈구하는 신앙공동체인 여성교회가 성서에서 그것을 위한 의미를 발견할 때 성서는 권위를 부여받는다. 쉬슬러 피오렌자의 여성해방적 성서해석학은, 기독교에서 여성의 구원을 위한 무언가 희망을 찾고자 고민하고 갈등하는 여성들/남성들에게 해법의 실마리를 제공한다. 여성의 구원과 해방을 위한 투쟁 경험을 규범으로 삼는 여성해방적 성서해석학은 여성들에게 성서를 되돌려 준다. 성서가 여성 차별·배제·억압을 정당화하는 "시대를 초월한 불변의 하나님의 말씀이 새겨진 돌"이 아니라 "불의와 억압에 대항하여 싸우는 여성들에게 하나님의 백성으로서의 에너지를 주는 빵"(14쪽)이 될 수 있음을 보여줌으로써.

2부

여성과 윤리
: 여성의 몸으로 세상 살기

페미니스트 윤리의 한 모델
: 생명살림의 윤리

I. 들어가는 말

본 논문은 페미니스트 윤리의 관점에서 여성의 도덕적 경험에 기초한 도덕성을 규명하고자 한다. 페미니스트 윤리는 여성이 억압, 종속, 차별 당하고 있다는 현실 인식에 기초하여, "여성의 종속은 도덕적으로 잘못된 것이며, 여성의 도덕적 경험은 존중할 가치가 있다"[1]라는 기본전제를 가진다. 이러한 기본전제에 근거하여 페미니스트 윤리 이론들은 두 가지 핵심적인 목표를 공유한다. 첫째, 여성억압에 대한 이해를 이론적으로 체계화하고 여성억압을 종식시킴으로써 평등사회를 이룩하는 것과, 둘째, 여성의 도덕적 경험에 기초한 도덕성을 설명하는 것이다.[2]

---

1) Alison Jaggar, "Feminist Ethics: Projects, Problems, Prospects," in *Feminist Ethics*, ed. Claudia Card (Lawrence: University of Kansas Press, 1991), 78-106.

페미니스트 윤리는 페미니스트 관점에서 형성된 윤리이기 때문에, '여성에 관한'을 의미하는 여성의 윤리(woman's ethics)나 여성적 윤리(feminine ethics)에 한정되지 않는다. 페미니스트 윤리는 '여성에 관한' 것에서 출발하기 때문에 여성의 윤리나 여성적 윤리를 포함하지만, 페미니스트 윤리는 '여성해방을 위한' 윤리이기 때문에 여성의 윤리나 여성적 윤리에서 멈추지 않는다. 페미니스트 윤리에서 '여성에 관한'은 '여성해방을 위한'의 필요조건이기는 하지만 충분조건은 아니기 때문이다. 이것을 존재와 당위의 문제와 결부시켜 보자. '여성에 관한'은 '존재'에 해당되고, '여성해방을 위한'은 '당위'에 해당된다. 당위는 존재에 기초하지만, 존재에 의해 규정되어서는 안 된다. 윤리는 현실에 기반을 두기는 하지만 현실을 넘어서는, 즉 새로운 세상을 향한 비전이기 때문이다.3) 여성의 삶에서 드러나는 윤리(기술적 윤리 descrip-

---

2) Samantha Brennan, "Recent Work in Feminist Ethics," *Ethics* 109:4 (July 1999), 858-893.

3) 필자의 이러한 주장은 성서에 나타난 예언자들의 윤리에 근거한 것이다. 폴 핸슨 (Paul D. Hanson)에 의하면, 예언자들은 인간의 '현실'(reality)을 하나님의 '비전'(vision)에 비추어 해석한 사람들이라고 한다. 예언자들은 '현실과 비전의 긴장'(tension between reality and vision) 관계를 유지하려고 했다는 것이다. 필자는 기독교윤리가 이러한 긴장 관계를 가지고 있어야 한다고 생각한다. 핸슨은, 구약에서 '현실'을 과도하게 강조한 경우로 요시야 종교개혁을, '비전'을 지나치게 강조한 예로 묵시문학을 든다. Paul D. Hanson, *The Dawn of Apocalyptic: The Historical and Sociological Roots of Jewish Apocalyptic Eschatology* (Philadelphia: Fortress Press, 1975, 1979); "Old Testament Apocalyptic Reexamined," in *Visionaries and their Apocalypses*, ed. Paul D. Hanson (Philadelphia: Fortress Press, 1983), 37-60.

tive ethics)인 여성적 윤리가 페미니스트 윤리(규범적 윤리 normative ethics)의 한 부분을 구성하기는 하지만, 페미니스트 윤리는 거기에 머물러 있을 수는 없다. 왜냐하면 여성의 도덕적 경험에 기반한 여성적 윤리―여성의 생물학적 성에 기초하여 사회문화적으로 부과된 역할을 수행함으로써 획득된―가 전통적인 윤리학에 대한 도전을 함축하기는 하지만, 페미니즘이 비판해 온 성결정주의적 논리를 여전히 가지고 있기 때문이다.

페미니스트 윤리는 소위 여성성, 남성성이라는 사회 통념을 반영하는 윤리가 아니라, 기존의 가치체계 또는 규범체계에 대한 이데올로기 비판의 특성을 지닌다. 페미니스트 윤리에 의하면, 기존 가치체계 또는 규범체계는 남성편향적(male-biased)인 것을 간주된다. 남성편향적이라 함은, 기존 가체체계 또는 규범체계가 소위 여성적인지 남성적인지를 판단하는 데에 초점을 맞추기보다는, 기존 가치체계에 남성 중심적인 권력구조가 반영되어 있음을 지적하는 것이다. 남성 중심적 권력구조란, 한 사회의 주도권을 차지하고 그 주도권을 합리화 · 정당화하는 주체가 남성이기 때문에 암묵적으로든 명시적으로든 남성의 권력과 이익을 대변하는 구조라는 의미이다. 페미니스트 윤리는, 특정한 한 피지배집단(여성) 위에 군림하는 특정한 한 지배집단(남성)의 권력을 영구화하는 이데올로기로서 작용하는 어떠한 관습적인 가치체계도 받아들이기를 원하지 않는다.

논자는 위에서 윤리를 "새로운 세상을 향한 비전"이라고 정의하였다. 새로운 세상을 향한 비전으로서의 윤리는 현실을 비판적으로 인식할 때 가능하다. 그러므로 페미니스트 윤리는, 기존 가치체계 또는 규범체계가 남성편향적이며 남성 중심적인 권력구조를 반영하고 있으며 따라서 기존 규범체계가 허위의식으로서의 이데올로기 기능을 하고 있다는 것을 비판한다.

　　본 논문은 여성의 도덕적 경험에 기초한 도덕성 중에서 생명살림의 윤리를 다루고자 한다. 이를 위해, 생명살림의 윤리와 관련된 다음의 몇 가지 논쟁적 주제들을 살펴보고자 한다. 그것은 첫째, 아시아 담론에 대한 비판. 둘째, 여성억압의 형태와 극복방법. 셋째, 모성 이데올로기 비판이다. 아시아 담론을 다루는 이유는, 그것이 논자가 한국 여성으로서 그리고 아시아 여성으로서 처해 있는 삶의 자리를 반영하기 때문이다.

Ⅱ. 아시아 담론과 여성

1. 왜, 누가 (그리고 누구에게) 아시아를 말하는가?

1) 반서구주의적 민족주의자

　　정현경은 아시아 민족주의자 남성들이 '아시아적'이라는 말을 사용할 때 이중적 기준을 가지고 있다고 비판한다. 그들이 억압자들에게 저항하는 투쟁에서 이 말을 사용할 때 그 말은 "역사

속에서 자랑스런 주체됨을, 투쟁 속에서의 존엄성을, 어떤 종류의
제국주의도 받아들이지 않는 단호한 결의"를 의미하지만, 아시아
여성들에게 사용할 때 이 말은 아시아 여성들이 "전통적인 아시
아 문화의 중요한 전수자"가 되어야 함을 의미한다. 아시아 남성
들은, 서양 여자들처럼 공격적이거나 호전적인 아시아 여성들을
비아시아적이라고 간주한다는 것이다. 아시아 남성들의 이러한
이중성의 이유는 두 가지인데, 그것은 첫째, 민족주의에 대한 잘
못된 견해를 강조하기 때문이라고 한다. 아시아의 여러 곳에서 민
족주의는 식민주의에 대한 대항 이데올로기였지만 이는 여성들
의 희생을 기반으로 하여 전통적인 가부장제 문화를 유지하려는
경향을 가지고 있었다는 것이다. 둘째, 식민주의의 산물인 내면화
된 "오리엔탈리즘" 때문이라고 한다. 서구인들이 동양인들을 지
배하기 위해 일방적으로 동양인들의 특성을 규정한 서구 식민주
의의 산물인 오리엔탈리즘을 아시아 민족주의 남성들이 거부했
지만, 그들 역시 아시아 여성에 대해 서구 식민주의자들과 똑같은
태도를 취했다는 것이다.4) 그러므로 아시아 민족주의자 남성들
이 구성한 민족주의적 탈식민주의 담론은 또 다른 양태의 식민주
의를 가지고 있다는 비판5)은 정당하다고 하겠다.

---

4) 정현경 지음, 『다시 태양이 되기 위하여』(왜관: 분도출판사, 1994), 68.
5) 이것은 페미니스트적 관점에서의 문제제기이다. 강남순은 페미니스트적 관점에서
   더욱 철저화한 탈식민주의 를 가리켜 "심층 탈식민주의(deep decolonialism)"이라고
   부른다. 강남순, "페미니즘, 포스트모더니즘, 그리고 탈식민주의 시대의 신학," 『페
   미니즘과 기독교』(서울: 대한기독교서회, 1998), 365-415, 특히 381.

조(한)혜정도 이와 같은 맥락에서 민족주의자 남성의 이중성을 비판한다. 민족주의자 남성들은 여성을 민족의 화신으로 묶어둠으로써 민족에 실체성을 부여하고 여성들의 삶을 볼모로 자신들의 황폐한 삶을 지탱해 왔다는 것이다. 그러므로 진보적 지식인이라고 자처하는 많은 남성들조차도 근대적인 여성들을 보면 서구적이라며 거부감을 보인다는 것이다.[6]

2) 자본주의자/ 발전론자

아시아 연대를 강조함으로써 새로운 시장 개척을 더 원활하게 할 수 있다고 생각하는 자본주의자/ 발전론자들은 경제 성장을 최대의 목표로 삼기 때문에, 무한경쟁시대에서 여자들이 산업 예비군이라는 방패막이로 또는 무임 가사노동을 묵묵히 담당하는 충실한 노예로 남아주기를 바란다고 조(한)혜정은 지적한다. 그러기 위해서 자본주의자들은 가부장적 권위주의를 아시아적 자본주의의 원동력으로 미화하고 남녀유별의 논리를 정당화한다고 한다. 물론 경제성장과정에서 가부장적 권위주의가 전개되는 양상이 아시아 안에서도 많은 차이가 있다는 점은 간과할 수 없다고 한다. 또한 아시아를 하나의 커다란 경제 사회적인 덩어리로 보는 시각은 매우 단순할 뿐 아니라 위험하다고 비판한다.[7]

---

6) 조(한)혜정, "페미니스트들은 부상하는 '아시아' 담론에 어떻게 개입할 것인가?" 『성찰적 근대성과 페미니즘』 (서울: 도서출판 또 하나의 문화, 1998), 273-299, 특히 274-275.
7) 조한혜정, 274-279.

3) 서구 문명의 한계를 인식한 동양 지식인

김지하는, 서구 지식인들이 르네상스 시대 이후로 한계에 부딪힐 때마다 발칸과 희랍으로 돌아갔지만 이제 더 이상 발칸과 희랍으로부터 새로운 세계 체제나 구원, 즉 자연과 사회와 인간의 내면을 구원할 수 있는 비전을 발견할 수 없다는 점을 지적한다. 서양에서 수 세기에 걸쳐 진행되어 온 르네상스 물결은 서양을 부강하게 하고 서양을 세계의 중심으로 만들고 세계화하는 데에 기여했지만, 이제 그 영향력이 끝나가고 있다는 것이다. 그러므로 김지하는 희랍과 발칸의 시원이었던 동아시아, 중앙아시아, 바이칼, 티베트 북부, 중국, 만주, 한반도를 가로지르는 인류 시원의 고대 문명으로 되돌아서, 인류가 공동으로 참가하는 대탐색 작업을 시작하고 그것을 통해 미래 체제에 대한 인류 전체의 전망을 살피며 자연과 사회와 인간 내면의 긴밀한 연계를 통합적으로 해명할 수 있는 새로운 비전을 찾아내자고 주장한다.[8] 김지하는 인류의 새로운 비전을 아시아에서 발원한 고대 문명으로부터 이끌어 내자는 점에서 아시아를 강조하는 것 같지만, 그 문명이 서구 사상의 원천인 발칸과 희랍의 시원이자 인류 시원의 문명이라는 점을 말함으로써 아시아라는 범주를 넘어선다.

또한 최근 한국사회에서 동아시아에 대한 관심이 부쩍 증가하는 것에 대해, 김지하는 혼란스러운 동아시아적 가치를 따지

---

8) 김지하, "민족미학의 탐색: 율려운동과 고대로부터의 비전,"『예감에 가득 찬 숲 그늘』(서울: 실천문학사, 1999), 157-183.

기 위한 기준이 필요하다고 말한다. 그러면서 단군시대 사상의 부활로서의 19세기 민중적 개벽 사상—수운, 증산, 일부 등의 사상—이 그 척도가 되어야 한다고 주장한다.[9] 이런 점에서, 김지하는 반서구주의적 민족주의자와는 차별성이 있다고 보인다.

2. 아시아/ 아시아 여성을 하나로 묶을 수 있는가?

아시아를 하나의 범주로 설정하는 것이 가능한가? 아시아를 하나로 묶을 수 있는 '아시아적' 정체성이 존재하는가? 논자는 다종교적, 다민족적, 다언어적, 다문화적 유산을 가지고 있는 아시아를 하나로 묶으려는 시도가 난관에 봉착하게 되며, 보편적인 아시아적 정체성이란 존재하지 않는다는 조(한)혜정과 강남순의 주장[10]에 동의한다. 조(한)혜정과 강남순은 "아시아라는 지역에 사는 페미니스트들 사이의 연대"나 "각기 다양한 '한국/아시아에서의' 여성신학을 말할 수 있을 뿐"이라고 말함으로써, 단일 범주로서의 아시아 그리고 아시아적 정체성이라는 개념 자체를 부정한다. 이는 반서구주의적 민족주의자들의 탈식민주의 담론이 가진 한계에 대한 문제제기이다. 결국, '아시아/ 아시아 여성을 하나로 묶을 수 있는가?' 라는 물음에 대해, 아시아적 정체성이 존재하지 않는다는 점에서는 '묶을 수 없다'라고 하겠지만, 아

---

9) 김지하, 위의 글.
10) 조(한)혜정, 274; 강남순, 399, 405.

시아 지역에 사는 페미니스트들 사이의 연대라는 차원에서는 '묶을 수 있다'라고 하겠다.

그러면, 아시아 여성들이 연대하기 위한 주제들은 무엇일까? 이를 위해서 우선 아시아 여성들이 어떤 상황에 처해 있는지11)를 살펴보는 것이 필요하겠지만 여기서는 다루지 않을 것이다. 이 글에서는 아시아 여성들이 자본주의적 가부장제12)와 민족주의적(남성 중심적) 탈식민주의로 인해 당하는 억압을 극복하기 위한 과정에서 제기되는 주제들을 중점적으로 다루고자 한다.

Ⅲ. 여성억압의 형태와 극복 방법

페미니스트들은 남성 중심적인 아시아 민족주의자들에 의한 탈식민주의가 오리엔탈리즘의 한계를 벗어나지 못하고 있다고 지적한다. 아시아의 남성 민족주의적 탈식민주의자는 여성을

---

11) 이를 위해서는 이현숙, "아시아 여성, 우리는 누구인가?" 『생존과 해방을 위한 여정』 정숙자 외 10인 지음 (서울: 대한기독교서회, 1999), 11-42를 참조하라.

12) 자본주의적 가부장제란, 자본축적을 위해 전세계 인간과 자원의 통제를 기반으로 하여 필요에 따라 동질화 전략과 파편화 전략을 동시에 사용함으로써 차이와 다양성을 무시하는 위계적인 체제이다. 이 체제는 여성 및 이(異)민족과 그들의 땅을 식민화함으로써 생겨나서 뿌리내리고 유지되며 자연 역시 식민화하고 파괴시킨다. 마리아 미스·반다나 시바 지음, 『에코페미니즘』, 손덕수·이난아 옮김 (서울: 창작과 비평사, 2000), 10-11.

실체가 불분명한 민족의 화신으로, 남성들이 규정한 영원한 여성성의 담지자로 묶어 둠으로써 자기 자신 안에 있는 제국주의를 철저하게 몰아내지 못한 것이다. 또한 이러한 탈식민주의는, 자본 축척을 위해 인간과 자원을 통제하고 서열화하는 자본주의적 가부장제와 결합하여 경제 성장이라는 목표를 달성해 가는 과정에서 여성들을 더욱더 억압하고 있다. 이것 역시 식민주의자들이 심어 놓은 식민지 근성과 제국주의적 잔재를 완전히 떨어버리지 못한 결과라고 하겠다. 자본주의적 가부장제와 결합된 민족주의적 탈식민주의가 설정한 경제 성장이라는 목표는 식민지 종주국의 모델을 좇아가는 "따라잡기식 개발"13)을 전제로 하기 때문이다.

이 과정에서 아시아 여성들이 당하는 억압은 다양한 형태로 나타난다.14) 첫째, 아시아 여성들은 "착취(exploitation)"를 당하고 있다. 착취는 한 사회집단의 노동의 산물이 그 집단에게 돌아가

---

13) '따라잡기식 개발'이란, 유럽·미국·일본 같은 북의 풍요로운 사회에서는 일반적인 윤택한 생활의 모델의 목표를 이루기 위해 유럽·미국·일본이 취한 것과 똑같은 산업화와 기술진보와 자본축적의 길을 따라가는 것이다. 이때 북의 풍요로운 국가와 풍요로운 계급, 지배적인 성인 남성과 우세한 도시중심지와 그 생활양식은 실현된 자유주의의 유토피아이며, 아직 명백히 뒤처져 있는 사람들이 성취해야 할 유토피아로 인식된다. 마리아 미스는 이러한 따라잡기식 개발의 길이 신화에 불과하며, 이 신화는 역사에 대한 진화론적·단선적 이해에 기초하고 있다고 비판한다. 마리아 미스, "따라잡기식 개발의 신화," 『에코페미니즘』, 77-93.

14) 여기서는 아이리스 영(Iris M. Young)이 제시한 다섯 가지 억압 형태를 기본 틀로 하겠다. Iris M. Young, "Five Face of Oppression," in *Justice and the Politics of Difference* (Princeton: Princeton University Press, 1990), 39-65.

지 않고 다른 집단의 것으로 전환되는 과정을 통해 발생한다. 아시아 여성은 공·사 영역을 성별화하는 논리에 의해 산업 예비군으로 간주되며, 이는 여성의 임금노동의 가치를 하락시키고 여성의 저임금을 합리화하는 근거가 된다. 또한 신자유주의의 세계화는 아시아 여성을 더욱더 가난하게 만든다. 둘째, 아시아 여성은 "주변화(marginalization)"된다. 주변화란, 사회적 맥락에서 능력을 발휘할 수 있는 문화적, 관습적, 제도적 조건이 박탈되는 것을 의미한다. 셋째, 아시아 여성은 "무권력(powerlessness)"한 존재이다. 무권력은 능력을 계발하고 발휘할 기회가 거의 없는 부차적 사회 지위에서 비롯된다. 이는 주변화의 논리적 귀결에 해당한다. 넷째, 억압은 "문화적 제국주의(cultural imperialism)"의 형태로 나타난다. 문화적 제국주의란 한 사회의 지배집단의 경험과 문화가 보편화되고 규범화되는 것을 의미한다. 아시아 여성들은 아시아 남성들이 일방적으로 규정한 아시아적 여성이 되기를 요구받는다. 다섯째, 아시아 여성은 "구조적 폭력(systematic violence)"에 시달린다. 단지 특정한 집단의 구성원이라는 이유만으로 폭력이 그 구성원에게 가해질 때 그것은 구조적 폭력에 해당한다. 좁은 의미에서 폭력은 물리적이고 신체적인 폭력을 가리키는 반면, 넓은 의미로 보자면 당사자의 의사에 반하여 강제되는 모든 것이라고 할 때, 어떤 것을 폭력이라고 규정하는 근거는 강제성에 있다고 하겠다.

　　여성들은 이러한 억압을 극복하는 과정에서 다양한 입장으로 접근하는데, 이 글에서는 논쟁적인 두 가지 입장을 중점적으로 다루고자 한다. 하나는 "힘에 초점을 둔 페미니스트 윤리(power-focused feminist approaches to ethics)"이며, 다른 하나는 "돌봄에 초점을 둔 페미니스트 윤리(care-focused feminist approaches to ethics)"이다.15) "힘에 초점을 둔 페미니스트 윤리"는, 여성을 억압하는 데에 기여하는 제도, 구조, 규범을 제거하거나 수정하는 일을 우선적인 과제로 설정한다. 이러한 접근을 '힘에 초점을 둔'이라고 하는 이유는, 여성억압적인 제도, 구조, 규범을 제거하고 수정하는 것은 권력(힘)의 분배 문제와 관련되기 때문이다. "돌봄에 초점을 둔 페미니스트 윤리"는 연민, 감정이입, 동정, 양육, 친절과 같은 문화적으로 여성적인 가치의 명예회복을 통하여, 억압을 극복하고자 한다. 즉, "돌봄에 초점을 둔 페미니스트 윤리"는 이제까지 주변적이고 부차적인 것으로 간주되어 온 여성적 가치를 더 이상 열등하고 결핍된 것으로 보지 않고 그것이 가진 잠재력을 부각시킴으로써, 억압을 극복하고자 한다.

"돌봄에 초점을 둔 페미니스트 윤리"는 여성의 도덕적 추론에 대한 길리간의 연구 결과16)에 대한 두 가지 반응 중 하나로

---

15) Rosemarie Tong, *Feminist Approaches to Bioethics: Theoretical Reflection and Practical Applications* (Boulder, Col.: Westview Press, 1997), 37-52. 영은 통의 이러한 구분 대신 휴머니즘적 페미니즘(humanist feminism)과 여성 중심적 페미니즘(gynocentric feminism)이라는 개념을 제시한다. Iris M. Young, "Humanism, Gynocentrism and Feminist Politics," *Women's Studies International Forum* 8:3 (1985): 173-183.

16) 캐롤 길리간 지음, 『심리이론과 여성의 발달』 허란주 옮김 (서울: 철학과 현실사,

서 나타났다. 첫 번째 반응은, 길리간의 돌봄의 윤리가 여성의 종속적 지위를 고착시키는 역할을 한다는 비판이다. "돌봄에 초점을 둔 페미니스트 윤리"는 길리간의 연구에 대한 두 번째 반응의 입장들에 해당된다. 두 번째 반응의 입장들은 길리간의 주장이 여성의 도덕적 경험의 가치를 적극적으로 부각시켰다는 점에서 페미니스트 윤리의 새로운 지평을 열었다는 평가17)에 근거하고 있다. 나딩스18)와 러딕19)은, 남성적 정의의 목소리에 대한 여성의 도덕적 목소리의 우월성을 주장하는 한편, 남성적 도덕의 목소리가 초래한 다양한 폐해들(전쟁, 계급·인종·성차별주의의 억압, 자연세계의 착취)에 대해서 언급한다. 나딩스와 러딕은 이러한 폐해를 극복하고 좀 더 인간적인 세상을 만들 수 있는 힘이 여성적 가치에 근거한 돌봄의 윤리에 있다고 주장한다. 장필화20)는 돌봄의 윤리가 전통적인 것도 신체결정론에 입각한 것도 아니라고 본다. 돌봄의 윤리는, 남성과의 같음을 강조함으로

1994 [Carol Gilligan, *In a Different Voice: Psychological Theory and Women's Development*, Cambridge, Massachusetts and London: Harvard University Press, 1982]).

17) 길리간의 연구 이후, 페미니스트 윤리에 대한 연구는 길리간의 주장에 동의하든 하지 않든 길리간을 언급하지 않을 수 없을 만큼 커다란 반향을 불러 일으켰다.

18) Nel Noddings, *Caring: A Feminine Approach to Ethics and Moral Education* (Berkeley: University of California Press, 1984).

19) Sarah Ruddick, *Maternal Thinking: Toward a Politics of Peace* (Boston: Beacon Press, 1989).

20) 장필화, "여성주의 윤리학─보살핌의 윤리를 중심으로," 『여성신학논집』 제1집 (1995. 2), 9-32.

써 남성이 가진 특권을 공유하고자 한 페미니즘에 대한 문제제기를 담고 있다고 한다. 장필화는, 남성 중심적 지배문화에서 여성은 다르기 때문에 또는 열등하기 때문에 주변화 되었다고 본다면 남성이 가진 특권을 합리화하는 남성적 특성 및 자격을 여성도 가지고 있다는 '같음'을 강조하는 것이 대표적인 전략일 수 있다고 한다. 그러나 같음을 강조함으로써 확보할 수 있는 것은 한 부분에 불과하다는 것이 장필화의 기본입장이다. 조혜정21)도 현재 지구상에 '여성문화'가 존재하며 이 여성문화가 현대의 위기 상황 극복을 위해 공헌할 수 있다고 주장한다. "돌봄에 초점을 둔 페미니스트 윤리"는 '돌봄'과 같은 여성적 특성이 남성적 특성보다 우월하며 문명의 현 위기를 극복할 대안이라는 주장에서부터, 여성적 특성을 우월하다고 주장하지는 않지만 대안적 가치라는 주장에 이르기까지 스펙트럼의 범위가 넓다.

강남순은 페미니스트 중에서 "힘에 초점을 둔 윤리"를 가장 뚜렷하고 일관되게 주장한다. 강남순은, 여성과 남성이라는 성차는 필연적인 요소가 아니라 우연적인 요소에 불과하며, 남녀 모두 하나님의 형상대로 지음 받은 존재이므로 창조적이고 지적인 활동을 통하여 자기발전을 추구해야 하는 존재라고 이해하는 휴머니즘적 페미니스트이다.22) 아래에서 강남순의 입장을 단적

---

21) 조혜정, "가부장 체제를 넘어서: 생명 존중의 사회를 향한 여성 해방 운동,"『한국의 여성과 남성』(서울: 문학과 지성사, 1988), 332-358.
22) "나의 입장을 굳이 규정하자면, '여성 중심적 페미니스트'(gynocentric feminist)가 아닌 '휴머니즘적 페미니스트'(humanist feminist)이다." 강남순, 7.

으로 확인할 수 있다.

이제 우리에게 필요한 것은 어떻게 여성과 남성이 조직적으로 제도화된 여성배제의 현실, 의식적으로 내면화된 여성비하의 인식들을 개혁할 수 있는가에 대한 진지한 관심이라고 본다. 이러한 맥락에서 나는 휴머니즘적 여성신학을 지향하고자 하며, 휴머니즘적 여성신학은 여성과 남성의 이분법적 논리의 지속적 주장보다는 남성을 포함한 여성의 인간화를 실현하기 위한 담론을 형성하고자 하는 것이라고 볼 수 있다. 여성신학에서 중요한 것은 여성의 조건들을 이상화하는 것이 아니다. 오히려 신학과 목회의 장에 있는 가부장주의적 이데올로기를 해체하는 것이며, 해체 후의 새로운 대안들을 제시하는 구성적 작업을 하는 것이다.23)

강남순의 이러한 관점은 여성운동에 대한 이해에서도 드러난다.

여성운동은 우선 가부장주의적 성차별주의에 의하여 야기된 다양한 불평등 구조를 변혁하고자 하는 이들의 집단적 행위를 말하는데, 좀더 구체적으로 보자면 여성운동에 대한 개념은 크게 두 가지로 나뉘어질 수 있다. 첫째, 여성운동은 여성이 자신이

---

23) 강남순, 410.

속한 계층에서 남성과 동등한 사회적 평등성을 획득하기 위한 개혁운동이고; 둘째, 우리의 현실에서 성차별주의적 억압을 포함한 모든 종류의 '지배와 종속'구조를 근절시키고자 하는 급진적인 평화운동이다. …… 여성운동이 넘어서야 할 절망의 벽들은 여성의 평등한 인간으로서의 권리와 가능성을 이해하지 못하는 가부장주의에 사로잡힌 남성문화의 벽이며, 유교적 덕목에 의존한 질서, 통제, 지배문화의 벽이며, 그리고 남성의 독점적 근성의 벽이다.[24]

한편, "돌봄에 초점을 둔 윤리"를 주장하는 대표적인 페미니스트는 이은선이다. 이은선은, 가부장적이고 서구적 가치로 인한 현 사회의 문제(여성 억압을 포함한)에 대한 대안으로서 여성인식과 경험 및 여성원리의 독특성에 대한 연구 결과를 기초로 하여 다음과 같이 주장한다.

많은 차이와 갈등을 생명을 위해 하나로 감싸 안는 손, 그 구별과 차이라고 하는 것이 '생명'과 '삶'이라고 하는 좀 더 근원적인 실제 앞에서는 부수적인 것이 되어버리는 것을 아는 마음, 한국의 여성신학은 이러한 생명과 사랑의 영을 가지고 그리스도의 영을 새롭게 해석해 내고 거기에 새로운 지평을 열어주며 새 이

---

24) 강남순, "오늘의 여성운동의 희망과 절망," 『페미니즘과 기독교』(서울: 대한기독교서회, 1998), 245-246, 260.

름을 붙여주는 것, 바로 그것이라고 생각한다. 오늘의 여성학의 탐색에서 모성의 재신화화 경향에 대한 의미 있는 비판도 들리지만, 그럼에도 불구하고 여성으로서, 특히 동양과 한국의 여성으로서 기존의 가부장주의적이고 서구 가치 위주적 상황에 대한 대안을 마련해야 한다면 바로 이와 같은 여성 고유의 경험이 기초가 되어야 한다고 생각한다.25)

그것은 여성들의 책임지향성, 타인에의 관심, 차이를 묶으려는 통합에의 배려 등이었다. 그것은 남성들의 '분리된'(seperated) 인식방식 대신에 상황을 살피고, 남을 돌보는 '연결된'(connected) 인식방식이었다. 그러나 이제까지 이러한 여성의 인식방식과 삶의 원리는 무시되었고, 열등하고 미성숙한 것으로 여겨져 왔다. 그것의 독특성을 인정받지 못했고, 그것이 우리 삶의 또 하나의 기준이 되는 것으로 받아들여지지 않았기 때문에 여성들의 좌절과 우울, 고통은 깊다. 개인적인 성취가 아니라 보살핌의 관계가 유지되고 있는가를 더 가치 있는 발달 기준으로 가지고 있는 그녀들에게 이제까지의 성취지향적 남성원리의 잣대는 그것에 도달한 여성에게든 그렇지 않은 여성에게든 모두에게 좌절이 되었던 것이다. 그러나 우리는 오늘의 개인적 사회적 지구적 상황에서 그 공존을 지향하는 여성의 원리가 더욱 더 절실

---

25) 이은선, "여성신학에서의 '여성의 경험'에 관한 해석학적 이해," 『한국 여성의 경험』 한국여성신학회 편 (서울: 대한기독교서회, 1994), 60.

히 요구됨을 본다.26)

요컨대, 강남순은 "돌봄에 초점을 둔 윤리"가 강조하는 여성
성이 가부장제적 담론에 의해 왜곡될 위험성을 비판했다면, 이
은선은 "힘에 초점을 둔 윤리"가 남성을 기준으로 하여 여성의
편입을 강조한 한계를 지적한 것이다.27) 이런 점에서 조(한)혜정
이 말한 "적절하게 힘이 있는 주변인"은 이 두 입장을 절충할 수
있는 개념으로 보인다. 조(한)혜정은, 지구상에 존재해 온 상당수
의 문화가 성이라는 변수를 사회조직의 주요한 기준으로 삼았으
며, 따라서 여성과 남성이 매우 상이한 삶의 이미지, 문제 인식
구조, 문제 해결의 양식과 논리 체계를 발전시켜 왔을 가능성이
높다고 주장한다. 이런 근거에서 현재 지구상의 대다수의 사회
에 '여성문화'가 존재하며, 이 여성문화가 현대의 위기 상황 극복
을 위해 공헌할 수 있다고 한다. 이때, 여성문화란 여성들이 역
사적 경험을 통해 형성하고 전수해 온 의미의 체계를 뜻하는데,
이는 생물학적 신체 결정론에 기초한 본질론적 접근과는 다르다
고 볼 수 있다. 조(한)혜정은, 생명 창조자로서의 여성 체험을 강
조하며, 여성들이 지켜온 공동체적 관심, 관계 중심의 논리, 그
리고 자연과 조화를 이루는 질서를 추구하는 면을 부각시킨다.

---

26) 이은선, "여성의 원리, 공존의 원리─그 실천의 의미와 가능성," 『포스트모던 시대
　　의 한국 여성신학』(왜관: 분도출판사, 1997), 346-347.
27) 이는 마리아 미스가 따라잡기식 전략의 한계를 지적한 것과 일맥상통한다.

또한, 여성이 현대 문명의 주변적 존재로 살아왔다는 점에 주목하여 현 문명의 위기를 극복할 대안은 여성 편에서 나올 가능성이 높음을 주장한다. 그런데 이는 여성의 주변성을 더 이상 결핍이나 열등성으로 간주하지 않는 시각에서 비롯된 것이다. 여성이 자신의 주변인으로서의 정체성을 인정하고, 그 자리를 더 이상 '주변'으로만 규정하지 않을 때, 여성은 자신의 경험과 시각을 새롭게 재구성할 수 있게 된다는 것이다. 바로 이 여성은 남성이라는 '중심'을 따라잡으려 하기보다는, 자기가 서있는 자리에서 자기가 가지고 있는 것을 보게 되는 "적절하게 힘이 있는 주변인"인 것이다.28)

Ⅳ. 모성에 대한 비판과 재구성

이제 우리가 또 한 가지 다룰 주제는 모성이다. 현실적으로 대다수의 여성들이 재생산(출산 및 양육)을 담당하고 있지만, 선택 가능한 여성주체적인 모성이 격려되기 보다는 현 사회를 유지하기 위한 모성 이데올로기가 강조되고 있다. 한편으로 '21세기는 여성의 시대'라고 하면서 국가경쟁력 강화를 위한 여성 노동력의

---

28) 조혜정, "가부장 체제를 넘어서: 생명 존중의 사회를 향한 여성 해방 운동," 『한국의 여성과 남성』(서울: 문학과 지성사, 1988), 332-358; 조(한)혜정, "운동의 주체에 대하여: '주변성'이 지닌 힘과 '다름'의 정치학," 『성찰적 근대성과 페미니즘』, 121-137.

중요성을 강조하지만, 다른 한편으로는 국가경쟁력의 한 요소인 인구의 감소 원인을 여성의 사회 진출로 인한 출산 기피로 봄으로써 여성에게 국가경쟁력 약화의 책임을 전가하고 있는 것이 우리 사회의 현실이다. 여성을 더욱 슬프게 하는 것은 출산을 장려하기 위한 정부의 정책이다. 여성이 안심하고 임신, 출산, 육아를 할 수 있도록 제도적 장치를 마련하는 데에 초점을 맞추기보다는, 20만원의 출산 장려금을 지급한다는 정부의 태도는 우리로 하여금 실소를 금치 못하게 한다.

조(한)혜정은, 여성들의 아시아적 연대를 이야기할 때 가장 먼저 해야 할 것은 가부장적 가족 제도를 지탱하는 도구적 모성에 대해 본격적으로 비판해야 한다고 주장한다. 도구적 모성과 가족주의를 해체하면서 '체험으로서의 모성'을 살려내야 한다는 것이다.[29] 남성들이 가부장적 가족 제도를 유지하기 위해 여성들에게 강요한 모성은, 여성을 가족의 동등한 구성원으로 보기보다는 가족 유지의 도구로 본다는 점에서 여성을 억압하는 이데올로기라는 것이 페미니스트들의 비판이다. 그런 의미에서 "더이상 어머니는 없다."[30]

페미니스트들이 가부장제적 모성 이데올로기를 비판한다고 해서 모성 자체를 포기하지는 않는다. 페미니스트들은 가부장제

---

29) 조(한)혜정, 287.
30) 아드리엔느 리치, 『더이상 어머니는 없다: 모성의 신화에 대한 반성』 (서울: 평민사, 1995).

적 모성의 허구를 비판하면서 모성의 가치를 재발견하는데 그것이 바로 체험으로서의 모성이다.[31] 체험적 모성이란 가부장제적 담론에 의해 형성된 허구로서의 모성이 아니라 여성 자신이 직접 체험하고 그 체험을 토대로 반성적 성찰을 거친 모성을 말한다. 체험적 모성을 말하는 페미니스트들은 모성이 비록 대다수의 여성이 수행하는 어머니 역할에서 비롯된 것이기는 하지만, 여성에게만 국한되지 않는다고 주장한다. 도구적 모성이 여성을 어머니로만 보고 어머니라는 역할에만 한정시켰다면, 체험적 모성은 어머니 역할이 여성의 다양한 역할 중의 하나이며 그것이 여성에게만 국한되는 것이 아니라 남성에게도 해당된다고 보는 것이다. 도구적 모성에서는 여성의 생물학적 차이가 본질적이고 결정적인 것으로 간주되는 반면, 체험적 모성에서는 여성의 생물학적 차이가 차이일 뿐이고 그것이 여성의 역할을 결정하지 않기 때문이다.

이러한 주장은 두 가지 흐름으로 나타난 모성논쟁[32]의 산물이라고 할 수 있다. 모성논쟁의 흐름 중 하나는, 모성이나 여성성으로 성역할을 정형화하는 인식을 가지고 여성들의 종속적

---

31) 이은선, "여성의 원리, 공존의 원리 — 그 실천의 의미와 가능성"; 강남순, "종교, 가족, 페미니즘,"『페미니즘과 기독교』; 조혜정, "가부장 체제를 넘어서: 생명 존중의 사회를 향한 여성 해방 운동"; 조(한)혜정, "운동의 주체에 대하여: '주변성'이 지닌 힘과 '다름'의 정치학."
32) 최만자, "가부장적 모성을 넘어서서,"『여성의 삶, 그리고 신학』(서울: 대한기독교서회, 2005), 194-210.

삶을 사회적으로 만들어낸 것이 여성억압이라고 강조하면서 여성의 평등을 강하게 주장하는 입장이다. 이 입장은 성 고정 관념을 철저하게 비판하고 남녀평등을 지향하면서 남녀 모두가 모성을 공유해야 한다고 강조한다. 모성논쟁 흐름의 다른 하나는, 여성의 특유한 경험이 비록 억압된 환경에서 나왔지만 그것의 가치를 인식하여 여성 역할을 재평가하고 그것이 가지는 대안적 사회의 가치로서의 힘을 주장하는 입장으로 여성성을 옹호하고 그 우월성을 강조한다. 이 입장은, 남녀 모두가 모성을 공유해야 한다고 하기보다는 오히려 여성에게 내재하는 특별한 힘, 즉, 여성의 모성과 양육적 기능에서 유래되는 특성들을 긍정적으로 재해석하여 여성성을 남성성보다 우월한 것으로 파악한다.

허위 이데올로기로서의 도구적 모성을 비판하고 체험적 모성을 대안으로 제시하는 페미니스트들의 주장은 두 가지 흐름의 모성논쟁을 반성적으로 성찰한 결과라고 하겠다. 즉 모성논쟁의 후자의 흐름이 강조하는 여성의 특유한 경험의 재해석과, 모성논쟁의 전자의 흐름이 주장하는 남녀 평등―남녀 모두 모성을 공유해야 한다는 것―을 창조적으로 재구성한 결과라는 것이다.33)

---

33) 최만자도 모성논쟁의 두 흐름 모두 제도로서의 모성이 갖는 모순을 드러내었으며 여성에게 억압적으로 작용한 사회적 산물로서의 모성의 신화를 벗겨내었다고 평가한다. *Ibid.*

V. 나오는 말: 생명살림의 윤리를 향하여

아시아 여성들은 자본주의적 가부장제와 민족주의적 탈식민주의로 인한 억압 속에서 절망하거나 자포자기하기 보다는, 그 속에서 자기 자신을 인정하고 자기가 가진 것을 새롭게 보기 시작한다.[34] 정현경은 "자기 인식, 자기 수용, 자기 존중"을 이룬 아시아 여성들은 곤경에 빠져 있는 다른 사람들에게 손을 내밀 수 있는 힘이 있다고 말한다. 아시아 여성들은 살아 있으나 죽은 것과 다름없는 상황에서 좌절하거나 침묵하지 않고 저항하며 그 속에서 참된 자아를 발견한다는 것이다. 그런 과정을 거친 아시아 여성들은 자기 안에 고립되지 않고 공동체를 지향하며, 그러므로 아시아 여성들의 영성에서 여성 자신과 공동체는 하나라고 한다.[35] 이처럼 "다른 사람들에게 생명을 주고 모두가 살도록 하기 위해서" 자신을 다른 사람에게 내어 주는 아시아 여성들의 영성을 가리켜서 "동정적인(compassionate) 영성"이라고 부른다.[36] 이 영성은 아이를 낳고 가정을 먹이며 돌보는 여성들의 경험에서 나온 것이다. 이 경험은 남성들이 규정한 모성이 아니

---

34) 물론 여전히 소위 '중심'을 따라잡으려는 흐름도 있지만, 여기서는 다루지 않겠다.

35) 정현경, 164-172.

36) Mary John Mananzan and Sun Ai Park, "Emerging Spirituality of Asian Women," in *With Passion and Compassion: Third World Women Theology Doing Theology*, ed. Virginia Fabella, M. M. and Mercy Amba Oduyoye (Maryknoll, New York: Orbis Books, 1990), 77-88.

라 여성들이 직접 체험하고 성찰하여 자기 것으로 긍정한 모성이다.

최영실은 한국의 여인들이 가부장적 지배 이데올로기와 외세의 지배, 그리고 분단 구조 아래에서 그 어느 계층보다 눈물과 고통과 한의 역사를 겪어 온 가난한 존재라고 말한다. 그러나 바로 그렇기 때문에 그들은 독재자와 부자의 착취를 고발하고 강대국의 지배 이데올로기를 단절시킬 수 있는 힘있는 존재라고 말한다. 최영실이 주장하는 여성신학은 결코 가난한 자가 부자가 되는 것, 억압과 착취를 당하던 자가 새로운 지배자로 군림하는 것을 뜻하지 않는다. 오히려 권력과 부를 탐욕적으로 추구하는 가부장제적 가치와 질서를 끊어버리는 것이다. 최영실은 가난한 이 땅의 여인들이야말로 새 역사를 탄생시킬 수 있는 "축복받은 자"라고 본다.37) 이는, 억압 속에서 자신을 부정하고 가부장제적 가치와 질서를 좇아가는 것이 아니라, 억압 가운데 있는 자기 자신을 바라보며 그러한 자신이 오히려 이 세상을 변화시킬 수 있다는 자기 긍정을 격려하고 있는 것이다. 이러한 점에서 최영실의 "축복받은 자"로서의 자기 인식은 조(한)혜정이 말한 "적절하게 힘이 있는 주변인" 개념과 맥을 같이 한다고 하겠다.38)

---

37) 최영실, "신약성서 해석의 모델 — 한국여성의 경험에서," 『생존과 해방을 향한 여정』, 111-147, 특히 113-117.

38) 김지하가 말하는 "흰 그늘"이라는 개념도 "축복받은 자"로서의 자기 인식과 통하는 개념인 것으로 보인다. 김지하에 의하면, 인생의 신산고초를 겪은 사람이 스스로 인

자신이 주변인이지만 "축복받은 자"임을 인식하고, 더 이상 '중심'에 기웃거리기보다는 "동정적인 영성"으로 자기 자신을 다른 사람에게 내어 주는 아시아 여성은 어떤 영성을 가지고 있으며, 21세기에 어떤 영성을 가져야 할 것인가? 정현경은 아시아 여성들이 1987년 싱가포르에서 모여서 탄생시킨 영성의 특징을 다음과 같이 요약하여 말한다. ①구체적이며 전체적이다. ②창조적이며 유연하다.③예언자적이며 역사적이다. ④공동체 지향적이다. ⑤생명 지향적이다. ⑥모든 것을 포괄하며 초교파적이다. ⑦ 우주적이며, 창조 중심적이다.[39]

　　이은선에 의하면, "21세기 과학기술 사회에서의 여성의 영성은 바로 우리 주변의 신음하는 생명에 대한 그같은 배려의 마음을 가지는 것"이며, "자연의 고통을 들을 수 있는 여성적 집중력, 여성의 몸과 아이들과 소외된 이웃들의 고통 때문에 불가능한 것을 인정하는 '창조적 포기', 절제, 비움, 이러한 것들이 바로 21세기 한국 여성신학의 주제"가 된다고 한다.

　　최만자는 21세기에 우선적으로 요청되는 아시아 여성의 영성은 "인간이 좀더 순수한 인간으로 회복되는 일"이라고 주장한

생을 견디고 견인하면서, 승화시키는 삶을 살면서 새로운 이상적 삶을 건설할 능력을 가졌을 때 그늘이 있다고 한다. 그런데 그늘은 한(恨)이 없으면 형성되지 않으며, 그 한을 다 풀기 보다는 삭힘으로써 한이 깃들게 할 때 가능성이 있다고 한다. 그늘이 희다고 하는 이유가 바로 여기에 있다. 우리 민족 최고의 미의식인 흰 빛이 그러한 그늘로부터 솟아나온다고 보기 때문이다.

39) 정현경, 173-181.

다. 순수한 인간으로 회복되기 위해서는 "인간의 원초적 영성"을 되살려 내야 한다고 한다. 그래서 "이 원초적 영성이 어떻게 새로운 사회적 관계를 열어 나가는 동시에 궁극적 실재 앞에서 우주와 통합되는 자아를 발견하게 하는 내면의 힘이 될 것인가에 대한 깊은 통찰이 요구"되는데, 이는 "여성신학적이며 생태여성주의적으로 원초적 영성을 회복"할 때 가능하리라고 전망한다.40) 또한 최만자는 남성 중심적이고 인간 중심적인 가치체계를 넘어서 포괄적이고 통전적인 인간성을 반영할 수 있고 이분화된 가치들을 통합시킬 수 있는 원리를 제시한다. 그것은 연민의 원리, 살림의 원리, 지혜의 원리이다. 이 원리들은 주로 여성의 삶에서 볼 수 있는 여성적 원리들이지만, 최만자는 이 원리들의 우월성을 강조하기보다는 이 원리들이 내포하고 있는 생명 중심성에 주목한다.41)

정현경의 "살림춤"42)과 "살림이스트(Salimist) 선언"43)은 이러한 영성을 단적으로 보여준다. 살림이스트 선언에 의하면 살림이스트는 모든 것을 살아나게 하고, 마술사, 혁명가, 여신처럼 모든 만지는데, 그녀가 만지는 모든 것은 웃고 자라고 태어나면

---

40) 최만자, "아시아 기독교 여성의 영성," 『생존과 해방을 향한 여정』, 239-278, 특히 274-278.

41) 최만자, "여성 원리·공존의 윤리·미래의 대안," 『여성의 삶, 그리고 신학』 (서울: 대한기독교서회, 2005), 173-193.

42) 정현경, "변혁을 위한 영성," 『신학하며 사랑하며: 한국 기독교의 거듭남을 위하여』 장상, 소흥렬 외 엮음 (서울: 문학과 지성사, 1996), 140-164, 특히 160-163.

43) 현경, 『미래에서 온 편지』 (서울: 열림원, 2001), 232-240.

서 생생하고 색깔 있고 살아나게 된다. 살림이스트는 모든 것을 포용하고 끌어안는다. 또한 살림이스트는 모든 것을 재활용한다. 살림이스트는 가는 곳마다 갈등을 비폭력적으로 풀어서 평화와 화해, 그리고 조화를 만들어낸다. 살림이스트는 여성, 자연, 지구, 여신 등을 사랑하며, 창조력을 축하한다. 살림이스트는 어둠을 정면으로 뚫고 들어가 끌어안고 변화시키는 짙은 녹색으로 나타난다.

요컨대, 아시아 여성들은 자기 인식과 자기 수용과 자기 존중을 통해서 인간 내면과 사회와 자연을 한데 아우르는 영성을 가지고 생명살림의 윤리를 지향하고 있다고 하겠다.

생명공학 시대의 모성에 대한 페미니스트 윤리적 분석
– 출산 테크놀로지를 중심으로

Ⅰ. 들어가는 말

"아무거나 넣지 않겠다. 나도 이제 엄마니까!"

위의 인용구는 모 회사 조미료 광고 카피이다. 식사준비를 하던 주부가 아무생각 없이 기존에 사용하던 조미료를 국 혹은 찌개에 넣으려고 하자, 옆에 있던 남편이 제지한다. 그러자 그 주부는 그때서야 자신이 임신한 사실을 상기하고 새로운 조미료를 선택한다. 생명을 잉태한 젊은 여성의 사려 깊은 태도는 보는 이로 하여금 잔잔한 미소를 자아내게 하고, 따라서 그 여성이 광고하는 제품을 신뢰하게 만든다. 이 광고는 임신한 많은 여성들과 그 가족들의 현실을 반영한, 어찌 보면 아주 평범한 것일지도

모른다. 평범하고 단순한 이 광고를 통해, 나는 '엄마가 된다는 것'과 관련된 그리 단순하지만은 않은 몇 가지 생각을 하게 된다.

지인(知人)으로부터 들은 이야기가 생각난다. 여자들이 일생 동안 아무 걱정 없이 마음껏 음식을 먹을 수 있는 때는 임신기간 이란다. 더구나 주위 사람들의 격려와 대접을 받기까지 하면서 말이다. 그래서 임신기간이 그립단다. 한편으로는 동의하지만, 다른 한편으로는 동의할 수 없는 건 왜일까? 임신한 여성이 특별 대우를 받는 건 그 여성 자신을 위해서라기보다는 뱃속의 아기 를 위해서라는 이유가 더 큰 것 같다. 게다가 아무 걱정 없이 마 음껏 먹을 수 있는 것이 아니라, 홀몸일 때 보다 더 신경 써야 한 다. 임신 중에 먹어서는 안 될 음식 리스트를 꿰고 있어야 한다. 아기에게 해가 될 음식은 삼가 해야 하기 때문이다. 임신한 여성 이 특별한 음식을 먹고 싶다고 할 때, 여성 본인이나 주위 사람 들은 아기가 먹고 싶어서라고 말한다. 엄마와 아기가 하나로 연 결되어 있다는 생각에서이다. 그래서 아기를 위하는 것이 곧 엄 마를 위하는 것이라고 한다. 그런데 그런가? 입덧이 심해서 물조 차 삼키기 힘든 여성에게, 태아를 생각해서 억지로라도 먹으라 고 한다. 그러나 실은 임신부가 안 먹어도 태아의 생장과 아무런 상관이 없다. 엄마 몸의 영양분을 아기가 알아서 흡수하기 때문 이다. 그러므로 억지로라도 먹어야 하는 진짜 이유는 아기를 위 해서라기보다는 여성 자신을 위해서이다.

다시 광고 이야기로 돌아가 보자. 광고의 주인공인 주부는 가족의 건강을 책임져야 한다. 그 주부가 임신한 여성이라면 그 책임은 더 커질 수밖에 없다. 임신한 사실을 잠시 잊고 책임을 소홀히 했더니, 옆에 있던 남편이 눈치를 준다. 임신한 여성이 자신의 '어머니 됨'에 대하여 체험적으로 주체적으로 인식하기도 전에, 가부장제 사회—남편으로 대표되는—는 그 여성으로 하여금 강제적으로 그 사실을 받아들이게 한다. 하지만 그 여성은 그것을 강제적이라고 생각하지 않는 듯하다. 오히려 고마워하면서 자신을 반성하고 가부장제 사회의 충고를 받아들인다. 광고 속의 여성은 현명한 선택을 한 것으로 그려지지만, 실은 그것이 여성 자신의 주체적인 선택이 아니라고 나는 생각한다. 우리는, 모성에 관한 한 여성이 온전히 주체적일 수 없었고 없음을, 몇몇 페미니스트들의 연구를 통해 알고 있다.[1]

가부장제 사회에서, 특히 생명공학 시대를 살고 있는 여성이 "아무거나 낳지 않겠다. 나도 이제 엄마니까!"라는 말을 주체적으로 할 수 있으려면 어떻게 해야 하며, 그것이 가지는 의미는 무엇일까? 이 글에서 나는 생명공학 시대가 강요하는 모성을 페

---

1) 최만자, "가부장적 모성을 넘어서서," 『여성의 삶, 그리고 신학: 1980-1990년대 한국 여성신학의 주제들』 (서울: 대한기독교서회, 2005). 아드리엔느 리치 지음, 『더이상 어머니는 없다: 모성의 신화에 대한 반성』, 김인성 옮김 (서울: 평민사, 1995). Clarissa W. Atkinson, *The Oldest Vocation: Christian Motherhood in the Middle Ages* (Ithaca and London: Cornell University Press, 1991). Bonnie J. Miller-McLemore, *Also A Mother: Work and Family as Theological Dilemma* (Nashville: Abingdon Press, 1994). A. Carr and E. S. Fiorenza, eds., *Motherhood: Experience, Institution, and Theology* (London: T. & T. Clark, 1989).

미니스트 윤리적 관점에서 분석·비판하고, 여성 자신의 비판적 성찰을 통한 모성을 여성신학의 관점에서 모색하고자 한다. 이를 위해 한편으로는 생명공학 시대에 더욱더 고도화된 재생산기술과 출산의 의료화를 중점적으로 다루면서 그것들에 의해 강요된 모성을 드러내고, 다른 한편으로는 그것들을 비판적으로 성찰한 '체험적 모성'2)을 말하고자 한다.

아드리엔느 리치(Adrienne Rich)가 말한 것처럼,3) 나도 내 이야기를 하지 않을 수 없음을 고백한다. 많은 여성들이 경험하는 평범한 것일 수도 있는 '어머니 됨'을 경험하면서 느끼고 생각한 것들을 여성신학적으로 풀어 보고 싶었다. 여성으로서의 나의 삶과 신학의 여정에서 '어머니 됨'의 경험은, 나의 여성신학의 관심영역을 넓히도록 만들었으며, 사람과 사물과 사건을 새로운 눈으로 바라보게 하였기 때문이다. 어차피 여성신학은 고정된 하나(the feminist theology)가 아니라 여럿(feminist theologies)이며 그 어떤 여성신학도 그 중의 하나(a feminist theology)이지 않은가? 또한

---

2) 체험적 모성이란, 가부장제적 담론에 의해 형성된 허구로서의 모성이 아니라 여성 자신이 직접 체험하고 그 체험을 토대로 반성적 성찰을 거친 모성을 말한다. 체험적 모성을 말하는 페미니스트들은 모성이 비록 대다수의 여성이 수행하는 어머니 역할에서 비롯된 것이기는 하지만, 여성에게만 국한되지 않는다고 주장한다. 도구적 모성이 여성을 어머니로만 보고 어머니라는 역할에만 한정시켰다면, 체험적 모성은 어머니 역할이 여성의 다양한 역할 중의 하나이며 그것이 여성에게만 국한되는 것이 아니라 남성에게도 해당된다고 보는 것이다. 도구적 모성에서는 여성의 생물학적 차이가 본질적이고 결정적인 것으로 간주되는 반면, 체험적 모성에서는 여성의 생물학적 차이가 하나의 차이일 뿐이지 그것이 여성의 역할을 결정하지 않기 때문이다.
3) 아드리엔느 리치 지음,『더이상 어머니는 없다: 모성의 신화에 대한 반성』.

나는 '여성에 관한' 이야기에서 '여성해방을 지향하는' 이야기를 읽어내는 페미니스트 윤리[4]의 도움을 받아, 나의 개인적 경험 이야기가 여성의 '사회전기'가 될 수 있는지를 알고 싶었다.

이 글이 개인적으로는 실험적인 것이다. 경험과 이론을 넘나들면서 글을 쓰려고 하기 때문이다. 고등학교 때 음악실기 시험 보던 기억이 떠오른다. 시험이라는 중압감 때문에 노래를 즐기면서 부르지 못했을 뿐만 아니라, 배에서 소리를 내야 할지 목에서 소리를 내야 할지 고민하는 사이에 노래가 끝나 버렸다. 그때와 똑같은 고민을 하면서 이 글을 쓴다. 하지만 이번만큼은 배에서 소리를 낼지 목에서 소리를 낼지 고민하지 않고, 부디 즐겁게 노래 부르고 싶다.

Ⅱ. 비결정론적 '생명'과 결정론적 예측 '공학'[5]

제레미 리프킨(Jeremy Rifkin)에 의하면,[6] 인류의 역사상 하나의 시대가 끝나가고 새로운 시대가 시작되고 있다고 한다. '불의

---

4) 페미니스트 윤리에 관해서는 필자의 『에큐메니칼 페미니스트 윤리』 (서울: 한들출판사, 2005), 105-130을 참조하라.

5) 이 부분은 필자의 글 "유전자의 덫", 『한국기독교신학논총』 16집 (1999년 12월), 331-361에서 일부 발췌하였음을 밝혀둔다.

6) 제레미 리프킨, 『엔트로피 Ⅱ : 유전자공학시대의 새로운 세계관』, 김용정 역 (서울: 안산미디어, 1995), 37-43.

기술 시대'가 종말을 고하고 '유전공학의 시대'가 막을 올리려 하고 있다는 것이다. 아니, 막을 올리려 하고 있는 것이 아니라 2막에 들어섰다고 하겠다. 불꽃의 힘으로 물질을 변형시키고 융합해 온 인간은, 이제 생명이나 생물을 변형하고 융합하여 이용하기 시작했다. 유전공학 또는 생명공학을 가리켜 '생명의 연금술'(algeny)이라고 일컫는데, 이는 생명을 변형하고 융합하는 행위가 마치 불의 기술 시대의 '연금술'(alchemy)과 유사하다고 하여 그에 빗대어 표현한 것이다.

고대로부터 지금까지 인류가 생명에 대해 품어왔던 의문은 세 가지로 요약된다. 그것은 첫째, 생명의 기원에 대한 문제, 둘째, 생명의 유전에 대한 문제, 셋째, 개체 발생에 대한 문제이다. 특히 두 번째 질문은 다른 두 질문보다도 사람들의 끊임없는 호기심의 대상이었으며 현재까지의 생물학의 중심과제로 간주된다. 이렇게 볼 때, 생물학의 발전과정이란 바로 유전현상에 대한 견해의 변화이며 이를 해명하기 위한 시도라고 한다. 20세기 중반, 유전자의 구조 해명과 함께 분자생물학이 탄생하였다. 분자생물학이란, 광의의 개념정의에 따르면 생명현상 전반에 걸쳐 또는 그 일부를 분자적 수준에서 이해하려는 학문이며, 협의의 정의에 의하면 유전정보의 발현기구인 분자적 기초를 밝히려는 연구 분야이다.[7] 즉, 분자생물학은 생물체를 구성하고 있는 물

---

7) 서정선, "분자생물학의 탄생과 생명현상," 『현대과학의 제문제』, 김용준 외 (서울: 민음사, 1991), 293-340.

질들의 생명현상을 분자의 수준에서 이해해야 한다는 소위 생명 기계론적 사유에 기초한 생물학의 한 분야이다.8) 이러한 분자생물학을 학문적 기초로 하여 탄생한 것이 바로 생명공학이다. 분자생물학에 의해 규명된 DNA 가닥을 잘라내고 덧붙이는 조작기술을 가리키는 생명공학은 그러므로 분자생물학의 기술적 응용인 셈이다.

분자생물학은 베일에 싸여있던 생명의 신비를 규명함으로써, 오직 근사치로만 예측될 수 있는 생명의 비결정론적 특성을 예측 가능한 것으로 바꾸어 놓았다. 분자생물학은 박테리아로부터 인간에 이르기까지 모든 생물의 특성이 동일한 암호문자를 사용해서 똑같은 화학물질로 염색체 속에 있다는 적혀 있다는 사실을 발견하였다. 분자생물학이 거둔 소위 이 쾌거는 모든 생물 기능이 분자구조와 그 메커니즘을 통해 설명될 수 있다는 통념을 낳았다. "DNA는 RNA를 만들고 RNA는 단백질을 만든다."9) 분자생물학의 이 중심 도그마가 의미하는 바는, 유전자가 모든 생명 현상의 제1원인이라는 것이다. 유전자를 분석하면 모든 생명 현상의 비밀이 밝혀진다는 것이다. 이러한 유전자 중심적 사고는 근대과학의 기계론적 세계관과 환원주의를 계승한 것이다. 그러므로 분자생물학의 최종목표가 유전자 암호 해독이라는 것

---

8) 구승회, "살아 있음과 인간의 의미: 생명공학 윤리의 개념," 『생명의 위기』, 윤정로 외 11인 지음 (서울: 푸른나무, 2001), 27-46.
9) 서정선, "분자 생물학".

은 자명한 사실이다. 생물학이 형이상학의 도움을 받지 않고도 인간의 본성에 관한 문제를 설명할 수 있게 되었다는 쟈크 모노 (Jacques Monod)의 말은,10) 바로 이러한 분자생물학을 염두에 두고 한 것이다.

이러한 분자생물학의 기술적 응용 결과가 바로 생명공학이다.11) "생명공학은 미래를 이끄는 자원", "유전자를 장악하는 자가 21세기를 지배한다", "유전 자원이 장래 국가 빈부를 결정할 것이다" 등과 같은 말을 우리 사회에서 쉽게 접할 수 있을 만큼, 생명공학은 우리 앞에 성큼 다가와 있다. 윌멋 박사의 복제양 돌리에서부터 황우석 박사의 줄기세포 연구에 이르기까지 최근 10년 사이에, 생명공학은 명실 공히 우리 시대의 대표적인 화두 중의 하나가 되었다.

생명에 개입하거나 생명을 조작하는 생명공학의 분야는 식량, 보건, 의료, 환경오염방지, 농업, 임업 등을 망라할 정도로 실로 방대하다. 그 중에서 이 글의 주제와 관련된 것은 보건과 의료 분야이다. 이 두 분야의 생명공학 기술의 범위를 살펴보면 다음과 같다. 생식 보조기술, 생체 냉동 보존, 장기 이식, 태아 조직 이식, 인간배아 연구, 줄기 세포 연구, 복제, 인간게놈프로

---

10) 쟈크 모노, 『우연과 필연』, 김용준 역 (서울: 삼성출판사, 1990, 1993).

11) 1983년에 제정된 생명공학육성법은 생명공학을 "산업적으로 유효한 생산물을 만들거나 생산 공정을 개선할 목적으로 생물학적 시스템, 생체, 유전체 또는 그들로부터 유래되는 물질을 연구 활용하는 학문과 기술"이라고 정의한다. 박은정, 『생명공학 시대의 법과 윤리』 (서울: 이화여자대학교 출판부, 2000), 18.

젝트, 유전자 진단, 유전자 치료 등 이 분야의 범위는 계속 확대되고 있다. 이를 유형화하여 정리하면 다음과 같다. 첫째, 유전자 선별과 DNA 탐침 사용에서부터 사전 조정과 선택적 유산에 이르기까지, 둘째, 유전자 상담에서부터 체세포유전자 치료와 생식세포유전자 치료에 이르기까지, 셋째, 휴먼게놈프로젝트에서부터 복제와 우생학에 이르기까지, 넷째, 출산테크놀로지.

이 글에서는 보건과 의료 분야의 생명공학 기술 중에서 특히 '재생산기술'/'출산테크놀로지'(reproductive technology)를 집중적으로 다루고자 한다. 재생산기술은 크게 세 가지로 분류되는데, 그것은 산전 관리기술, 분만기술, 임신 보조기술이다. 산전 관리기술에는 초음파검사, 양수검사, 염색체검사 등이 있고, 분만기술에는 제왕절개, 겸자분만, 회음절개 등이 있으며, 임신 보조기술에는 인공수정, 시험관아기 등이 있다.12) 이러한 재생산기술은, 여성이 생리적으로 임신하고 출산하고 수유하는 것과 사회적으로 아이를 양육하는 '어머니 됨'/'모성'과 가장 직접적으로 관련되는 생명공학 분야이다.

---

12) 오조영란, "페미니즘으로 본 의료와 여성의 건강," 『남성의 과학을 넘어서: 페미니즘의 시각으로 본 과학·기술·의료』, 오조영란·홍성욱 엮음 (서울: 창작과 비평사, 1999), 71-112. 오조영란은 재생산기술을 미쉘 스탠워스와, 로렌스 케플렌과 로즈마리 통의 분류에 따라 소개하였다.

Ⅲ. 출산테크놀로지, 강요된 모성 그리고 성찰적 모성

　우리의 어머니, 할머니 세대와는 달리, 오늘날 병원출산은 보편적인 현상이며 소위 정상적인 방법으로 간주된다.13) 임신과 출산은 지난 한 세기 동안 가장 급격하게 의료화된 분야 중의 하나로 평가된다. 임신을 하는 순간, 아니 임신을 계획하는 순간부터 아이를 낳을 때까지 전 과정이 의료의 대상이 된다. 출산의 이러한 의료화가 진행됨에 따라 이에 대한 상반된 평가가 뒤따랐다. 그 하나는 긍정적인 시각으로서, 출산의 의료화가 원시적인 출산풍습으로부터 과학적이고 안전하며 위생적인 현대의학으로의 진보라는 평가이다. 다른 하나는 부정적인 시각으로서, 산모가 중심이 되고 여자 친지, 이웃, 조산사 등이 참여하는 여성들만의 의식적인 행사였던 출산의 경험이 병원이라는 낯선 장소에서 낯선 사람들에 의해 산모가 소외되는 경험으로 바뀌었다는 평가이다.14) 나는 이 두 가지 상반된 평가의 어느 한쪽에만 동의할 수 없다. 6살과, 2살 된 두 아이의 엄마인 나는 출산의 의료화를 수용하여 그 과정을 따랐다. 그러나 전 과정을 수동적으

---

13) 요즘 병원출산이 아닌 대안적 출산 방법을 선택하는 사람들이 조금씩 늘어나고 있기는 하지만, 비율로 따져보면 매우 미미한 수준이다. 대안적 출산 방법은 언론운동가 최민희 씨의 대안적 출산·육아 경험담을 통해 알려지게 되었다. 최민희 지음,『황금빛 똥을 누는 아기』(서울: 다섯수레, 2001).
14) 오조영란, 91.

로 따르지는 않았다. 또한 출산의 의료화에 대한 부정적인 평가에서 말한 것처럼, 산모로서 나는 소외되는 경험—더 정확히 말하면 비인간화되는 경험—을 하였다.

이제 나는 출산의 의료화를 수용하여 출산테크놀로지의 적용대상이었던 나의 직접적인 경험과 몇몇 지인들을 통해 접한 간접적인 경험을 중심으로 글을 전개하려고 한다. 서랍 깊숙이 넣어두었던 산모수첩을 꺼내보며 기억과 분석과 성찰을 시작한다. 한 가지 밝혀둘 것은 출산테크놀로지 중에서 임신 보조기술은 다루지 않을 것이다. 그 이유는 두 가지이다. 하나는 이 글의 서두에서 언급한 것처럼 나의 경험과 관련하여 글을 전개하려는 취지 때문이고, 다른 하나는 임신 보조기술이라는 주제 하나만으로도 논문 한편을 써야 할 만큼 큰 주제이기 때문이다. 다음에 기회가 주어진다면 이 주제에 대해서는 경험자들의 심층면접을 토대로 글을 써보고 싶다.

1. 산전 관리기술

1) 기형아 검사 / 양수검사

나는 소위 결혼 적령기라는 나이를 훌쩍 넘긴 35살에 결혼하여 첫 아이는 36살에, 둘째 아이는 40살에 낳았다. 내 남편과 나는 우스갯소리로 첫 아이를 '신의 아들', 둘째 아이를 '사람의 아들'이라고 부른다. 첫 아이는 우리 부부의 계획과 아주 무관한 건 아니었지만 예상보다 빨리 들어섰기 때문에, 둘째 아이는 철저한 계산과 계획 하에 가졌기 때문이다. 첫 아이를 임신했을 때부터 나는 고위험 임신부로 분류되었다. 세계보건기구(WHO)의 기준상 35세 이상의 나이에 첫 임신을 한 '고령 임신'이었기 때문이다. 나는 초기에는 별다른 문제의식 없이 출산의 의료화를 수용하였다. 여러 가지 조건에 가장 부합한 병원을 선택하여 산전 진찰을 착실하게 받았다.[15]

문제가 된 것은 임신 16주, 그러니까 만 4개월 때였다. 의사는 나에게 정해진 코스인 것처럼 기형아 검사를 받으라고 하였다.[16] 나는 의사에게 결과를 언제 알 수 있느냐고 물었고, 한 달 뒤라는 답변을 들었다. 나는 또 의사에게 결과가 나온 뒤의 과정에 대해 물었다. 그러자 의사는 약간은 망설이면서 부모의 선택에 달려있다고 하였다. 그 짧은 순간, 번뜩 드는 생각이 '이건 아니다'였다. 첫 아이를 임신했을 때, 나는 솔직히 낳을까 말까를 고민했었다. 임신 초기에 해당하는 시기에 나는 주당 무려 23시간 강의를 맡아 놓은 상태인데다가, 내가 살고 있는 대구를 포함해서 서울, 대전, 부산 등지를 돌아다녀야 했고, 출산예정일이 학기 중간이어서 한 학기를 포기해야만 했기 때문이다. 아기의

---

15) 병원에서 권장하는 산전 진찰 횟수는 임신 7개월까지는 월 1회, 8-9개월에는 2주에 1회, 10개월째에는 매주 1회이다.

16) 이 시기에 받는 검사는 '트리플 마크' 검사라는 것인데, 이 검사를 통해 태아의 척추 기형이나 기타 몇 가지 선천성 기형을 알 수 있으며, 다운증후군과 같은 염색체 이상의 위험도가 높은 산모를 선별하여 양수검사를 받게 한다.

건강과 나의 불안정한 시간강사 신분을 고려할 때, 아기를 낳는다는 것이 무리라고 생각되었다. 남편은 나의 생각을 따르겠다며, 모든 결정을 나에게 일임하였다. 그때 내가 아이를 낳기로 결심하는 데에 가장 큰 힘과 위로를 준 사람은, 그때 당시 나와 함께 여성신학 스터디를 하던 사람들 중 한사람17)이었다. 하나님께 모든 것을 맡기기로 결심하고 임신사실을 주위에 알리면서 나의 '어머니 됨'을 받아들이게 되었다. 그러면서 뱃속의 아이와 관계를 맺기 시작했다. 그런데, 기형아 검사를 받고 그 결과에 따라 알아서 선택하라니 기가 막힐 노릇이었다. 나는 의사에게 되물었다. 기형아 검사가 의무적인 것이냐고. 그러자 의사는, 선택적인 것이지만 나중에 기형아 출산의 책임을 의사에게 물을까봐 거의 의무사항인 것처럼 말한다고 하였다. 나는 단호하게 검사를 받지 않겠다고 하였다. 의사도 남편도 당황하였지만, 나의 태도를 존중해 주었다. 만일 그때 나를 담당하던 의사가 의료계의 관행과 실정에 훤한 노련한 의사였다면 기형아 검사를 강력하게 주장하였을 것이지만, 그 병원에 갓 부임한 의사였기에 내 주장을 관철할 수 있었다.

고령 임신을 한 몇몇 지인들의 이야기를 들어보니, 선택적인 사항인 기형아 검사를 거의 의무적으로 받았으며 그 결과에 따라 양수검사18)까지 받았다고 한다. 그때 이후로 나의 기도내용

---

17) 이름은 '이유일'이고 신학을 공부했으며 세 아이의 엄마이고 목사의 아내이며 지금은 울산에서 열심히 살고 있다.

이 바뀌었다. 그전에는 소위 건강한 아이를 낳게 해 달라고 기도했지만, 그 이후로는 나에게 어떤 상황이 닥치더라도 감당할 수 있는 믿음을 달라고 기도하였다. 둘째 아이를 임신했을 때 나는 아예 처음부터 의사에게 최소한의 검사 외에는 어떠한 검사도 받지 않겠다고 선언하였다. 다행히 그 의사는 나의 의견을 존중하여 최대한 도와주겠다고 약속하였고 부분적으로 이행하였다.

기형아 검사와 그 결과에 따른 선택적 유산에 이르기까지의 일련의 과정은 생명공학 시대의 우리 사회의 세계관을 극명하게 반영한다. 검사를 통해 염색체 이상으로 밝혀지면, 현상적으로는 부모의 자발적 선택에 맡기지만 실은 그 선택이라는 것이 사회적 통념으로부터 자유롭지 못하기에, 많은 경우 선택적 유산으로 가게 된다. 이는 유전자가 모든 것을 결정한다는 생명공학의 세계관이, 소위 건강한 아기를 낳아야 한다는 우리 사회의 가치와 결합한 결과이다.

2) 초음파 검사

산전 진단기술 중에서 가장 보편적으로 거부감 없이 시행되는 것은 초음파 검사이다. 초음파 검사를 통해 희미하게나마 뱃속의 아기를 눈으로 확인할 수 있기에, 산전 진찰 때마다 임신부와

---

18) 보통 염색체 검사라고도 하는 검사로, 트리플 마크 검사에서 이상소견이 있거나 기형의 위험이 높은 35세 이상의 임신부에게 시행하는 검사이다. 이 검사는 그 자체로도 매우 위험한 검사라고 알려져 있다. 그러므로 임신부는 검사 도중 발생하는 어떠한 사고에 대해서도 의사의 책임을 묻지 않는다는 각서를 검사 전에 써야 한다.

그 가족들의 기대와 호응을 받는 검사이다. 더구나 거의 모든 병원에서는 아기의 모습을 담은 초음파 사진을 출력해서 주기까지 한다. 산모수첩에는 초음파 사진을 붙이는 칸이 따로 있을 정도이다. 초음파 검사를 통해 아이의 모습을 처음 본 순간 나는 솔직히 신기하고 경이로웠다. 임신 초기의 여러 증상들을 통해 임신을 실감하기는 하지만, 본격적인 태동이 있기까지는 순간순간 임신사실을 잊어버릴 때도 있다. 그런데, 눈으로 확인한 아이의 모습은 비록 희미하기는 하지만 나의 임신 사실을 확실하게 상기시켜 주었다.

임신 중기 이후로 갈수록 초음파 검사에 의존하는 나를 발견할 수 있었다. 기형아 검사를 거부했지만, 마음 한 구석에 있는 걱정을 초음파 검사 결과를 통해서 위로받았던 것 같다. 왜냐하면, 초음파 검사를 통해서 태아의 위치나 크기, 태반의 위치, 양수의 양, 분만예정일, 태아호흡운동과 같은 태아의 건강상태 및 여러 가지 기형을 알 수 있기 때문이다. 결국 나는 수많은 다짐과 기도를 했음에도 불구하고, 소위 정상적이고 건강한 아기를 낳아야 한다는 사회적 압박으로부터 완전히 자유롭지 못했던 것이다.

둘째 아이를 가졌을 때는 첫 아이 때와 사뭇 달랐다. 첫 아이 임신·출산의 경험도 있었지만 임신 초기에 입덧을 너무 심하게 해서 임신한 사실을 잊을래야 잊을 수가 없었기 때문에, 초음파 검사가 주는 감동이 훨씬 덜했다. 오히려 담당의사가 나의 무성

의한 태도를 걱정하면서 꼼꼼하게 초음파 검사를 해 주었다.[19]

돌이켜 생각해 보건대, 첫 아이 때는 아기와 엄마가 연결되어 있다는 사실을 나 스스로 인정하고 실감하기도 전에, 초음파 검사를 통해 확인받았던 것 같다. '어머니 됨'/'모성'을 여성 스스로 체득하기도 전에 타의에 의해 요구받은 것이다. 앤 오우클리 (Ann Oakley)는 이러한 나의 경험과 성찰을 객관화하는 데 도움을 준다.

> 산모는 초음파검사를 통해 자신의 아이를 사회적으로 대면할 중요한 기회를 얻게 되며 이를 통해서, 바라건대, 아이를 기생물이 아닌 동반자로 보게 된다. 검사하는 의사와 기술자들은 산모에게 아이를 보여줌으로써 일찌감치 아이와 유대를 맺게 할 좋은 기회를 갖는다. 이것은 산모가 태아를 배려하며 행동하도록 도와줄 것이다.[20]

초음파 검사는, 그것이 나에게 준 감동을 전혀 배제할 수는 없지만, 아기와 엄마인 나의 유기적 관계를 나 스스로의 느낌 보다는 초음파 기술이 확증해 주는 대로 암묵적으로 따르도록 한

---

19) 나중에 진료청구서를 보고 알았지만 일반적으로 받는 초음파 검사보다 더 정밀한 대신에 고비용의 검사였다.

20) Ann Oakley, *The Captured Womb* (London: Blackwell, 1989). 반다나 시바, "환원주의와 재생: 과학의 위기," 『에코페미니즘』, 마리아 미스·반다바 시바 지음, 손덕수·이난아 옮김 (서울: 창작과 비평사, 2000), 43에서 재인용.

다. 태아의 성장상태에 대한 여성 자신의 경험을 믿지 못하고 모니터에 나타난 과학적 자료에 더 의존하게 만든다는 것이다.[21) 본래 초음파 기술은 해군의 해저탐사 기술에서 유래하였으며, 그 위험에 대한 사전 검토 절차 없이 곧바로 일상적인 임신진단 기술로 투입되어 사용되다가 무려 15년이나 지난 1980년에야 그것의 잠정적 위험에 대한 검토가 시작되었다. 이러한 사실은 출산테크놀로지가 얼마나 성급하게 여성의 몸에 적용되었는지를 단적으로 보여준다. 그럼에도 불구하고, 초음파 검사기술은 산부인과 의사나 과학자들로 하여금 자신들의 연구를 시각적으로 직접 체험할 수 있게 해준다는 점 때문에 적극적으로 도입된 기술이다.[22) 또한, 초음파 검사는 소위 비정상적인 아기가 태어났을 때 가해지는 사회적 비난을 미연에 방지해 주는 역할을 하기 때문에 의사와 임신부가 선호하는 기술이다.[23) 결국, 이러한 초음파 검사 기술은 임신부와 태아에게 미치는 악영향이 검증되지 않았을 뿐만 아니라, 임신부로 하여금 자신의 경험적 지식을 하찮은 것으로 덜 정확한 것으로 폄하하게 만들며, 소위 정상적

---

21) 주디 와츠맨 지음,『페미니즘과 기술』, 조주현 옮김 (서울: 당대, 2001), 133-134.

22) 박진희·홍성욱, "여성과 기술: 생물학적 결정론과 사회적 결정론을 넘어,"『남성의 과학을 넘어서: 페미니즘의 시각으로 본 과학·기술·의료』, 오조영란·홍성욱 엮음 (서울: 창작과 비평사, 1999), 113-139.

23) Susan Sherwin, "Normalizing Reproductive Technologies and the Implications for Autonomy," *Globalizing Feminist Bioethics: Crosscultural Perspectives*, ed. by Rosemarie Tong with Gwen Anderson and Aida Santos (Westview Press, 2001), 96-113.

이고 건강한 아기를 낳아야 한다는 모성 이데올로기를 은연중에 내면화하게 만든다.

2. 분만기술

나는 두 아이를 낳은 후 산후조리원에서 몸조리를 하였다. 두 번 다 3주 동안 있으면서, 그곳에 있는 산모들과 돈독한 유대 관계를 가졌다. 그들 중 몇 명과는 지금도 소식을 주고받고 있다. 산모들의 바깥출입은 물론 방문객의 방문도 엄격하게 규제되는 그곳에서의 생활은, 산모의 건강을 위해 자유를 일정정도 저당 잡힌 것이었다. 낯가림의 시간이 조금 지나고 몸을 어느 정도 추스를 수 있게 되면, 산모들은 자신들의 무용담을 앞 다투어 늘어놓는다. 그것은 아기를 낳을 때 얼마 동안 진통했으며, 어떤 방식으로 분만했는지—자연분만을 했는지 제왕절개수술을 했는지—에 대한 것이다. 개인차가 있기는 하지만, 앉고 일어서는 모습이나 걷는 모습을 보면 대개 어떤 방식으로 분만했는지를 짐작할 수 있었다. 그러므로 산모들의 관심은 자연분만을 한 사람에 대해서는 얼마나 빨리 낳았는지, 수술을 한 사람에 대해서는 왜 수술을 했는지에 쏠려 있었다. 가장 부러움을 받는 사람은 단연 자연분만을 하되 진통을 오래 하지 않고 빨리 낳은 사람이다. 가장 동정표를 받는 사람은 진통은 진통대로 다 겪고 결국은 제왕절개수술로 분만을 한 사람이다. 나는 부러움을 받는 쪽에 속했

다.24)

제왕절개수술로 분만한 산모들은 자연 분만한 산모들을 부러워했는데, 왜냐하면 자연 분만한 경우 산후 회복이 빠르기 때문이다. 또 한 가지 이유는 제왕절개수술로 분만할 경우에는 분만 시 산모들의 느낌과 의지가 전혀 반영되지 않기 때문에 분만의 주체임에도 불구하고 방관자가 될 수밖에 없었다는 것이다. 그런데 내 경험에 비추어 볼 때, 자연분만의 경우도 그다지 산모의 '분만 주체됨'이 인정되지 않았던 것 같다. 또한 '자연' 분만이라는 말도 적절한 표현이 아니라고 생각한다. 오늘날과 같이 출산의 의료화가 보편화된 현실에서, 병원에서의 자연분만은 실상은 인위적인 기술적 개입을 배제할 수 없기 때문이다.

나는 첫 출산의 경우, 고령초산임에도 불구하고 경미한 진통을 제외한 참기 어려운 진통을 3시간 쯤 겪다가 아이를 낳았다. 새벽에 경미한 진통을 느껴서 병원에 갔더니, 내진 결과 분만과정이 시작되었다기에 입원을 하였다. 처음인지라 어리둥절한 상태에서 간호사의 지시에 따라 옷을 갈아입고 분만대기실에 누웠다. 내 의사도 묻지 않고 링겔을 맞게 했다. 나중에 알고 보니 자궁수축을 촉진시키는 분만촉진제였다. 분만과정이 자연적으로

---

24) 첫 아이를 임신했을 때, 주위 사람들로부터 내 나이를 고려해서 제왕절개수술을 받아야하지 않겠냐는 이야기를 많이 들었다. 그러나 담당의사는 개인차가 있기에 무조건 수술해야 하는 것은 아니라고 말했다. 나와 내 남편은 아기의 머리가 커서 자연분만을 할 수 있을까 걱정했는데, 분만예정일 한 달 전에 받은 골반검사 결과 자연분만이 가능하다는 의사의 소견을 들었다.

진행되기를 기다리다가는 병원운영의 수지타산에 지장이 생기기에, 분만과정을 인위적으로 앞당기는 병원의 당연한 관행이었던 것이다. 본격적인 진통이 시작되면서 몸을 가누기가 힘들어지고 신음소리가 커지게 되자 간호사의 제지를 받았다. 미리 관장을 하고 배변을 했지만 후속 배설이 있어서 간호사의 도움을 받을 수밖에 없었다. 간호사는 내가 얼마나 고통스럽고 민망해하는지는 아랑곳 않고 마치 물건 다루듯이 나를 대하였다. 그 고통스러운 와중에도 나는 인간으로서의 모멸감을 느꼈다.

자궁 문이 완전히 열렸다는 내진 결과에 따라 나는 분만실로 옮겨졌다. 산전 진찰 내내 거의 함께 했던 남편이 동행했다. 나는 분만용 침대에 눕혀졌고 두 다리를 벌려 발걸이에 발을 얹고 손은 손목걸개가 달린 손잡이를 잡게 하였다. 그것은 "여성 스스로 아이를 낳기 위해 힘쓰는 것을 가능한 한 무력하게 만들기 위한 의도에서 고안되었을 수 있는 자세"[25]였다. 힘을 언제 어떻게 주어야 할지 제대로 모르는 상태에서, 의사와 간호사의 지시를 받을 수밖에 없었다. 진통의 와중에 의사는 원활한 분만을 위해서 회음부 절개를 하겠다고 했으며 나와 남편은 순순히 응했다. 몇 분이 지난 후, 의사는 아기가 자궁 문에서 멀리 있고 아기의 머리가 커서 쉽지 않겠다면서 '흡착기'를 사용하겠다면서 흡

---

25) J. Donnison, *The Midwives and Medical Men: A History of Inter-Professional Rivalries and Women's Rights* (London: Heinemann). 주디 와츠맨, 『페미니즘과 기술』, 125에서 재인용.

착기 사용에 따른 위험이나 부작용에 대한 설명은 생략한 채 우리의 동의, 아니 남편의 동의를 구했다. 초죽음이 된 나를 지켜본 남편은 앞뒤 따져볼 겨를도 없이 동의를 강요받았던 것이다.26) 압축기의 위력은 대단하였다. 결국 아기는 흡착기에 머리가 빨려서 순식간에 태어났다. 아이는 며칠 간 머리끝이 뾰족하게 솟아 있었다.

흡착기 사용은 아기가 스스로 내려오기를 기다릴 수 없는, 아니 기다려주지 않는 의사의 결정이었다. 그러한 결정에는 두 가지 이유가 있었던 것으로 보인다. 하나는 분만의 전 과정은 전문가인 의사의 통제 하에 있어야 한다는 것이고, 다른 하나는 병원운영이라는 이해관계가 얽혀 있었을 것이다. 자연분만의 경우 분만과정에 있어서 의사의 역할은 그다지 크지 않다. 태아의 역할이 90 %, 산모의 역할이 10 % 라고 한다. 그런데 의사는 태아와 산모가 자신들의 역할을 최대한 다할 수 있도록 기다려주고 혹시 모를 위험상황에 대비하기 보다는, 병원운영의 이해관계에 얽매여 '충분한 설명에 입각한 동의'를 구하지 않은 채 흡착기 사용 결정을 내린 것이다. 다른 한편으로 생각해 보면, 더 위험한 상황으로 가기 전에 흡착기 사용 결정을 내린 것으로 볼 수도 있고 제왕절개수술까지는 권유하지 않았으니, 의사를 일방적

---

26) 이것은 '충분한 설명에 입각한 동의'(informed consent)가 아니었다. '충분한 설명에 입각한 동의'에 대한 자세한 설명은 토마스 A. 쉐넌, 『기초생명윤리학』, 구미정·양재섭 공역 (대구: 대구대학교 출판부, 2003), 38-42를 참고하라.

으로 비난할 수는 없기도 하다. 그러나 그 무렵 그 병원의 제왕절개수술 비율이 전국 등위권 이내에 든다는 비난성 보도가 있었던 터라, 그것을 의식한 의사가 나름대로의 절충 방법을 택했던 것으로 판단된다.

아기가 뱃속에서 쑥 빠져나가고 난 뒤 나는 허탈감과 추위 때문에 몸을 심하게 떨었다. 아기를 잠깐 보여준 후, 의사는 태반 배출을 확인하고는, 이미 절개했던 회음부를 봉합하기 시작하였다. 단 몇 분 동안이었고, 아무런 마취 없이 진행되었기 때문에 지금도 그 상황이 또렷하게 기억난다. 의사에게 내 몸은 마치 물건이나 다름없어 보였다. 의사가 간호사들에게 바늘이 구부러졌는데 다른 바늘이 없냐고 물었더니 없다고 하자, 그냥 해야겠다면서 그 구부러진 바늘로 내 상처 부위를 꿰매었다. 그 대화를 들은 나는, 안 그래도 허탈감과 추위 때문에 떨고 있던 차에, 불안감과 모멸감에 몸을 더 떨 수밖에 없었다. 무어라 항변도 못한 채.

첫 아이를 출산하고 3년 후 둘째 아이를 낳았는데, 둘째 아이 출산 때는 첫 아이 때와 다른 경험을 하였다. 같은 병원에서 같은 의사의 도움을 받았지만, 사회적 인식의 변화와 병원들 간의 경쟁 덕분에, 첫 아이 출산 때와는 사뭇 다른 '인간적' 대접을 받았다. 분만대기실에서도 분만실에서도 큰 변화를 경험하였다.[27] 당연히 누려야 할 권리였지만, 감사했다.

---

27) 여전히 분만 촉진제 투여나 회음절개에 대한 동의를 구하지는 않았다. 나도 그에 대

여기서 내가 말하고 싶은 것은, 비인간적인 분만경험을 이유로 출산의 의료화를 거부하자는 것이 아니다. 주디 와츠맨(Judy Wajcman)은, "출산은 모든 사회에서 사회적으로 통제되었다"는 샐리 매킨타이어(S. Macintyre)의 주장28)에 근거하여, 남성이 의료영역을 장악하기 전에는 출산은 안전하고 소외된 경험이 아니며 순수하게 '자연적인' 생물학적 과정이었고, 여성 산파와 친척들이 출산과정에 참석하여 호의와 도움을 주었다고 추측하거나 가정하는 것을 비판한다. 그러므로 남성적으로 '기술화된' 출산방식과 여성들의 '자연스러운' 출산방식을 대비하는 것은 논점을 벗어나는 것이라고 와츠맨은 주장한다.29) 나는 와츠맨의 이러한 주장에 동의한다. 출산의 의료화가 보편적인 현실에서, 대안적인 분만방식을 선택하지 않는 한, 소위 비전문가인 임산부가 소위 전문가인 의료진의 서비스와 조언을 받되, 어떻게 하면 강요된 '어머니 됨'/'모성'을 비판하고 주체적 '어머니 됨'/'모성'을 만들어 갈 수 있을까를 모색해 보는 것이 나의 관심사이기 때문이다.

한 문제제기를 하지 않았다.

28) S. Macintyre, "Childbirth: the Myth of the Golden Age," *World Medicine* 15 (June): 17-22.

29) 주디 와츠맨, 『페미니즘과 기술』, 129.

3. 누가, 어떻게, Homo novus[30]를 탄생시킬 것인가?

잡다한 비(卑)금속들을 섞어서 귀(貴)금속인 금으로 변화시키려 한 고대의 연금술처럼, 생명의 연금술이라 일컬어지는 생명공학은 생명을 조작하고 복제함으로써 유전자적으로 완벽한 '새 인간'(Homo novus)을 만들려고 하고 있다. 생명공학의 관점에서 볼 때, 인간 삶의 질을 좌지우지하는 것은 유전자다. 유전자가 모든 생명현상을 결정한다고 보기 때문이다. 그러므로 생명공학은 유전자 정보를 해독하여 결함 유전자를 치료하고 더 나아가 인공 유전 형질을 주입함으로써 완벽한 인간, 즉 Homo novus를 만들 수 있다고 한다. 이런 상황에서 유전자 검사가 유행하고 의무화될 날이 올지 모른다. 아니, 거의 의무화에 가까운 상황으로 몰아가고 있다. 또한 결함 유전자를 치료하지 않고 그대로 보유하고 있는 사람을 비난의 눈길로 보게 될지도 모르겠다. 유전자 형질에 따른 차별현상이 야기될 수도 있을 것이다. 영화 〈가타카(Gattaca)〉[31]나 〈아일랜드(The Island)〉[32]는 바로 그러한 미래를 가상적으로 보여주고 있다.

이러한 생명공학 시대에 여성들은 Homo novus를 낳고 Homo novus로 키우라는 유형무형의 사회적 압력을 받고 있

---

30) 라틴어로 '새 인간'을 뜻한다.
31) 미국 / 앤드류 니콜 감독, 1997년.
32) 미국 / 마이클 베이 감독, 2005년.

다. 생명공학의 유전자 환원주의와 우리 사회의 엘리트주의가 결합된 모성 이데올로기가 달콤한 신화로 윤색되어 여성들을 유혹하고 있다. 새로운 형태의 '어머니 됨'/'모성'을 내면화하도록 강요당하고 있는 것이다.33) 그 와중에 여성의 몸과 삶은 Homo novus의 생물학적 탄생과 사회적 양육의 도구로 전락해 가고 있다면 지나친 표현일까? 그러한 사회적 압력에 대해 개인적으로 저항하기란 그리 쉬운 일이 아니다. 여성들이 주체적인 모성을 형성해 나가기가 쉽지 않다는 것이다. 그러한 개인에게 가해질 위험과 부당함과 불리함이 결코 만만치 않기 때문이다. 그렇다면 어떤 방법이 있을까? 구체적인 방법으로, 여성단체들이 주체가 되어 '생명공학적 출산테크놀로지 합의회의'를 개최하는 것을 제안해 볼 수 있겠다. '합의회의'란 기술영향평가의 새로운 방법으로서, 해당 이슈에 대해 전문가 패널과 시민 패널이 모여 합의를 통해 최종적으로 선언문을 발표하는 것이다. 우리나라에서는 1999년 9월에 유네스코 한국위원회 주관으로 '생명복제기술 합의회의'가 열린 적이 있다.34)

"할 수 있으면 해야 한다"는 과학기술 시대의 대전제가 구체적으로 가시화되는 현실 속에서, 나는 많은 여성들이 경험적으로 그 전제에 대항할 수 있으리라고 생각한다. 생물학적으로 '어머니 됨'의 경험이 있는 여성은 자신이 아기와의 유기적 존재임

---

33) 모성 이데올로기가 여성에게 내면화되어 나타난 것이 '모성 콤플렉스'이다.
34) 이에 대한 자세한 내용은 http://www.unesco.or.kr/cc 를 참고하라.

을 알고 있다. 그래서 할 수 있다고 다 할 수 있는 것이 아니라, "할 수 있어도 하지 않는다"는 것을 말할 수 있다. 사회적으로 '어머니 됨'의 경험이 있는 여성은 아이를 양육하면서 '기다림'과 '인내'의 도를 조금씩 알게 된다. 그러므로 "할 수 있어도 할 수 없다"를 고백할 수밖에 없다. 나는 많은 여성들에게서 성찰적 모성을 통해 새로운 'Homo novus'를 탄생시킬 가능성을 본다. 그 여성들은 "다른 사람들에게 생명을 주고 모두가 살도록 하기 위해서" 자신을 다른 사람에게 내어주는 "동정적인(compassionate) 영성"35)을 가지고 있는 것으로 보인다. 이 영성은 아이를 낳고 먹이며 돌보는 여성들의 경험에서 나온 것이다. 이 경험은 남성들이 규정한 '어머니 됨'/'모성'이 아니라 여성들이 직접 체험하고 성찰하여 자기 것으로 긍정한 '어머니 됨'/'모성'이다. 이러한 성찰적 '어머니 됨'/'모성'은 "자연의 고통을 들을 수 있는 여성적 집중력, 여성의 몸과 아이들과 소외된 이웃들의 고통 때문에 불가능한 것을 인정하는 '창조적 포기', 절제, 비움"36)이다.

---

35) Mary John Mananzan and Sun Ai Park, "Emerging Spirituality of Asian Women," *With Passion and Compassion: Third World Women Theology Doing Theology*, eds., Virginia Fabella, M. M. and Mercy Amba Oduyoye (Maryknoll, New York: Orbis Books, 1990), 77-88.

36) 이은선, "21세기와 한국 여성신학," 『포스트모던 시대의 한국 여성신학』 (왜관: 분도출판사, 1997), 221-245.

V. 나오는 말

나에게 '어머니 됨'/'모성'은 이중적인 의미로 다가온다. 하나
는 기쁨, 삶에의 의지이며, 다른 하나는 좌절, 희생, 부담이다.
전자는 내가 적극적으로 주체적으로 '어머니 됨'/'모성'을 경험했
을 때 느끼는 것이라면, 후자는 '어머니 됨'/'모성'이 나에게 부과
되는 의무로서 주어질 때 느끼는 것이다. 이 글에서는 내가 생물
학적 '어머니 됨'/'모성'을 통해 경험한 것을 분석하면서 나의 성
찰적 '어머니 됨'/'모성'을 모색해 보고자 하였다. 언젠가 기회가
된다면, 경험과 성찰의 과정 중에 있는 나의 사회적 '어머니 됨'/
'모성'의 경험도 여성신학과 페미니스트 윤리로 풀어보고 싶다.
"아무거나 넣지 않겠다. 나도 이제 엄마니까!"의 완결편은 생물
학적 '어머니 됨'/'모성'과 사회적 '어머니 됨'/'모성'을 아우를 때
나올 것이기에.

죽음의 인간화를 위한
생명윤리적 접근
─ 죽음의 정의와 안락사 문제를 중심으로

Ⅰ. 들어가는 말: 자연스러운 죽음?

우리는 어떤 죽음을 원하는가? 부음을 듣고 문상을 할 때, 우리는 소위 '호상'(好喪)이다 아니다 라는 말을 하곤 한다. 그때, '호상'의 기준은 무엇인가? 통념적으로, '큰 병고 없이 수(壽)를 다 했을 때'를 가리켜 호상이라고 한다. 좀 더 구체적으로 말하자면, 평균 수명 또는 그것을 약간 웃도는 나이에 가족들이 지켜보는 가운데 죽은 경우이다. 반면에 돌연사나 사고사, 객사 그리고 불치병으로 인해 수를 다하지 못하고 죽었을 때, 우리는 호상이라는 말을 쓰지 않는다. 두 경우 모두 유족들의 슬픔이 크겠지만, 호상의 경우는 죽은 이와 더 이상 함께 하지 못함에서 오는 아쉬움이 큰 비중을 차지하는 슬픔이라면, 호상이 아닌 경우는 죽은 자에 대한 동정과 애석함이 큰 슬픔일 것이다.

호상 개념의 이러한 통념적인 이해는 생물학적인 생명의 자연적 소진과 그에 따른 인격적 관계의 자연적 중지를 함축하기에, 우리로 하여금 호상의 경우를 '자연스러운 죽음'의 전형으로 생각하게 한다. 그러나 오늘날 의료기술의 발전은 우리가 통념적으로 생각하고 있는 호상 개념과 자연스러운 죽음에 대한 이해를 수정하도록 요구한다. 이러한 현대의 상황을 가리켜 다니엘 칼라한(Daniel Callahan)은 현대의 죽음이 '난폭한 죽음'(wild death)의 특징을 나타낸다고 말한다. 난폭한 죽음이란, 죽음의 수단이 기술과 제도에 둘러싸여 있어서 우리가 죽음을 통제할 수 없는 것을 의미한다.1) 필자는, 의료기술의 발전이 우리로 하여금 소위 자연스러운 죽음이라는 것이 무엇이며 과연 가능한가라는 의문을 새롭게 제기하도록 하였으며 안락사 문제에 대해서는 우리 모두를 '덫'에 빠뜨렸다고 본다.

이 글에서 필자는 의료기술의 발전에 따라 논란이 되고 있는 죽음의 다양한 정의와 기준이 안락사 문제와 어떻게 관련되는지를 분석함으로써 '죽음의 인간화'를 모색하고자 한다. 이를 위해 먼저 죽음을 바라보는 다양한 시각을 고찰하고, 안락사 문제를 죽음의 정의와 연관시켜 논의한 후, 안락사 문제가 결국은 '죽게

---

1) Daniel Callahan, *The Troubled Dream of Life: Living with Morality* (New York: Simon and Schuster, 1991), Thomas A. Shannon, *An Introduction to Bioethics*, 구미정·양재섭 옮김, 『기초 생명윤리학』 (경산: 대구대학교출판부, 2003), 102에서 재인용.

만드는 것'의 맥락이 아니라 '인간답게 죽도록 도와주는 것'의 맥락에 있어야 함을 강조할 것이다.

Ⅱ. 죽음을 바라보는 다양한 시각

1. 죽음, 과정인가 사건인가?

생물학적으로 죽음이란 한 순간에 갑자기 일어난 사건이 아니라 하나의 과정이라고 할 수 있다. 죽음은 뇌 일부 혹은 전부의 활동 정지에서부터 시작되어 심장 박동이나 호흡의 정지를 거쳐 세포의 활동 정지에 이르는 일련의 과정을 일컫기 때문이다. 그러나 현실적으로 우리 사회에서 죽음은 하나의 사건이고 사건이어야 함을 요구받고 있다. 그 사건을 기점으로 의학적, 법적, 사회적, 종교적으로 여러 가지 절차와 의식을 행하고 있기 때문이다. 그러므로 죽음은 죽어가는 과정 중의 어느 한 시점을 포착하여 '죽었다'라고 선언한 그 순간을 의미한다. 그렇다면 죽었다고 말하는 기준, 즉 죽음의 기준은 무엇인가? 죽음의 기준은 죽음이 의미하는 바를 무엇으로 보느냐에 따라 달라진다.

2. 죽음의 정의와 기준

컬버와 거트(C. M. Culver & B. Gert)는 죽음의 개념을 죽음의 정의, 죽음의 기준, 죽음의 테스트라는 세 가지 요소로 나누어 설명한다. 죽음의 정의는 죽음이란 무엇인가에 대한 답이고, 죽음의 기준이란 죽은 자와 산 자를 구분해 주는 표준이 무엇인가에 대한 답이며, 죽음의 테스트는 죽음의 기준이 충족되었다는 것을 입증해 주는 시험 조건들은 무엇인가에 대한 답이다. 컬버와 거트에 의하면, 죽음을 정의하는 일은 주로 철학적 과제이며, 죽음의 기준을 제시하는 일은 주로 의학적인 과제이고, 그 기준의 충족 여부를 입증하는 시험 조건들을 선택하는 일은 전적으로 의학적인 일이라고 한다.2)

죽음이란 무엇인가? 죽음에 대해서는 관점에 따라 여러 가지 정의가 가능하다. 물리학적으로 말하면 심장 고동이 멈출 때 죽었다고 하며, 영적인 관점에서 보면 죽음이란 영혼과 육체의 분리를 의미한다. 심리학적인 용어로는 인간이 완전히 자기 자신 속에 몰입되어 어떠한 인간적인 접촉도 원하지 않을 때 죽었다고 한다. 두뇌 활동이라는 관점에서 보면 전기 뇌파계에 두뇌의 활동이 전혀 기록되지 않을 때 죽었다고 하며, 세포학적인 정

---

2) C. M. Culver & B. Gert, "The Definition and Criterion of Death," *Biomedical Ethics,* eds. T. A. Mapps & J. S. Zembaty (N. Y.: McGraw-Hill Inc., 1991); 391, 김상득 지음, 『생명의료 윤리학』(서울: 철학과 현실사, 2000, 2001), 332-333에서 재인용.

의에 따르면 신체가 지닌 물질의 기본적인 신진대사작용이 해체되거나 파괴될 때 죽었다고 한다.3) 이러한 다양한 관점에서의 죽음의 정의를 아우르는 형식적인 정의를 하자면, 죽음이란 "생명체에 있어서 완전한 변화를 의미하는데, 이 변화의 특징은 그 생명에 본질적으로 중요한 특성들이 회복될 수 없을 정도로 상실된 것"4)이다. 이 정의에서 '완전한 변화'는 '근본적인 변화'로 보아도 무방할 것이다. 왜냐하면 그 변화는 생명에 본질적으로 중요한 특성들이 회복될 수 없을 정도로 상실된 것을 특징으로 하기 때문이다.

산 자와 죽은 자를 구분하게 해 주는 가장 근본적인 변화는 무엇인가? 첫째, 인격적인 측면에 초점을 맞추어 인격체로서의 기능을 불가역적으로 상실하는 것을 죽음으로 보는 입장이 있다. 둘째, 생물학적인 측면에 초점을 맞추어 한 개체로서의 생물학적 통합 기능을 불가역적으로 상실하는 것을 죽음이라고 보는 입장이 있다. 셋째, 두 번째 입장과 마찬가지로 생물학적인 측면에 초점을 맞추되 생물체로서의 모든 기능을 불가역적으로 상실하는 것을 죽음으로 보는 입장이 있다.5) 세 번째 입장의 죽음의 의미를 충족시키는 죽음의 기준은 세포사이다. 세포사는 이론적

---

3) Thomas A. Shannon, James J. DiGiacomo, *An Introduction to Bioethics*, 황경식·김상득 옮김, 『생의윤리학이란?』 (서울: 서광사, 1988), 64.
4) 김상득 지음, 『생명의료 윤리학』, 332.
5) 이러한 구분은 유호종의 견해를 따랐다. 유호종 지음, 『떠남 혹은 없어짐 -죽음의 철학적 의미』 (서울: 책세상, 2001).

으로는 논의되고 있지만 현실적으로는 받아들여지지 않고 있다.
그러므로 이 글에서는 다루지 않기로 한다.

1) 인격체로서의 기능을 불가역적으로 상실하는 것을 죽음으로
보는 입장

인격체로서의 기능이 불가역적으로 상실하는 것을 죽음으
로 보는 입장은 죽음을 생물학적 사건으로 보기 보다는 인격적
인 사건으로 보는 것이다. 인격체로서의 기능, 즉 인격성의 영원
한 상실을 죽음이라고 볼 때, 인격성은 무엇을 가리키는가? 이
물음은 결국 인간다움의 조건이 무엇인가를 의미한다. 인격성에
대한 논의는 신학적으로 철학적으로 오랜 전통적 배경을 가지고
있다. 우리의 관심사는 의료기술의 발전에 따른 죽음의 정의와
관련하여 인격성에 대해 논의하려는 것이다.

필자는, 인격성에 대한 새로운 논의들이 생물학적 생명
(biological life)과 인격체의 생명(personal life) 또는 인간 유기체(human
organism)와 인간적 인격체(human person) 간의 구분을 전제로 하고
있다고 보는 문시영의 주장6)에 동의한다.7) 상황윤리학자 조셉
플레처(Joseph Fletcher)는 생물학적 생명과 인격체로서의 생명을
본격적으로 구분한 학자로 간주된다. 그는 최소한의 대뇌신피질

---

6) 문시영 지음,『생명복제에서 생명윤리로: 테크놀러지 시대의 책임적 생명윤리』(서
   울: 대한기독교서회, 2001), 117.
7) 그러므로 필자는 인격성의 새로운 논의에 대한 문시영의 논문을 주로 참고하여 필자
   의 논지를 전개할 것이다.

의 기능조차도 없는 개체를 '주체로 인정받을 수 없는 객체'라고 부를 것을 제안한다. 그는 또한 인간됨의 지표로 15개의 긍정적 기준과 5개의 부정적 기준을 제시하는데, 그 중 15개의 긍정적 기준을 살펴보면 다음과 같다. ①최소한의 지능 ②자기인식 ③ 자아통제 ④시간감각 ⑤미래감각 ⑥과거감각 ⑦타자와의 관계형성의 능력 ⑧타자에 대한 관심 ⑨의사소통능력 ⑩유기체적 통제능력 ⑪호기심 ⑫변화와 가변성 ⑬이성과 감정의 균형감각 ⑭ 개체로서의 특이성 ⑮신피질 작용.8)

동물해방론자 피터 싱어(Peter Singer)는 사물을 세 가지로 구분한다. 그것은 첫째, 무감각한 것, 둘째, 감각은 있으나 자의식이 없는 것, 셋째, 감각과 자의식 둘 다 가진 것이다. 싱어는 세 번째에 해당되는 것을 모두 인격체라고 정의한다. 그는 이러한 기준에 따라 어류는 두 번째 부류에 속하고, 다른 많은 동물들은 세 번째 부류에 해당한다고 주장함으로써 동물해방을 말한다. 그러나 뱃속의 태아를 두 번째 부류로 보며 무뇌아도 정당한 의미의 인격체가 아니라고 주장하는 점은 많은 논란을 불러일으킨다.9)

파인버그(J. Feinberg)는 의식적 존재일 것, 자아에 대한 개념을 지니고 있을 것, 자아인식이 있을 것, 정서적 체험의 능력이 있을 것, 추론의 능력과 이해력이 있을 것, 미래를 향한 계획능

---

8) Joseph Fletcher, *Humanhood: Essays in Biomedical Ethics* (Buffalo: Prometheus, 1979).
9) "지와 예의 프런티어(18): 미 프린스턴대 피터 싱어 교수," 『조선일보』(2001. 5. 9).

력이 있을 것, 계획에 따라 행위할 수 있는 능력이 있을 것, 기쁨과 고통을 느낄 수 있을 것 등을 인격성의 기준으로 제시한다. 그는 이러한 특성들을 가리켜 '상식적 인격개념'이라고 한다. 그는 이 여덟 가지 특성들 그 어떤 것도 개별적으로는 충분하지 못하며 여덟 가지 모두 각각 필수적으로 요청된다고 한다.[10]

푸세티(R. Puccetti)는, 파인버그의 상식적 인격개념보다 더 나아가서, 인격이란 도덕적 대상을 향해 도덕적인 태도를 취할 수 있는 의식적 존재들에게만 해당되는 것이라고 주장한다. 즉, 인격의 개념을 도덕 행위자에게만 적용하자는 것이다.[11] 푸세티의 이러한 주장에 대해 엥겔하르트(H. T. Engelhardt)는, 인격체를 도덕 행위자와 동일시한다면 자의식이 없는 존재들을 배제하게 될 것이라는 우려를 표명하면서, 사회적 역할에 따른 인격개념을 주장한다. 엥겔하르트에 의하면 인간의 삶이 인격체로서의 삶과 생물학적 삶으로 구분되어야 하지만, 모든 생명은 가치를 지니고 있으며 더구나 인간의 생물학적 생명은 무의미한 것이 아니라 적어도 인간으로 하여금 사회적 역할을 수행할 수 있게 한다는 의미에서 가치를 지닌다고 한다.[12] 그러나 사회적 역할을 중심으로 인격의 문제를 설명하려는 엥겔하르트의 주장은, 소위 정상적인 인간과 가정을 기준으로 하는 경우에만 설득력을

---

10) J. Feinberg, "The problem of personhood," *Contemporary issues in bioethics*, eds. T. L. Beauchamp, LeRoy Walters (California: Wadsworth Publishing Company, 1978).

11) R. Puccetti, "The life of a person," *Contemporary issues in bioethics*.

12) H. T. Engelhardt, "Medison and Concept of person," *Contemporary issues in bioethics*.

지닌다는 비판을 면키 어렵다.13)

이상과 같은 논의를 통해 우리는, 인격성에는 최소한 '의식'이 필요하다고 추론할 수 있다. 인간의 신체 중에서 의식 기능을 담당하고 있는 것은 대뇌이다. 뇌는 크게 대뇌, 소뇌, 뇌간으로 구성되어 있다. 대뇌에는 운동과 감각을 지배하는 중추신경이 있으며, 기억, 사고, 의지, 정서, 언어 등의 정신활동이 이루어지는 기관이다. 소뇌는 운동조절중추가 있어서 몸의 평형을 유지하고 운동을 원활하게 하는 기능을 한다. 뇌간에는 온몸의 모든 장기기능을 통합 조절하는 신경중추와 반사의 중추가 있다.14) 그러므로 인격성의 영원한 상실을 죽음의 의미로 보는 입장에서는 대뇌의 불가역적 정지를 의미하는 대뇌사가 죽음의 기준이 될 것이다. 그러나 대뇌사를 판정하는 것은 전뇌사 판정이나 심폐사 판정보다 훨씬 더 어렵다는 문제점을 가지며, 지속적인 식물인간 상태(Persistent Vegetative State, PVS)와 무뇌아를 죽은 자로 취급할 우려가 있다.

2) 한 개체로서의 생물학적 통합 기능을 불가역적으로 상실하는 것을 죽음으로 보는 입장15)

생물학적 통합 기능의 영원한 상실을 죽음으로 보는 이 입장

---

13) 문시영 지음,『생명복제에서 생명윤리로: 테크놀러지 시대의 책임적 생명윤리』, 123.
14) 김상득 지음,『생명의료 윤리학』, 335-336.
15) 이 입장에 대한 내용은 유호종의 글을 요약하여 필자의 문체로 정리하였다.

에서는, 인간이 인격체라는 사실보다도 생명체라는 사실이 가장 중요하다고 주장한다. 그 논거로 다음과 같은 것들을 내세운다. 그것은 인간도 다른 생물체로부터 진화해왔다는 것, 인간의 인격적 기능은 생물학적 기능이 없어지면 더 이상 유지되지 않는다는 것, 인격적 기능이라는 것도 실은 개체의 생물학적 유지에 이바지하기 위한 것으로 볼 수 있다는 것 등이다.

이 입장은, 죽음을 인격적 사건이 아닌 생물학적 사건이라고 동의하면서도 한 유기체의 모든 부분의 기능이 불가역적으로 정지하는 것이 죽음이라고 주장하는 입장에 대해, 한 생물체에서 중요한 것은 그것을 이루는 신체의 각 부분이 아니라 전체라고 반박한다. 죽음의 의미를 한 개체로서의 생물학적 통합 기능을 상실하는 것으로 볼 때, 그것을 충족시키는 죽음의 기준은 심폐사와 뇌사(엄밀하게 말하면 전뇌사)이다.

심폐사를 죽음의 기준으로 삼는 입장은, 심장 박동과 호흡에 의한 순환을 인간 유기체의 가장 중요한 통합 기능으로 간주한다. 이 입장에서는 그 순환이 무엇에 의해 이루어지는가라는 것은 근본적인 문제로 보지 않는다. 뇌사 상태처럼 그 사람 자신의 두뇌가 아닌 기계에 의한 것이라 할지라도 순환 자체는 이루지고 있기에, 생물학적 통합 기능이 정지되었다고 할 수 없으며 따라서 그 사람을 죽었다고 볼 수 없다는 것이다.

한편, 뇌사를 죽음의 기준으로 받아들이는 입장에서도 심장 박동과 호흡에 의한 순환을 인간 유기체의 매우 중요한 통합적 기능으로 본다. 이 입장이 심폐사론자들과 견해를 달리 하는 것은, 심장 박동과 호흡에 의한 순환이 자발적으로 이루어져야 생물학적 통합 기능을 유지하는 것으로 본다는 점이다. 자신을 체계화하고 조절하는 신체의 능력을 살아 있음의 기본 특징으로 간주한다는 것이다. 이러한 능력을 유지하는 신체 내 기관은 뇌간이다. 뇌간의 활동이 정지되면 심장 박동과 호흡은 오직 기계에 의해서만 이루어진다. 그러므로 뇌간을 포함한 뇌 전체의 활동이 불가역적으로 정지한 뇌사가 바로 죽음의 시점이라는 것이 뇌사론자들의 주장이다.

죽음의 정의와 기준에 대한 이상의 논의를 통해, 우리는 인간성의 영원한 상실을 죽음으로 보든 생물학적 통합 기능의 영원한 상실을 죽음으로 보든 죽음의 정의는 다르다 할지라도 죽음의 각기 다른 정의를 충족시키는 최소한의 기준은 생물학적 측면에 기초하고 있음을 확인할 수 있다. 물론 인간의 죽음은 생물학적 차원에서만 판정될 수 없다. 그럼에도 불구하고 죽음 판정의 가장 기본적인 잣대는 생물학적 차원이다. 왜냐하면 "우리는 인간이 생물학적으로 완전히 질서를 잃어 인간적 통합성을 상실했다고 확신하기 전까지는 생명의 권리뿐 아니라 그 외의 모든 인간적 권리를 지닌 한 인격으로 대해야 하기"[16] 때문이다. 그러므로 필자는, 특히 안락사 문제와 관련하여 죽음을 정의할 때 인격성의 개념을 그 중심에 두려는 것에 동의할 수 없다. 자본주의적 효용성

---

16) 소병욱 지음, 『삶의 윤리』(서울: 성바오로출판사, 1991, 1993), 151.

의 논리에 따라 거의 모든 것이 결정되는 오늘날의 현실에서, "인격성의 개념에 집착하는 것은 치료와 돌봄이라는 의료의 본래적 기능보다는 생명통제와 조작의 위험성에 생명의 가치를 노출시키는 것이며, 나아가 이것은 환자와 그 가족에 의한 또 다른 계산과 결탁될 우려가 크기"17) 때문이다.

Ⅲ. 안락사 문제를 왜 죽음의 정의와 연관시키는가?

의료기술이 발전함에 따라 생명은 더 이상 신비의 영역이 아니다. 인간의 생명을 인위적으로 연장할 수 있게 되면서 생명의 끝, 즉 죽음에 인간이 관여하게 되었다. 인간은 선택 앞에 놓여졌다. 이때 말하는 선택이란 가치기준이 요청되는 이성적 판단에 의한 선택을 의미한다. 바로 여기서 윤리적인 문제가 발생한다. 왜냐하면 인간의 모든 의도적인 행위는 윤리적 평가의 대상이기 때문이다.

안락사 문제를 왜 죽음의 정의와 연관시켜 논의하는가? 안락사 논쟁의 주요 쟁점인 '생명을 유지할 권리', '죽음을 선택할 권리', 그리고 '삶의 질' 때문이 아닐까? 필자는 소극적 안락사의 범주 내에서 자의적인 소극적 안락사와 비자의적인 소극적 안락사에 대해 언급하고자 한다. 왜냐하면 대한의사협회의 소극적

---

17) 위의 책, 125.

안락사 허용 입장18) 표명에 의해 우리나라의 안락사 논쟁이 본격적으로 시작되었다고 평가되기 때문이며, 그러므로 우리나라에서 현실가능하게 논의될 수 있는 것은 소극적 안락사이기 때문이다. 대한의사협회의 소극적 안락사 허용 입장의 논리는, 환자에게 죽음을 선택할 권리가 있다(자의적인 소극적 안락사 허용)는 것이며 환자 가족에게도 환자의 죽음을 선택할 권리가 있다(비자의적인 소극적 안락사 허용)는 것이다. 환자와 환자 가족의 이러한 권리는 생명을 유지할 의사의 의무보다 우선적으로 고려되어야 한다는 추론이 가능하다. 이러한 논리는 소극적 안락사를 반대하는 입장의 논리인 '생명을 유지할 권리'와 대립되는 것이다. 그런데 아이러니컬한 것은 대한의사협회가 소극적 안락사를 허용한다는 입장을 공식적으로 표명하기 전까지는 오히려 의사들이 '생명을 유지할 권리'를 주장했다는 것이다. 혹시 대한의사협회의 소극적 안락사 허용은 책임을 질 수 없게 된 의료계의 현실을

---

18) 그런데 필자는 대한의사협회의 이러한 입장 표명을 소극적 안락사만을 허용한 것이라고 보는 시각에 걸림돌이 있다고 본다. 예를 들어 인공호흡장치를 생명을 유지시키는 일반수단으로 보느냐 아니면 특수수단으로 보느냐에 따라, 대한의사협회의 입장은 적극적 안락사 허용으로도 해석될 수 있기 때문이다. 물론 이러한 기준으로 적극적/소극적 안락사를 구분하려면 특수수단과 일반수단이라는 기준을 일반화시킬 수 있는 개념적인 설명이 요구된다. 사례에 따라 일반화시키기 어렵기 때문이다. 우리나라의 의료현실을 고려하면, 인공호흡기를 부착하지 말라는 환자의 자의적 의사 표명이 없거나 확인할 수 없는 경우 대체로 자가 호흡이 정지되면 인공호흡기를 부착한다. 그렇다면 인공호흡기는 생명을 연장시키는 일반수단인 셈이다. 그러므로 인공호흡기를 부착하지 않거나 떼어내는 것은 생명을 연장시키는 일반수단을 사용하지 않는 경우이므로 적극적 안락사에 해당되는 것이 아닐까?

반영한 것은 아닐까? 인공호흡장치와 같은 생명연명치료를 환자나 환자 가족의 '충분한 설명에 근거한 동의' 없이 시행했다가 그 비용 부담을 감당할 수 없다는 가족들의 불평과 비난을 감당할 수 없어서, 환자와 그 가족의 의사를 존중한다는 미명하에 책임을 미루는 것은 아닐까? 여기서 필자는 의료인 개개인을 비난할 마음은 추호도 없다. 다만 의료계의 현실이 자본주의 시장논리에 따라 움직이는 경향이 농후해지고 있기 때문에 그러한 분석이 가능하다는 것이다.

인간의 생명은 동등한 가치를 지니며 어떠한 상황에서도 어떠한 대가를 치르더라도 보호되어야 한다는 전통적인 입장—생명을 유지할 권리—은, 삶의 질이 생과 사의 결정 근거가 될 수 없음을 시사한다. 그러나 생명연장 기술이 발전함에 따라, 삶의 질을 고려해야 한다는 입장이 생명존중에 절대적인 의미를 부여하는 전통적인 입장과 대립하게 되었다.[19] 삶의 질이 적절한 판단 기준이 되려면, 생을 지속시키는 것이 무의미한 최저치 이하의 삶의 질을 무엇으로 보아야 하는가에 대한 구체적인 기준이 요구된다. 그러나 삶의 질에 대한 평가는 주관적이며 그에 대한 생각이 바뀔 수 있을 뿐만 아니라, 특정한 정도의 삶의 질을 의미 부여의 기준으로 보는 것은 '미끄러운 경사길'의 오류[20]를 범

---

19) 임종식·구인회 지음, 『삶과 죽음의 철학: 생명윤리의 핵심 쟁점에 대한 철학적 해부』(서울: 아카넷, 2003), 279.

20) 말 그대로 미끄러운 경사길에서는 일단 첫걸음을 떼고 나면 그 방향을 바꾸거나 멈출 수 없을 만큼 빠르게 미끄러져 내려가기 때문에 첫걸음부터 신중하게 내딛지 않

하게 된다고 한다.[21]

생명을 유지할 권리든 죽음을 선택할 권리든 결국은 환자 자신의 자의적 의사표명이 중요하다.[22] 그런데 환자 자신의 자의적 의사를 확인하기 어려울 때가 있다 바로 생명연장에 대한 생전유언 없이 돌연사로 뇌사상태에 빠진 경우이다. 이 경우는 환자 본인의 자의적인 의사를 확인할 수 없으므로 가족들에게 괴로운 선택을 하게 하지 말고, 가족들이 경제적인 부담을 느끼지 않으면서 죽음을 준비할 수 있는 정신적·시간적 여유를 가질 수 있도록 비용을 국가가 책임지는 건 어떨까? 가족들에게 생명을 유지할 의무를 부과하거나 죽음을 선택할 권리를 부여하기 보다는 죽음을 준비할 수 있는 권리를 주자는 것이다. 한편, 생명연장장치를 거부한다는 생전유언을 한 사람이 돌연사로 뇌사상태에 빠진 경우는 환자 자신이 의사표명을 했으므로 법적으로 문제 삼지만 않는다면 논란의 여지가 없을 것이다. 그러므로 필자

으면 안 된다는 것을 말한다. 구미정, "낙태 문제에 대한 기독교적 응답,"『현대사회와 기독교』, 현대사회와 기독교 편찬위원회 편 (대구: 계명대학교출판부, 2004), 240.

21) 임종식·구인회 지음,『삶과 죽음의 철학: 생명윤리의 핵심 쟁점에 대한 철학적 해부』, 287-288.

22) 안락사 문제에서 관건은 환자 본인의 의사 표명이라고 하겠다. 그러므로 필자는 '자의적/비자의적/반자의적'을 기준으로 안락사를 구분하는 것이 가장 설득력 있다고 생각한다. 이러한 기준으로 안락사를 구분하면 다음과 같다. ①자의적인 적극적 안락사 ②비자의적인 적극적 안락사 ③반자의적인 적극적 안락사 ④자의적인 소극적 안락사 ⑤비자의적인 소극적 안락사 ⑥ 반자의적인 소극적 안락사. 임종식,『생명의 시작과 끝』(서울: 도서출판 로뎀나무, 1999), 306.

는 자의적인 소극적 안락사 허용은 찬성하지만, 비자의적인 소극적 안락사 허용에 대해서는 회의적이다. 그래서 필자는 그 대안으로 가족들에게 죽음을 준비하고 맞이할 수 있는 권리를 주자고 제안한 것이다.

안락사를 죽음의 정의와 관련하여 논의하려면, 죽음의 정의를 충족시키는 죽음의 기준의 하나인 뇌사와의 관계를 언급하지 않을 수 없다. 뇌사를 죽음으로 본다면 환자 본인의 동의 없이 인공호흡기를 탈·부착하는 것이 문제되지 않을 것이다. 그러나 현재 뇌사를 죽음으로 보는 경우는 매우 제한적이다. 현행법 상 뇌사는 장기 이식과 관련하여 규정하고 있기에 뇌사 자체만으로는 죽음으로 인정되지 않는다.23) 그러나 뇌사 논쟁이 시작된 맥락이 어찌되었든 간에, 심폐사만을 인정하던 기존의 죽음 기준에 새로운 논의가 시작되면서 뇌사를 죽음으로 인정하는 쪽으로 사회적 여론이 형성되고 있다. 법적으로 문제를 삼지 않는다면,24) 장기 이식과 상관없이 뇌사를 죽음으로 인정하는 추세가

---

23) 장기 등 이식에 관한 법률에 따르면, 살아 있는 자, 뇌사자, 사망자로 구분하고 있다. 살아 있는 자란 사람 중에서 뇌사자를 제외한 자를 말하고, 뇌사자란 이 법의 의한 뇌사판정 기준 및 뇌사판정 절차에 따라 뇌 전체의 기능이 되살아날 수 없는 상태로 정지되었다고 판정된 자이다. 유호종 지음, 『떠남 혹은 없어짐―죽음의 철학적 의미』, 150.

24) 안락사와 관련된 우리나라의 대표적인 사례인 '보라매 병원 사건'의 경우 뇌사자의 가족 중 한 사람이 의사를 살인 혐의로 고발하지 않았더라면 별 문제없이 넘어갈 수 있는 사건이었다고 평가된다. 최준식 지음, 『죽음, 또 하나의 세계: 근사체험을 통해 다시 생각하는 죽음』(서울: 동아시아, 2006), 65. 이러한 평가의 기저에는 뇌사를 죽음으로 받아들이고 있는 사회 현실이 반영되어 있다고 하겠다. 이 사건은 1997

확산될 전망이다.

　뇌사를 죽음의 기준으로 삼을 것인가 아니면 심폐사를 죽음의 기준으로 삼을 것인가 하는 것은 양자택일의 문제가 아니다. 양자택일의 문제처럼 되어버린 근본적인 원인은 의료기술의 발전 때문이다. 물론 양자택일의 문제가 아니라고 해서 논란의 여지가 없는 것은 아니다. 뇌사를 죽음의 기준으로 받아들일 경우 장기이식을 염두에 두었을 때와 식물인간에 대한 태도와 관련한 문제가 발생할 수 있다. 전자의 경우 '장기 등 이식에 관한 법률'로 뇌사에 대한 판정을 객관적이고 엄격하게 하도록 하고 있기에 문제의 소지가 전혀 없는 것은 아니지만 논외로 하고자 한다. 문제는 식물인간을 뇌사와 같은 것으로 간주할 때 생기게 되는 위험성이다. 뇌사와 식물인간은 엄연히 다르다. 뇌사는 뇌의 모든 기능이 불가역적으로 정지된 상태인 반면, 식물인간—정확히 말하면 '지속적인 식물인간 상태'(persistent vegetative state, PVS)—은 뇌의 일부 기능만 정지된 상태이다. 그러므로 뇌사상태에서는

년에 발생한 사건이었는데, 이 사건이 보도되었을 때, 여론은 뇌사자의 부인과 의사를 비난 일변도로 몰아가지 않았던 것으로 기억된다. 우리나라에서 이미 뇌사에 대한 논의가 시작되어 암암리에 인정되고 있었기 때문이 아닐까? 또 하나의 사례로 최근에 <챔피언>이라는 제목으로 영화화되어 상영된 바 있는 '권투선수 김득구 사건'을 들 수 있다. 뇌사에 대한 일반인의 이해가 미미하던 시기였던 1982년에 발생한 이 사건은, 도덕적인 비난을 많이 받았다. 그러나 김득구와 김득구의 어머니가 한국인이었지만 미국에서 일어난 사건이기에 법적인 문제로까지 비화되지는 않았다. 어떻게 아직 죽지 않은(심폐사하지 않은) 사람을 죽었다고 하고, 그 사람의 장기를 적출할 수 있느냐 하는 것이 그 당시 대다수 일반인들의 생각이었고 그것은 하나의 충격이었다.

'자가 호흡'이 불가능하기에 인공호흡기에 의존해서만 숨을 쉴 수 있지만, 식물인간 상태에서는 자가 호흡이 가능하다.25) 앞에서도 말했듯이 뇌사는 엄밀히 말해서 전뇌사를 의미한다. 식물인간을 뇌사자로 보려는 입장은 대뇌사를 뇌사로 주장하는 사람들의 생각이다. 아직까지는 이러한 주장이 설득력을 얻지 못하고 있지만, 자본주의적 시장논리가 사회의 제반 영역과 가치관을 급속도로 잠식해 가는 현실을 고려할 때, 우려할 만한 사태가 예상된다.

심폐사를 죽음의 기준으로 간주할 때 논란이 되는 것은, '자가 호흡'이 아니어도 즉 인공호흡기에 의존하여 숨을 쉬더라도 살아있는 것으로 본다는 것이다. 필자는 이 논란을 해결하기 위해 다음과 같은 제안을 하고자 한다. 뇌사를 죽음의 기준으로 인정하든 심폐사를 죽음의 기준으로 인정하든, 현실적으로 장례를 치를 수 있는 기준은 심폐사이다. 뇌사를 죽음의 기준으로 인정하자는 주장의 맥락은 한편으로는 장기이식 문제와 관련된 것이고, 다른 한편으로는 장례를 치를 수 있는 심폐사로의 자연적인 과정을 인위적으로 지연시킬 때 드는 비용과 책임부담 문제와 관련된 것이다. 장기이식과 관련해서는 해당 법률이 있으므로 논외로 하고, 후자의 경우를 생각해 보자. 뇌사상태에서 인공호흡기를 하지 않으면 곧바로 심폐사하고, 인공호흡기를 부착하더

---

25) '세브란스 김 할머니' 사례에서 이를 확인할 수 있다. 김 할머니는 뇌사상태가 아니라 식물인간 상태였기에 자가호흡(자발호흡)이 가능했던 것이다.

라도 최소 2시간에서 최대 14일이 지나면 뇌사자의 90 % 이상이 심폐사에 이른다고 한다.26) 문제는 최대 14일 동안 혹은 그이상 길어질 때 드는 비용과 책임을 누가 어떻게 감당하느냐 하는 것이다. 앞에서도 말했지만, 환자 본인의 자의적인 의사를 확인할 수 없으므로 가족들에게 괴로운 선택을 하게 하지 말고, 가족들이 경제적인 부담을 느끼지 않으면서 죽음을 준비할 수 있는 정신적·시간적 여유를 가질 수 있도록 비용을 국가가 부담할 것을 제안한다. 가족들에게 생명을 유지할 의무를 부과하거나 죽음을 선택할 권리를 부여하기 보다는 죽음을 준비할 수 있는 권리를 주자는 것이다.

Ⅳ. 나오는 말: '죽게 만드는 것'에서 '인간답게 죽도록 도와주는 것'으로

인간은 누구나 죽는다. 개인마다 그 죽음의 때가 다를 뿐이다. 죽음을 절대악 혹은 극복해야 할 대상으로 보지 않고 삶의 한 과정이라고 생각한다면, 우리는 죽음을 어떻게 맞이해야 할 것인가? 안락사 문제는 우리로 하여금 죽음을 어떻게 바라보며 어떻게 죽을 것인가에 대해 생각하도록 한다.

---

26) 김상득 지음, 『생명의료 윤리학』, 331; 문시영 지음, 『생명복제에서 생명윤리로: 테크놀러지 시대의 책임적 생명윤리』, 109.

오늘날 통용되는 안락사 개념들 중 비교적 정확하게 정의한 것을 소개하면 다음과 같다. 비교적 정확한 정의의 기준은 안락사가 성립되기 위해 갖추어야 할 다섯 가지 요소27)를 포함하고 있느냐 이다. "회복될 수 없거나 불치병으로 고통을 받고 있는 환자를 고통에서 벗어나게 하기 위하여 환자의 죽음을 유발시키거나 허용하는 관행이나 행위",28) "한 사람의 최선의 이익을 위한 행위 또는 무위에 의해 사람의 죽음을 의도적으로 야기하는 것",29) "어떤 사람이 가능한 한 편안한 수단을 이용하여 다른 사람을 죽이려는 의도에서 파생된 죽음".30) 안락사의 이러한 개념의 핵심은 '죽게 만드는 것'이다.

본래 안락사를 뜻하는 euthanasia는 그리스어 eu(well, good)와 thanatos(death)의 합성어로서 '수월한 죽음'(easy death)을 의미한다.31) 오늘날 의료현실과 관련된 안락사 논쟁의 맥락을 무시할 수 없겠지만, 안락사라는 단어의 본뜻에 따라 안락사 논의의 방향이 '잘 죽게 도와주는 것' 쪽으로 나가야 하지 않을까? 삶의

---

27) H. Draper, "Euthanasia," *Encyclopedia of Applied Ethics* Vol. 2 (New York: Academic Press, 1998), 176, 김상득 지음, 『생명의료 윤리학』, 293에서 재인용.

28) 문시영 지음, 『생명복제에서 생명윤리로: 테크놀러지 시대의 책임적 생명윤리』, 94-95.

29) 박재영, "EUTHANASIA, 인간에게 '품위 있게 죽을 권리' 있다, 없다……,"『연세대학원신문』(2001. 6); 김균진, 『죽음의 신학』(서울: 대한기독교서회, 2002), 476에서 재인용.

30) H. Draper, "Euthanasia," *Encyclopedia of Applied Ethics* Vol. 2 (New York: Academic Press, 1998), 176, 김상득 지음, 『생명의료 윤리학』, 293에서 재인용.

31) 'eu'가 well, good의 뜻을 가지고 있기는 하지만 easy의 뜻이 더 적합하다고 한다.

질 향상을 목표로 발전해 온 의료기술이 한동안 생물학적인 생명연장에만 급급해 하다가 다시 삶의 질을 거론함으로써, 우리를 그 덫에 걸려들게 하고 있는 현실에서 우리는 인간다운 죽음을 고민해야 할 것이다.

죽음에 임박한 불치병 환자가 연명치료의 유보 또는 중단을 자의적으로 요구하고 의사가 이를 받아들여서 환자를 죽음에 이르는 행위를 뜻하는 '존엄사'는 바로 인간다운 죽음을 맞이할 수 있는 하나의 대안으로 제시될 수 있다.32) 존엄사는 자의적인 소극적 안락사의 한 형태라고 볼 수 있지만, 자의적인 소극적 안락사처럼 단순한 연명치료 중단이 아니라, 완화 치료는 계속한다는 것이 차이점이다. 즉 존엄사는 치료를 포기하는 것이라기보다는 환자로 하여금 고통을 덜 느끼게 함으로써 인간으로서의 존엄을 유지하고 죽게 도와주는 행위라는 것이다.33) 이때 '호스피스'34) 활동이 병행되어야 한다. 호스피스 제도는 존엄사나 연명치료중단과 같은 자의적인 소극적 안락사 허용을 보완하는 것이기 때문이다.

생명 연장에 대한 생전 유언 없이 돌연사로 뇌사 판정을 받

---

32) 최근 존엄사 논쟁을 재촉발하고 의료계로 하여금 연명치료중단 지침을 발표하게 만든 계기가 된 '세브란스 김 할머니' 사례는 엄밀히 말해서 존엄사에 해당되지 않는다.

33) 최준식 지음, 『죽음, 또 하나의 세계: 근사체험을 통해 다시 생각하는 죽음』, 70-71.

34) 이에 대한 자세한 설명은 문시영 지음, 『생명복제에서 생명윤리로: 테크놀러지 시대의 책임적 생명윤리』, 101-102를 참고하라.

은 환자나, 존엄사를 선택한 죽음에 임박한 불치병 환자의 경우, 그들이 혹은 그들의 가족이 경제적인 이유 때문에 죽음을 맞이할 수 있는 여유를 제한해서는 안 될 것이다. 죽음이 삶의 한 과정이라면 좋은 죽음, 편안한 죽음은 환자 자신에게나 그 가족에게 보장되어야 하기 때문이다. 이러한 필자의 제안은, 토마스 쉐넌(Thomas A. Shannon)을 통해 힘을 얻는다.

그러므로 쉐넌의 글을 인용함으로써 다시 한 번 강조하며 이 글을 끝맺고자 한다.

만일 환자와 가족들이 질병의 마지막 몇 달 혹은 며칠 동안 도움과 원조를 충분히 받고 있다고 생각한다면, 안락사의 분위기도 그 기세가 한풀 꺾일 것이라고 나는 생각한다. 우리는 기술의 포로가 되는 것을 정말로 두려워하기 때문에 죽음을 연장시키는 기술적 개입이 당연히 두렵고, 버려지는 것도 당연히 두려우며, 인생의 마지막 기간을 지탱해줄 돈이 떨어지는 것도 당연히 두렵다. 그러한 두려움을 진정시킬 수 있는 조처는 우리가 마지막 여생을 살아갈 때 보살핌과 지원을 아끼지 않을 보건의료체계의 확립일 것이다.[35]

---

35) Thomas A. Shannon, 『기초 생명윤리학』, 148.

성 전환자의 호적상 성별 정정 허가 판결에 대한 신학적·윤리적 분석

I. 들어가는 말: 자기성찰과 문제제기

2006년 6월 22일, 대법원은 성 전환자의 호적상 성별 정정을 허가하는 판결을 내렸다. 이 판결은, 연예인 하리수씨의 등장으로 한때 유행처럼 떠올랐던 성 전환자에 대한 사회적 논의를 본격적으로 하게 하는 계기가 되었다. 이 판결에 대한 각계의 반응을 접하면서, 필자는 다음과 같은 생각을 해 보았다. 우리를 힘들게 하는 것들은 무엇일까? 그들을 힘들게 하는 것들은 무엇일까? 그들을 슬프게 하는 것들은 무엇일까? 여기서 '우리'란 소위 일반인을 말하며, '그들'은 성 전환자를 가리킨다. 필자는, 우리와 그들을 편의상 통념적으로 구분하였음을 밝힌다. 그러나 각계의 반응에 담겨있는 의도와 함의를 곰곰이 살펴볼 때, 마틴 부버가 비판한 '우리(나)—그들(그것)'(I - It)의 관계 유형의 문제점[1])이 그 안에 고스란히 반영되어 나타난다. 그것은 우리만 인격적인 주체이고, 그들은 우리가 마음대로 취급할 수 있는 대상에 불과하다는 것이다. 부버가 비판한 의도가 필자에게 없었지만, 그리고 우리와 그들을 편의상 통념적으로 구분했다고 밝혔지만, 필자도 부버의 비판을 면키 어렵다. 만일 필자가 성 전환자였다면, 아예 그런 구분을 하지 않거나 하더라도 우리에 속하는 사람의 범주와 그들에 속하는 사람의 범주를 달리 설정하였을 것이기 때문이다.

그러한 비판을 받아들이되, 논의의 편의상 여전히 우리/그들의 구분을 따라 말해보자. 우리를 힘들게 하는 것은 무엇인가? 그들의 존재인가? 그들의 존재를 인정해 준 판결인가? 그렇다면 그런 것들이 왜 우리를 힘들게 하는가? 우리의 편견 때문이 아닌가? 결국 우리를 힘들게 하는 것은, 그들의 존재와 그들의 존재를 인정해준 판결을 받아들이지 못하는 우리의 편견이라고 하겠다. 그럼, 그들을 힘들게 하는 것은 무엇인가? 사회적 편견과 거부, 도덕적 정죄, 신분의 불안정, 경제적 빈곤, 수술에 대한 기대와 불안감, 그리고 이런 것들이 복합적으로 어우러져 결국 인간답게 삶을 살 수 없는 것이라고 하겠다. 그런 그들에게 이번 판결은 희망과 삶에의 새로운 의지를 갖게 해 준, 그야말로 '복음'에 비견할 만한 것이라고 볼 수 있다. 그렇다면 무엇이 그들을 슬프게 하는가? 이번 판결에 대한 사회의, 특히 기독교계의 부정적인 반응이다. 최소한의 인권을 보장하는 조처임에도 그러할 뿐

---

1) 마르틴 부버 저, 『나와 너』, 김천배 역 (서울: 대한기독교서회, 1973).

만 아니라, 성 전환자 자체에 대한 부정적 인식까지 드러내는 사회의 반응에 그들은 슬퍼했을 것이다.

주어진 제목의 이 글에서 필자가 다루어야 할 주제의 논점은, 성 전환자에 대한 입장이라기보다는 대법원 판결에 대한 신학적·윤리적 분석이다. 그런데 이번 판결이 성 전환자의 기본적 인권에 대한 법률적 입장을 표명한 것이기에, 그러한 분석을 성 전환자에 대한 이해와 무관하게 할 수 없을 것이다. 그러므로 필자는 성전환증과 성전환증 환자, 그리고 성 전환자에 대해 먼저 알아보고, 성 전환자의 호적상 성별 정정 허가 판결이 가지는 신학적·윤리적 의미를 규명하고자 한다.

II. 성 전환자에 대한 객관적인 이해와 성 전환자를 바라보는 우리 사회의 눈

1. 성전환증 / 성 전환자

이번 대법원 판결은 성 전환자에 대한 세간의 표피적이고 간헐적인 관심을 본격적이고 지속적인 논의로 이끄는 계기가 되었다. 본격적이고 지속적인 논의를 위해서는 정확한 개념 이해와 객관적인 앎이 선행되어야 할 것이다. 어떤 사실에 대한 견해와 판단은 그 사실에 대한 객관적인 이해에 기초해야 하기 때문이다.

성 전환자에 대한 객관적인 이해를 위하여 몇 가지 개념을 명확하게 정의해야 하며, 왜곡된 이해를 바로 잡을 필요가 있다.

우선, 성전환증(transsexualism)에 대해 알아보자. 성전환증은 일종의 성정체성 장애로 간주된다. 성전환증의 대표적인 징후는 타고난 생물학적 성(sex)2)과 후천적인 사회문화적 성(gender)3)의 불일치로 인해 생물학적 성에 위화감을 갖고 반대 성에 귀속감을 느끼면서 신체적, 사회적 영역에서 전환된 성 역할을 수행하는 것이다. 성전환증을 가진 성 전환자 중에는 타고난 자신의 신체를 혐오하는 사람들도 있다. 성전환증의 구체적인 의학적, 사회적 인지는 매우 최근의 일로서, 그것은 1952년 퇴역 미군 크리스틴 요

---

2) 섹스는 선천적으로 타고난 생물학적 성을 의미한다. 즉, 생물학적으로 여성(female)과 남성(male)을 구분할 때 사용하는 개념이다. 이러한 성의 관점에서는 생물학적인 성차가 여성과 남성의 성차를 만들고 이에 따라 여성과 남성의 성이 다르게 결정된다고 본다. 이러한 주장을 생물학적 성결정론 또는 본질론이라고 한다. 이인경, "성 문제에 대한 기독교적 응답", 『현대사회와 기독교』, 현대사회와 기독교 편찬위원회 편 (대구: 계명대학교출판부, 2004).

3) 젠더는 사회화 과정을 통해 후천적으로 구성된 사회문화적 성을 뜻한다. 즉, 여성성과 남성성과 같은 남녀의 성적 특성을 나타내는 용어이다. 젠더는 생물학적 성이 여성과 남성의 정체성을 결정하는 것이 아니라고 문제제기하면서 등장한 개념이다. 젠더의 관점에서는 생물학적 차이에 의해 여성성(femininity)과 남성성(masculinity)이 결정되는 것이 아니라 사회적으로 결정된다고 본다. 이러한 주장을 사회구성론이라고 한다. 이인경, "성 문제에 대한 기독교적 응답". 이러한 젠더의 관점은 성 전환자를 이해하는 데에 기초가 된다. 참고로 섹스와 젠더 외에 성의 또 다른 개념으로 섹슈얼리티(sexuality)가 있다. 섹슈얼리티는 성적인 욕망들, 성적인 정체성 및 성적 관행을 의미하며, 성적인 감정과 성적으로 맺게 되는 관계들을 포괄한다. 이러한 성의 관점에서는 성을 계급, 인종, 연령, 성적 선호, 규범, 제도 등에 따라 구성되는 유동적이고 다원적인 것으로 본다. 이인경, "성 문제에 대한 기독교적 응답".

겐센(Christine Jorgensen)의 성전환 수술이 세간의 이목을 집중시키면서부터라고 한다. 그러나 역사적 · 비교문화적 연구 결과에 따르면, 성전환증은 고대 초기부터 다양한 문화권에서 알려져 왔음을 알 수 있다. 성전환증은 간성(intersexuality)이라 불리는 자웅동체성(hermaphroditism)과 복장도착증(transvestism), 그리고 동성애(homosexuality)와 구별되어야 한다.4)

특히 동성애와 성전환증은 엄연히 다름에도 불구하고, 같은 맥락에서 다루어지는 경우가 허다하므로 분명하게 구분해 보자. 동성애는 자신의 성정체성과 동일한 성정체성을 가진 사람을 사랑하는 성지향성의 문제이고, 성전환증은 성정체성 장애이므로 성정체성의 문제이다. 성지향성(sex oriented 또는 gender oriented)은 사랑의 대상으로 어떤 성을 원하느냐하는 성적 기호 또는 성 취향을 의미한다. 성정체성(gender identity)은 어떤 하나의 성(여성성, 남성성, 양성성, 중성성 등)을 자기동일성의 요소로 인식하는 것을 말한다. 이러한 사실에 비추어 볼 때, 성전환증은 동성애로 갈 경향이 농후하다는 우려는 무지와 편견에서 비롯된 것이라 판단된다. 물론 성 전환자가 동성애자일 수도 있다. 그러나 그것은 성 전환자가 아닌 소위 일반인이 동성애자일 수 있는 것과 마찬가지 경우일 뿐이다.

---

4) Elizabeth R. Moberly, "Transsexualism", in *The Westminster Dictionary of Christian Ethics,* eds., James F. Childress and John Macquarrie, (Philadelphia: The Westminster Press, 1986), 631.

성전환증의 원인에 대해서는 선천적 요인설, 후천적 요인설, 복합적 요인설을 들 수 있는데, 그 중 어떤 요인설을 받아들이든 간에 각기 그에 따른 어떠한 치료로도 소위 정상적인 상태로 되지 않는다고 한다. 그러므로 성전환 수술이 최선의 해결책이라는 것이 전문가들의 주장이다.5) 성전환 수술을 받으려면 성전환증 진단을 받아야 하고 반대 성 호르몬을 투여하는 호르몬 요법을 거쳐야 한다. 성전환 수술은 본래의 성기와 생식능력을 제거하고 반대 성의 성기를 재건하는 위험하고도 예민한 수술로서6) 10시간 이상이 걸린다고 한다. 이처럼 성전환 수술은 생명의 위협을 무릅써야 할 뿐만 아니라 고비용이어서7) 성 전환자들이 그리 쉽게 실행에 옮기기 힘들다고 한다. 단 하루를 살더라도 인간 대접을 받고 살고 싶다는 일부 성 전환자들은 생명의 위협을 감수

---

5) 그러나 비전문가인 일반인들은 반대의 성으로 바꾸는 성전환 수술을 부정적으로 평가하기도 한다. 타고난 생물학적인 성을 인위적으로 바꾸는 것은 자연질서 또는 창조질서에 위배되기 때문이라는 것이다. 그러나 원하는 성의 아이를 가지기 위해 임신 전과 임신 순간부터 인위적인 노력을 하는 것은 자연질서나 창조질서에 어긋나지 않는 것인가? 또한 태아성감별을 통해 기대하지 않았던 성의 태아일 경우 낙태시키는 것은 어떠한가? 세상에 태어나서 우리 눈에 보일 때는 안 되고, 세상에 태어나기 전에는 상관없다는 말인가?

6) 영화<헤드윅(Hedwig and the Angry Inch)>을 통해 이러한 사실을 엿볼 수 있다. 이 영화는 남성에서 여성으로 성을 바꾸는 성전환 수술이 잘못되어 아픔을 겪는 성 전환자(male-to-female transsexual)의 이야기를 다룬 영화이다. '헤드윅'은 성전환 수술을 받은 후 바꾼 이름이고, 'the angry inch'란 수술이 잘못되어 1인치 정도 남은 남성 성기를 주인공의 심정을 반영하여 표현한 것이다.

7) 수술이 한 번에 끝나는 것이 아니며, 특히 여성에서 남성으로 성을 바꿀 경우 더 힘들고 어려워서 2-3명의 의사가 협업해야 한다고 한다. 수술비용은 최소 1천만원에서 최대 7천만원이라고 한다.

하더라도 수술비만 있으면 수술을 받겠다고 말한다. 그러나 대부분의 성 전환자들은 불안정한 신분 때문에 안정된 일자리를 구할 수 없어 수술비는 고사하고 생계유지와 호르몬 치료만 겨우 하고 있는 실정이다.8)

성 전환자를 엄밀하게 구분하면 트랜스젠더(transgender)와 트랜스섹슈얼(transsexual)로 나눌 수 있다. 트랜스젠더는 성 전환자 중에서 성전환 수술을 받지 않은 경우를 가리키며, 트랜스섹슈얼은 성전환 수술을 받은 경우를 말한다. 보통은 구분하지 않고 사용하지만, 이번 판결에 따라 구분이 필요하게 되었다. 왜냐하면 이번 판결에서 제시한 성 전환자의 다섯 가지 기준9) 중의 하나이기 때문이다. 그 기준은, 성전환 수술을 통해 반대 성으로의 외부성기를 비롯한 신체를 갖추는 것이다.

2. 정상과 비정상을 구분하는 사회

필자가 보기에, 우리 사회는 소위 정상과 소위 비정상을 엄격하게 구분하고 그 구분에 기초해서 비정상을 차별하는 사회이

---

8) "나를 정정해 달라—트랜스젠더의 성결정권" <MBC PD 수첩> (2006년 7월 11일 방송).

9) 다섯 가지 기준을 요약하여 소개하면 다음과 같다. ①반대의 성을 가진 사람으로 행동해야 하고 ②정신과에서 성전환증이라는 진단을 받아야 하며 ③외부성기 재건을 포함한 성전환 수술을 최종단계까지 받아야 하고 ④성 전환자 자신이 바뀐 성을 가진 사람으로 인식해야 하며 ⑤주위 사람들도 그/그녀를 바뀐 성으로 인정해 주어야 한다.

다. 그런데 정상과 비정상을 누가 어떤 기준으로 구별하는가? 정상과 비정상은 사회적 다수가 객관적으로 혹은 객관을 가장하여 정한 기준으로 나눈 것이라고 하겠다. 사회적 다수란 가시적인 양적인 규모에 상관없이 한 사회의 주류를 형성하는 집단과 그 주류집단을 준거기준으로 삼는 사람들을 가리킨다. 이들이 객관을 가장하여 기준을 정한다 함은, 자신들의 기득권을 유지하는 데에 유리한 기준을 객관의 미명 하에 정한다는 뜻이다. 한편, 이들이 그러한 의도 없이 객관적으로 기준을 정했다 할지라도 그것이 편견과 왜곡된 지식에 기초한 것이라면 문제가 있다 하겠다.

필자는 성 전환자를 비정상으로 간주하는 기준이 혹시 편견과 왜곡된 지식에 근거한 것이 아닌가 하는 생각을 조심스레 해본다. 조심스레 해 본다는 것은 이러한 필자의 생각도 왜곡된 지식에서 비롯되었을 수 있기 때문이다. 그럼에도 불구하고 필자의 생각을 좀 더 피력해 보고자 한다. 성 전환자는 정신과에서 성전환증 진단을 받은 사람이라는 점을 감안하더라도 그것을 사회가 기존의 기준에서 장애라고 보지 않는다면, 그때도 여전히 성 전환자를 비정상이라고 말할 수 있을까? 필자는 우리 사회가 성을 사회조직의 주요한 기준으로 보는 사회라고 본다. 그런 사회는 뚜렷이 구별되는 '여성 문화'와 '남성 문화'를 갖게 마련이며,10) 그럴 경우 사회 구성원들로 하여금 생물학적 성과 그에 따른 여성 문화/

---

10) 조혜정 저, 『한국의 여성과 남성』(서울: 문학과 지성사, 1988), 333.

남성 문화를 사회화 과정을 통해 일치시키도록 한다. 그러므로 이런 사회에서 생물학적으로 타고난 성과·후천적인 사회 문화적 성이 일치하지 않는 사람은 비정상으로 간주되는 것이다. 만일 우리 사회가 한 개인이 살아가는 데에 성에 따른 제한이 적은 사회라면, 성 전환자에 대한 편견과 부정적인 인식이 상대적으로 낮을 것이라고 생각한다. 우리 사회가 성숙한 사회로 나아가기 위해서는 한 개인이 가진 조건에 따른 차별이 없어야 하며, 차별을 낳는 기준에 대해 끊임없이 되물어야 할 것이다.

III. 성 전환자의 호적상 성별 정정 허가 판결의 신학적·윤리적 의미

이번 판결은 사회적 소수자의 인권을 인정하는 최소한의 조치였다. 사회적 소수자는 기독교의 뿌리이자 출발점이다. 기독교의 근원적인 경험 사건이라고 평가되는 출애굽 사건을 살펴보자. 출애굽 사건의 주체인 히브리인은 사회적 약자였다. 가나안에 정착한 뒤 그들은 매년 출애굽을 기념하며 야웨 하나님께 감사드렸다. 이때 그들은 하나님으로부터 '고아와 과부와 나그네'를 돌아보라는 명령을 듣는다. 왜냐하면 이스라엘이 이집트 제국에서 종살이할 때 하나님께서 이스라엘의 울부짖음을 돌아보셨기 때문이다. 자신들이 한때 사회적 약자였음을 항상 기억하고 사회적 약자로서의 아픔과 부당함을 하나님께서 돌아보셨다는 것을 감사하는 표지로, 그들은 자신들의 공동체 안에 있는 또 다른 사회적 약자를 돌보아야 한다.

　기독교는 예수님을 따르겠다는, 예수님을 구세주로 받아들인다는 고백에서 출발하여, 그 고백을 기독교신앙의 핵심으로 간주하는 종교이다. 그러므로 기독교인은 예수님이 어떤 분이며 어떤 사역을 하였고 어떤 메시지를 선포하였는지에 대해 분명히 알아야 할 것이다. 우리는 예수님께서 활동하던 그 당시 이스라엘이 로마제국의 식민지였지만, 민중들 특히 사회적 약자들의 삶을 직접적으로 옥죄는 것은 유대종교지도자들이었다는 것을 복음서를 통해 알 수 있다. 예수님께서는 유대종교지도자들이 율법의 본뜻보다는 문자에 얽매여 민중들의 삶을 힘들게 한다고 비판하였다. 그러한 예수님을 지지하고 따른 무리들은 병자, 어부, 세리, 여인 등과 같은 사회적 약자였다. 그들은 예수님이 선포한 하나님 나라를 받아들이고 하나님 나라 운동을 함께 전개하였다. 이렇듯 기독교가 하나의 종교로 형성될 무렵 기독교신앙을 가진 사람들은 사회적 소수자였다. 결국 기독교는 그 근원과 출발부터 사회적 소수자의 종교였다고 하겠다. 그런 기독교가, 사회적 소수자인 성 전환자의 최소한의 인권을 보장하는 판결에 대해 부정적 태도를 가진다는 것은 자신의 뿌리와 출발점을 부인하는 것이라고 말한다면 지나친 표현일까? 성 전환자는 우리 사회의 사회적 약자이다. 이번 판결은 기독교에서 미처 또는 여전히 돌아보고 포용하지 못한 성 전환자를 사회가 먼저 인정한 것이며, 기독교로 하여금 망각하고 있던 자신의 뿌리와 출발점을 다시 기억하도록 한다.

　이번 판결에 대한 기독교계의 부정적인 태도는, '되찾은 아들의 비유'11)와 '포도원의 품꾼들 이야기'12)를 생각나게 한다. 되찾은 아들의 비유에서 필자가 말하고 싶은 것은, 작은 아들과 큰 아들의 태도이다. 작은 아들을 성 전환자로, 큰 아들을 소위 일반인으로 보기에는 무리가 따르지만, 오늘날 일반인들이 성 전환자를 성서 본문의 작은 아들로 생각한다는 점에서 그렇게 가정해 보자. 작은 아들은 상속받은 재산을 가지고 집을 나가서 방탕하게 살다가 재산을 탕진하였다. 생존을 위해 가장 기본적인 먹을 것조차 없어서 돼지가 먹는 쥐엄 열매라도 먹고 싶었지만 그마저 여의치 않았다. 그래서 그는 아버지에게로 돌아가서 아들 자격은 면목 없어 요구하지 않고 아버지 집에서 일하는 품꾼으로 삼아 달라고 하였다. 필자는 작은 아들의 이 요구를 성 전환자의 인간으로서의 가장 기본적인 요구라고 해석한다. 왜냐하면 아들 자격은 아닐지라도 품꾼이라면 인간으로 살아가기 위한 기본적인 먹을 것에 대한 걱정은 하지 않아도 되기 때문이다. 성 전환자들의 호적상 성별 정정 요구는 바로 인간으로서의 최

---

11) 누가복음 15장 11-32절.
12) 마태복음 20장 1-15절. 본래 16절까지 포함되는 이야기이지만, 필자의 논의의 전개상 15절까지만 다루겠다.

소한의 요구인 것이다.

이제 아버지 곁에 계속 있었던 큰 아들의 태도를 살펴보자. 집에 돌아온 작은 아들을 환대하는 아버지의 태도에 대해 큰 아들은 화가 나서 집에 들어가려 하지 않았다. 그러자 아버지가 나와서 큰 아들을 달랜다. 그럼에도 불구하고 큰 아들은 여전히 불평, 불만을 쏟아낸다. 이때 아버지가 큰 아들에게 하는 말을 기독교인은 뼈아프게 새겨야 할 것이다. 성 전환자의 호적상 성별 정정 허가 판결에 대해 부정적으로 거부하는 기독교계의 태도를 준엄하게 꾸짖는 하나님의 목소리를 듣는 것 같기 때문이다.

> 애야, 너는 늘 나와 함께 있으니 내가 가진 모든 것은 다 네 것이다. 그런데 너의 이 아우는 죽었다가 살아났고, 내가 잃었다가 되찾았으니, 즐기며 기뻐하는 것이 마땅하다.(누가복음 15장 31-32절)

다음으로, '포도원 품꾼들의 이야기'를 읽어보자. 어떤 포도원 주인이 자기 포도원에서 일할 품꾼들을 고용하였는데, 이른 아침에 일하러 온 사람들에게 하루 품삯으로 한 데나리온을 주기로 계약하고 일을 시켰다. 그리고서 그 주인은 다시 아침 9시, 낮 12시, 오후 3시, 오후 5시에 각각 새로운 품꾼들을 불러서 자기 포도원에서 일하게 하였다. 문제는 일과를 마치고 품삯을 치를 때였다. 맨 나중에 온 품꾼들부터 품삯을 받는데 이른 아침에 일하러 온 품꾼들과 합의한 한 데나리온을 받는 게 아닌가? 이른 아침에 일하러 온 품꾼들이 이것을 지켜보면서 자기들은 품삯을 좀 더 받으리라고 은근히 기대한다. 그런데 웬걸? 그들도 똑같이 한 데나리온을 받았다. 그들은 이내 불평하기 시작하였다. 온종일 찌는 더위 속에서 일한 자기들과 맨 마지막에 와서 한 시간밖에 일하지 않은 품꾼들을 똑같이 대우하는 건 부당하다는 것이다. 본문에는 기록되어 있지 않지만 행간을 읽어볼 때, 이른 아침에 일하러 온 품꾼들뿐만 아니라, 맨 마지막에 온 품꾼보다 조금이라도 먼저 일하러 온 품꾼들도 포도원 주인의 그러한 처사에 불만을 표현했을 것이라고 짐작된다. 이러한 불평과 불만들에 대해 포도원 주인은 단호하게 말한다.

> 이보시오, 나는 당신을 부당하게 대한 것이 아니요. 당신은 나와 한 데나리온으로 합의하지 않았소? 당신의 품삯이나 받아 가지고 돌아가시오. 당신에게 주는 것과 꼭 같이 이 마지막 사람에게 주는 것이 내 뜻이오. 내 것을 가지고 내 뜻대로 할 수 없다는 말이오? 내가 후하기 때문에, 그것이 당신 눈에 거슬리오?
>
> (마태복음 20장 13-15절)

포도원 주인은, 맨 나중에 일하러 온 사람도 이른 아침에 일하러 온 사람과 마찬가지로 아니면 더 절박하게 자신과 가족의 생계를 책임져야 한다는 것을 알았던 것이다. 이것은 바로 하나님의 마음이 아닐까? 우리는 포도원 주인의 말을 통해서 성 전환자의 인권도 일반인의 인권과 마찬가지로 보장되어야 한다는 하나님의 확고한 뜻을 확인한다. 포도원 주인의 말은 이번 대법원 판결에 대한 우리 기독교인들의 부정적인 태도가 얼마나 부당한가를 반성하게 하고 하나님만이 판단하실 수 있는 일을 인간이 넘보려 한 교만을 회개하게 한다.

IV. 나오는 말: 하나님의 신비를 겸손하게 받아들이며

인류 역사가 진보의 방향으로 전개되어 오고 그렇게 나아가고 있다고 단언할 수는 없지만, 인권 개념과 범주는 확대되어 왔다고 생각한다. 그리고 현재 인권 개념과 범주는 종결된 것이 아니라 앞으로도 확대되어 가리라고 본다. 하나님의 창조사역도 종결된 것이 아니라 계속되고 있다. 모든 인간은 '하나님의 형상'대로 창조되었다. 인간은 하나님의 형상대로 창조된 존재이므로 성, 인종, 연령, 종교, 계층, 빈부, 장애, 성적 기호 등에 상관없이 존엄성을 가지며, 따라서 모든 인간은 평등하다. 하나님께서 인간을 창조하신 이러한 본뜻과 달리, 그동안 인간의 범주에서 제외된 사람들이 있었다. 그들이 완전히 포함될 때까지 하나님의 창조사역은 완결되었다고 볼 수 없다. 하나님께서 인간의 코에

'생기'를 불어넣자 비로소 인간이 된 것처럼, 성 전환자들도 인간이 되기 위한 생기가 필요하다. 그 생기는 무엇일까? 이번 판결은 최소한의, 가장 기본적인 생기일뿐이다. 이에 뒤따르는 생기들이 불어넣어져야 비로소 인간으로 살 수 있을 것이다. 사회적 편견과 종교적·도덕적 정죄가 없어질 때, 그리고 그러한 현실을 반영하는 법제들이 마련될 때, 성 전환자들이 인간답게 살 수 있을 것이다.

이번 판결에 대해 기독교계에서는 하나님의 창조질서에 어긋나는 것을 인정해 준 처사라고 평가하고 있다. 무엇이 하나님의 창조질서인가? 성전환증이 선천적 요인에 의한 질병이라면 이것이야말로 하나님의 창조질서가 아닌가? 성서에 나타난 하나님의 창조질서는 성서가 형성된 시대의 인식(의 한계)을 반영한다. 하나님의 창조질서는 인간인 우리가 다 알 수 없는 신비의 영역이다. 하나님의 신비를 인간이 어찌 다 알 수 있는가? 부분적으로 알 수 있을 뿐이다. 전부 다 알고 있다고 말하는 것은 인간의 교만이 아닐까?

성전환증이 선천적 질병이라면 당연히 성 전환자는 신앙적 정죄의 대상이 될 수 없다. 성 전환자들이 생명의 위협과 고비용을 감수하면서까지 성전환 수술을 원하고 수술을 받는 것은 그들의 윤리적 선택이므로 존중해야 한다. 대법원 판결에 대해서도 신앙적 정죄를 하는 것은 정당하지 않다. 그 판결은 성 전환자가 이 사회에서 인간으로 살아가기 위한 최소한의, 가장 기본적인 조건을 보장한 인권선언이기 때문이다.

3부

여성과 교회
: 여성의 눈으로 교회 다시 보기

여성신학의 관점에서 본
부흥운동

I. 들어가는 말

　요즘 한국의 기독교는 '마이너스 프리미엄'의 시대에 놓여 있다고 한다. 이는 사회적 신뢰를 상실하고 있는 기독교가 실제 가지고 있는 긍정적 가치나 영향력보다 평가절하 되고 있는 현실을 표현한 것이다. 이러한 상황에서 평양대부흥운동을 기억한다는 것은 어떤 의미를 가지는가? 100주년이라는 물리적 시간의 흐름을 기념하기 위한 의미도 있으려니와, 그와 더불어 한국 사회에서 위축되고 있는 기독교의 위상을 새롭게 하기 위함일 것이다. 여러 그룹에서 행해지고 있는 다양한 기념행사들의 의도와 목적은 기본적으로 이러한 맥락 안에 있다고 하겠다. 신광철의 표현에 의하면, 그 의도와 목적은 "'그 때, 그 곳에서'의 역사를 기념하려는 것이 분명하며, 그러한 '기념'은 '지금, 여기에서' 그 때의 영광을 재현하고픈 욕망을 반영하고"1) 있다.

한국기독교윤리학회와 한국복음주의윤리학회가 평양대부흥운동을 기억하는 의도와 목적은 무엇인가? 평양대부흥운동에 대한 연구를 통해 사회변혁의 영성을 이끌어 내고자 함이다. 평양대부흥운동이 그 당시 교회에 변화의 바람을 몰고 왔듯이, 오늘날 평양대부흥운동을 새롭게 재조명함으로써 한국교회의 갱신을 촉구하기 위함이다. 필자는 특히 여성신학의 관점에서 평양대부흥운동을 연구하여 사회변혁의 영성을 모색하도록 요청받았다.

평양대부흥운동에 대한 다양한 평가들이 있지만, 강조점의 차이에 따라 그 평가들을 크게 두 가지로 나누어 볼 수 있다.2) 첫째, 평양대부흥운동의 결과, 선교사들의 비정치화 의도에 부합하는 방향으로 한국 기독교가 전개되었다는 평가가 있다.3) 둘

---

1) 신광철, "한국교회는 대부흥운동을 어떻게 바라보고 있는가?"『한국기독교와 역사』 제26호 (2007).
2) 이병수는 평양대부흥운동을 해석하는 관점들을 크게 네 가지로 나눈다. 그것은 ①교회성장의 관점 ②선교사적 관점 ③한국 기독교 형성과 관련된 한국인의 주체적인 관점 ④선교사들의 비정치화 과정과 관련된 관점이다. 이병수, "1907년 평양대부흥운동의 요인 규명,"『한국기독교와 역사』 제19호 (2003). 필자는 이병수의 분류가 설득력이 있다고 생각하나, 교회성장의 관점과 선교사적 관점은 본 연구의 논지와 거리가 있으므로 제외하였다.
3) 주재용, "한국교회 부흥운동의 사적 비판 ─1907년 부흥운동을 중심으로,"『기독교사상』 (1978년 9월); 노대준, "1907년 개신교 대부흥운동의 역사적 성격,"『한국기독교사연구』 제15·16호 (1987); 손승희, "대한제국시대 기독교의 성령운동,"『주제연구』 Vol. 8 (1985).

째, 평양대부흥운동이 한국 기독교인들로 하여금 기독교 신앙의 본질을 깨닫게 하고 새로운 신앙형태를 구축하도록 하였다는 평가가 있다.4) 첫 번째 평가를 전제로 할 경우, 여성신학은 비정치화 의도를 가진 선교사들의 복음주의적이고 정교분리적인 신앙이 여성의 지위와 정체성에 미친 부정적 영향을 연구주제로 삼을 수 있다.5) 두 번째 평가를 전제로 할 경우, 평양대부흥운동 무렵 여성들의 행태에 나타난 교회와 사회를 변혁시키는 힘을 여성신학의 관점에서 분석하는 연구를 할 수 있다. 필자는 평양대부흥운동에 대한 두 번째 평가를 본 연구의 전제로 삼고자 한다. 왜냐하면, 필자는 대부흥운동 어간의 여성들의 이야기와 역사에 나타나는 가부장제적 억압의 측면보다는 여성의 주체됨이라는 해방의 측면에 초점을 맞추고자 하기 때문이다. 이는 최영실이 말한 바 여성의 '축복받은 자'로서의 자기인식6)에 기초한다. '축복받은 자'로서의 자기인식이란, 여성들이 가부장제적 억압 속에서 자신을 부정하고 기존 가치와 질서를 좇아가는 것이

---

4) 민경배 저,『한국기독교회사』신개정판 (서울: 연세대학교 출판부, 1993); 서정민, "초기 한국교회 대부흥운동의 이해 －민족운동과의 관련을 중심으로,"『한국기독교와 민족운동』, 이만열 외 7인 지음 (서울: 도서출판 보성, 1986); 이덕주 지음,『초기 한국 기독교사 연구』(서울: 한국기독교역사연구소, 1995); 이덕주 지음,『한국 토착교회 형성사 연구』(서울: 한국기독교역사연구소, 2001).

5) 이에 대한 연구로는 양현혜, "한국 개신교의 성차별구조와 여성운동,"『한국여성과 교회론』, 이화여자대학교 여성신학연구소 엮음 (서울: 대한기독교서회, 1998); 이숙진,『한국기독교와 여성 정체성』(서울: 한들출판사, 2006) 등이 있다.

6) 최영실, "성서적 관점에서 본 한국여성신학,"『신약성서의 여성들』, 최영실 지음 (서울: 대한기독교서회, 1997), 295-327.

아니라 억압적인 현실 속에서도 이 세상을 변화시킬 수 있다는 자기 긍정을 의미한다.

선교사들의 의도—한국교회의 비정치화—와 달리 부흥운동 자체에서 행해진 죄 고백은 정치적 활동에 대한 회개가 아니라 개인의 내면적 죄에 대한 고백과 회개였다. 이러한 현상 때문에 민족주의적 기독교인들이 교회를 대거 떠났다는 것을 우리는 통계7)를 통해 알 수 있다. 이에 대해 선교사들은 한국교회가 하나님과의 영통에 신앙의 전력을 기울이게 되었다고 다음과 같이 보고한다. "온 교회는 이제 깨끗이 씻겨지고 결백해져서 달고 새로운 것이 되었다."8) 결과적으로 한국교회는 선교사들의 바람과 평가대로 비정치화의 길로 가는 것처럼 보였다. 그러나 그러한 평가는 가시적 현상에 기초한 판단이라는 비판이 있다.9) "1907년의 사건으로 한국교회가 속속들이 비민족, 비정치화된 것이라고 보기에는 그 이후의 교회 행적이 그에 걸맞지 않는다."10)는 것이다. 한편, 이덕주11)는 "[한국] 교인들이 부흥운동 체험을 통

---

7) 물론 절대감소가 아니라 상대적이고 부분적이고 일시적인 감소였다고 한다. 특히 사회적 관심에 투철했던 감리교인의 감소나 정체가 크게 나타났다고 한다. 서정민, 위의 글, 256-258.

8) W. N. Blair, *The Korea Pentecost and other Experience on the Mission Field* (New York, 1908), 50. 민경배, 『대한예수교장로회백년사』 (대한예수교장로회총회, 1984), 218에서 재인용.

9) 민경배 저, 『한국기독교회사』 신개정판; 서정민, "초기 한국교회 대부흥운동의 이해—민족운동과의 관련을 중심으로".

10) 서정민, 위의 글, 235.

11) 이덕주 지음, 『한국 토착교회 형성사 연구』.

해 기독교의 본질을 파악하게 되었다'고 평가한다. "'기독교인 됨의 의미'를 분명하게 인식한 것이 교회의 분위기를 바꾸었던 것이고 이것이 초기 부흥운동의 가장 중요한 결과였다"는 것이다.

필자는 기본적으로 이러한 주장(민경배, 서정민, 이덕주)의 맥락에서, 대부흥운동을 통해 나타난 여성들의 모습을 여성신학과 여성윤리의 관점에서 분석하고자 한다. 한국의 기독교인들은 대부흥운동을 통해 기독교의 본질을 경험하고 그 경험은 이후 한국교회와 사회를 변화시키는 원동력이 되었다는 전제하에서, 대부흥운동을 통해 나타난 여성들의 신앙경험과 이후의 행태에 주목할 것이다. 이는 "여성의 도덕적(종교적) 경험은 존중될 가치가 있다"12)는 페미니스트 윤리의 기본전제와 부합하는 것이다. 여성신학/여성윤리가 '여성에 관한' 신학/윤리에 한정되지 않는다는 것은 주지의 사실이다. 그러나 여성신학/여성윤리는 우선 '여성에 관한' 이야기에서 '여성해방을 지향하는' 이야기를 읽어내어 그것을 신학화한다. 이처럼 여성신학/여성윤리는 여성의 삶의 자리에서 출발하여 '여성을 위한' 신학과 윤리를 전개하되, 거기에 머무르는 것이 아니라 더 나아가 '모든 인간을 위한' 신학과 윤리를 지향한다.13)

---

12) Alison Jaggar, "Feminist Ethics: Projects, Problems, Prospects," in *Feminist Ethics*, ed. Claudia Card (Lawrence: University of Kansas Press, 1991), 78-106.

13) 여성신학과 여성윤리에 대한 자세한 내용은 다음의 책을 참조하라. 이인경, 『에큐메니칼 페미니스트 윤리』 (서울: 한들출판사, 2005); 이인경, "하나님의 형상대로:

이 글에서는 1907년 1월 평양 장대현교회에서 열린 집회뿐만 아니라 그 집회를 전후로 한 여러 지역의 집회와, 이후 영향받아 나타난 여성들의 신앙행태까지를 연구와 분석의 대상으로 삼는다.14) .왜냐하면, 운동(movement)이라고 했을 때 그것은 하나의 사건이 기폭제가 되어 형성하거나 일련의 사건들이 형성하는 의미 있고 가치 있는 흐름 또는 움직임을 의미하기 때문이다.

II. 죄의 공개적 고백에 나타난 자기성찰의 영성

부흥운동 과정에서 두드러진 현상은 죄를 자각하고 공개석상에서 죄를 고백하는 것이었다. 남녀노소를 불문하고 그러한 일들이 일어났다.15)

정말로 놀라운 한 주였다! 고국에서도 많은 부흥회에 참석했지만, 그렇게 강렬한 죄 고백과, 성령의 확연한 임재와 능력, 그리

기독교와 여성," 『기독교의 이해』, 기독교의 이해 교재편찬위원회 (대구: 계명대학교 출판부, 2005), 240-267.

14) 필자는 이덕주의 연구 자료들에 많이 의존하였다. 필자의 게으름과 정보 부족으로 구하지 못한 자료들을 이덕주 연구를 통해 간접적으로 접할 수 있었으며, 여성들의 이야기와 역사에 대한 그의 남다른 관심과 애정에 머리를 숙이지 않을 수 없었다. 많은 반성과 도전이 되었다. 이렇게 지면을 빌어서나마 감사의 인사를 드린다.
15) 이 글에서는 그러한 많은 사례 가운데 여성들에 관한 이야기를 중점적으로 다루기로 한다.

고 기도에 대한 즉각적인 응답을 본 적이 없다. 우리의 신실한 전도부인은 감정에 복받쳐 통곡하면서, 질투했던 것과 사랑이 부족했던 것을 고백하였다. 그녀의 고통은 이내 평안으로 바뀌었으며, 그 이후로 그녀의 삶은 성령의 열매로 가득 찼다.16)

위 이야기는 원산 부흥운동의 불을 지폈던 하디 Hardie 선교사가 1904년 11월 초 인천지역 내리교회에서 부흥회를 인도했을 때 일어난 일이다. 일반교인들의 모범이 될만한 신앙을 가졌을 거라고 기대되는 한 전도부인이 남들은 모르는 자기 내면의 죄를 공개적으로 고백한 것이다.

다음은 1907년 3월 16일부터 2주일 동안 평양 북장로회 선교부에서 열린 사경회의 장면이다. 이 사경회는 평남노회 소속 전도부인들을 대상으로 한 특별사경회였는데, 평양 인근지역에서 온 참석자들은 이미 평양 부흥운동에 대한 소식을 접했던 터라 은혜를 경험하기를 기대하는 마음으로 참석하였다.

이 부인들은 이미 이 집회에 대한 기대로 가득 차 있었다. 그들 중 몇 명은 이미 출신교회에서 약간이나마 은혜를 경험한 터였다. 사경회 기간 내내 부인들은 빠지고 않고 성실하게 공부하였는데, 이것은 그녀들이 이 사경회에 특별한 관심을 가지고 왔다는 것을 보여준다. 그녀들은 저녁 집회 때 무거운 죄의 짐을 가

---

16) M. R. Hillman, "A Wonderful Week," *The Korea Mission Field* (Aug. 1906), 183.

지고 나와 고백하였다. 집회 시작 때부터 죄를 자각하고 고백하는 현상은 저녁때까지 계속되었는데, 시간이 흐를수록 죄 고백의 횟수가 늘어나고 죄 자각의 강도가 강해졌다.[17]

아래에 소개하는 두 이야기는 모범적인 신앙인으로 이름이 알려진 백헬렌과 김세지의 죄 고백 장면이다.

우리는 헬렌이야말로 성자라 생각했는데 그녀는 마치 불이 붙은 것처럼 괴로워하며 기도하여 온 몸이 흠뻑 젖을 정도였다. 헬렌은 지금까지 그녀가 인도한 어떤 집회보다 많은 사람들이 모인 집회에서 그동안 살면서 지은 모든 죄를 시시콜콜한 것까지 고백하였다. 그것은 그동안 어느 누구에게도 알리지 않은 것들이었다. 그렇게 고백을 하고 난 후 그녀는 천사의 광채처럼 환하게 빛난 얼굴로 지금까지 느껴본 적이 없는 영원한 평화와 자유를 가지게 되었음을 알게 되었다고 말하였다.[18]

그녀(김세지)는 자기 죄 때문에 괴로워했다. 그녀는 울면서 손

---

17) W. L. Swallen, "God's Work of Grace in Pyeng Yang Classes," *The Korea Mission Field* (May 1907), 78.

18) J. Marker, "Report of the Day Schools and Evangelistic Work of the Chemulpo and Hai Ju Circuits," *Report of Annual Session of the Korea Woman's Conference of the Methodist Episcopal Church* (1907), 32. 이덕주, "한국교회 초기 부흥운동과 여성— 1903년 원산 부흥운동과 1907년 평양 부흥운동을 중심으로," 『한국기독교와 역사』 제26호 (2007), 52에서 재인용.

으로 마루 바닥을 쳤다. 그녀는 자신을 주체할 수 없을 정도로 괴로워하다가 마음을 억눌렀던 죄를 회중들 앞에서 털어놓았다. 교회 나오던 부인이 죽었을 때 교인들이 생각했던 것처럼 그녀가 당연히 가서 시체에 염을 해야 했는데 사랑하는 마음 없이 분노로 하였을 뿐만 아니라 한번은 가기를 거부했다고 고백하였다. 그리고 목사에게 불만을 품었던 죄도 고백하였다. 또한 다른 사람들이 무서운 죄를 자백하는 것을 보고 그녀 자신이 바리새적인 태도를 취했었다는 것을 자백하는 지경에 이르러서는 자신을 주체할 수 없을 정도가 되었다.[19)]

인천에서 오랫동안 전도부인으로 일한 백헬렌은 인천 지역 교회 여성들로부터 '어머니'와 같은 존경을 받았으며,[20)] 김세지는 평양의 전설적인 전도부인이었다.[21)] 어찌 보면 일반 교인들에게는 충격적일 수도 있는 이들의 공개적인 죄 고백은 교회 내 그녀들의 권위를 떨어뜨리기는커녕 오히려 신뢰할 수 있는 영적 지도자로 인정받는 계기가 되었다고 한다.[22)]

위에서 소개한 이야기들은 여성들끼리의 집회에서 일어난 일이라면, 다음의 이야기는 여성과 남성이 한데 모인 자리에서

---

19) *The Journal of Mattie Wilkox Noble* 1892~1934, 160. 이덕주, 위의 글, 52에서 재인용.

20) 이덕주, 위의 글, 52.

21) 이덕주 지음, 『한국교회 처음 여성들』(서울: 기독교문사, 1990), 36-43.

22) 이덕주, "한국교회 초기 부흥운동과 여성," 53.

펼쳐진 장면을 보여준다. 1904년 11월 인천지방 연합사경회 때의 일이다.

> 집회는 하루 세 차례, 아침 10시부터 시작하였는데 점심과 저녁 식사 시간을 빼놓고 하루 종일 모였다. 말씀 선포와 성령의 임재하심으로 나타난 능력이 대단하여 추악한 죄의 진상을 폭로한 사람들은 주님의 능력으로 죄 사함을 받았다. 죄의식이 얼마나 강하였는지 회중들은 설교 중인데도 하디 박사의 말을 끊고 일어나 자기 죄를 자백하였다. 전에는 이런 사람들을 본 적이 없었다. 남자 여자 가릴 것 없이 한 사람씩 일어나 자기가 지은 죄를 자백하였다.23)

이처럼 여성들은 남성들과 함께 있는 자리에서 그것도 남성 설교자의 말을 중단시키면서까지 죄를 자백하였다. 1906년 1월 서울지역 장로교와 감리교 연합집회 때도 이러한 일이 벌어졌다.

> 예배 직전의 15분간의 기도모임도 매우 유익하였는데, 한번은 외국인 선교사들이 인도하고 한번은 장로나 집사 또는 주일학교교사와 같은 직분을 맡은 토착 교인들이 인도하였다. 하나님의 성령이 임하여 간절한 죄 고백이 있었다. 어느 날 저녁집회

---

23) E. M. Cable, "Another Wonderful Revival," *The Korea Methodist* (Dec. 1904), 11-12. 이덕주, 위의 글, 58에서 재인용.

때는 한 여인이 일어나 설교자의 말을 중단시키면서, 설교를 듣던 중에 전에는 몰랐던 죄를 깨달았다고 말하였다.24)

이덕주에 의하면, 가부장제적인 질서와 분위기가 여전히 강력했던 그 당시에 여성이 남성 인도자의 설교를 중단시키고 자신의 이야기를 했다는 것은 혁명적인 행위였으며 그것은 초이성적 종교 체험의 현장이었기에 가능했다고 한다.25) 이덕주의 이러한 평가에 대해 이숙진26)은 다른 견해를 피력한다. 똑같은 사건을 놓고 이덕주는 초이성적 종교 체험의 현장을 여성들의 그러한 행위가 가능했던 배경으로 본 반면, 이숙진은 여성이 말하는 주체(speaking subject)로서 등장하는 것에 초점을 맞추어야 한다고 주장한다. 이숙진은 여성들이 말하는 행위를 초이성적인 종교 경험의 상태에서 나타나는 일회성 해프닝으로 해석한 이덕주의 주장에 문제를 제기한 것이다.

이덕주는, 전도부인들과 교회여성들이 이렇게 죄를 자각하고 공개적으로 죄를 고백하는 과정을 통해서 기독교의 본질을 체험하게 되었으며 그 체험을 통해 기독교라는 종교가 어떤 것인지를 인식하게 되었다고 주장한다.27) 필자는 이덕주의 이러

---

24) S. F. Moore, "The Revival in Seoul," *The Korea Mission Field* (Apr. 1906), 116.
25) 이덕주, 위의 글, 59.
26) 이숙진, "'한국교회 초기 부흥운동과 여성' 논찬,"『한국기독교와 역사』제26호 (2007), 75-80.
27) 이덕주, 위의 글, 53.

한 주장에 일면 동의하는 한편, 여성신학적인 해석을 덧붙이고
자 한다. 필자는, 철저하게 내면의 죄를 자각하고 공개석상에서
그 죄를 고백하는 여성들의 모습에서, 강남순이 여성신학의 지
녀야 할 요소로 제안한 '건강한 회의주의'(healthy scepticism)[28]를
발견한다. 건강한 회의주의란 "신학자나 운동가가 자기의 관점
이나 기준에 대하여 끊임없는 자기 비판적 태도를 잃지 않는 것
을 의미"[29]한다. 여성신학과 여성신학자의 철저한 내적 자기 성
찰을 함축하고 있는 건강한 회의주의는, 엘리자베스 쉬슬러 피
오렌자(Elizabeth Schuessler Fiorenza)가 말한 '의심의 해석학'[30]을 더
철저화한 것으로 평가된다.[31] 부흥운동 과정에서 나타난 한국
교회 여성들의 철저한 죄 자각과 공개적인 죄 고백은 철저한 내
적 자기 성찰의 모습이었다. 여성들이 자기 의(義)와 교만을 철저
하게 자각하고 회개하는 모습에서 필자는 '자기성찰의 영성'을
발견한다.[32]

---

28) 강남순 지음,『현대여성신학』(서울: 대한기독교서회, 1994), 289.
29) 위의 책, 290.
30) 의심의 해석학은 성서가 여성해방을 위한 권위나 진리를 가지고 있지 않고 성서본
   문과 해석이 남성 중심적이며 가부장제적 기능을 한다는 전제에서 출발한다. 의심
   의 해석학은 성서본문, 성서해석, 성서번역, 기독교 전통, 신학적 주장, 규범체계, 현
   실 등 모든 분야에 적용된다. E. S. 피오렌자 지음,『돌이 아니라 빵을: 여성신학적
   성서해석학』, 김윤옥 옮김 (서울: 대한기독교서회, 1994 [Elisabeth Schuessler
   Fiorenza, *Bread Not Stone: The Challenge of Feminist Biblical Interpretation*, Boston:
   Beacon Press, 1984]). 바로 이러한 적용범위 때문에 의심의 해석학은 여성해방적 성
   서해석 모델의 구성요소일 뿐만 아니라 여성신학의 기본전제이기도 한 것이다.
31) 이인경,『에큐메니칼 페미니스트 윤리』, 127.
32) 부흥운동 과정에서 나타난 여성들의 죄 자각과 공개적인 죄 고백에 대해 이숙진도

이러한 자기성찰의 영성은 선교사들에게서도 발견된다. 토착 교인들의 공개적인 죄 고백을 목격한 선교사들은 자신들의 교만과 우월주의를 깨닫게 되었다. 평양에서 활동하던 무어(Moore) 선교사의 다음과 같은 고백이 이러한 사실을 입증해준다.

올 해가 될 때까지만 해도 나는 동양은 동양이고 서양은 서양일 뿐, 둘 사이에 어떠한 유사성이나 만날 수 있는 공동의 기반이 있을 수 없다고 생각했다. 다른 사람들처럼 나도 한국인들은 서양인들이 하는 것과 같은 종교적 체험을 결코 할 수 없다고 말했었다. 이번 부흥회는 나에게 두 가지를 가르쳐 주었다. 첫째, 비록 표면적으로 보면 한국인은 서양인과 정반대되는 것이 수천 가지가 넘지만, 근본적으로는 서양인과 한 형제라는 것이다……. 둘째, 동양인들의 경건한 생활과 기도와 어린이처럼 믿는 것을 서양인이 배워야 한다는 것이다. 우리가 이런 점들을 배울 때 비로소 그리스도의 온전한 복음을 알게 될 것이다.[33]

필자와 비슷한 해석을 한다. 이숙진은 "죄의 인식과 고백으로 자신의 위치와 삶을 성찰하고, 타자와 공감함으로써 개신교인으로서의 정체성을 형성하였"다고 말한다. 또한 여성들이 공개적으로 자신의 이야기를 했다는 사실에 대해 여성들이 "스스로에 대하여 말하는 주체(speaking suject)로 등장하게 되었다"고 평가한다. 그러나 이숙진의 전체적인 논지는, 여성들의 죄의 자각과 고백은 권력기반이 약한 교회 여성들에게 죄인으로서의 정체성을 각인시킴으로써 소극적이고 부정적인 의미의 순종적 주체를 형성하는 데에 결정적인 역할을 하였다는 것이다. 이숙진은 바로 이 점을 부각시키고 강조한 것이다. 이숙진, 『한국기독교와 여성 정체성』, 101-129. 그러나 필자는 이숙진의 주장에 일면 동의하지만, 여성들의 모습에서 자기성찰의 영성을 발견할 수 있다는 점을 더욱 강조하고 싶다.

토착 교인들의 공개적인 죄 고백에서 발견되는 자기성찰의 영성이 선교사들에게도 영향을 미쳐 자기성찰의 계기를 마련해 준 것이다.

Ⅲ. 기도에 나타난 공동체 살림의 영성

대부흥운동은 기도를 그 배경과 기반으로 하여 전개되었다고 한다.34) 대부흥운동의 기반을 형성한 다양한 기도 전통으로는 토착 교인들의 새벽기도, 선교사들의 정오기도회, 그리고 사경회와 기도회에서 행해졌던 통성기도 등이 있다. 이러한 다양한 기도 전통 가운데 새벽기도가 대부흥운동의 가장 중요한 기반이자 기폭제가 되었다고 평가된다.35) 이병수의 연구36)에 따르면, 새벽기도회는 기록상 1898년 2월 황해도 수안 강진교회 사경회에서 처음 시작되었고, 이후 다른 사경회에서 시행되다가, 1904년 1월 평양 장대현교회 도사경회에서 공식적인 순서가 되었다고 한다. 이 사경회의 한국인 지도자가 길선주였으므로 그가 새벽기도회를 사경회의 공식 순서로 만들었을 가능성이

---

33) J. Z. Moore, "The Great Revival Year," *The Korea Mission Field* (Aug. 1907), 78.

34) 신광철, "한국교회는 대부흥운동을 어떻게 바라보고 있는가?" 119; 민경배 저, 『한국기독교회사』신개정판, 214.

35) 신광철, 위의 글; 민경배 저, 위의 책.

36) 이병수, 위의 글.

높다는 것이다.

이러한 새벽기도를 상대적으로 여성들이 많이 하였다고 한다.[37] 여성들이 자발적으로 행한 새벽기도의 예들을 살펴보자.

이른 아침 우리는 소녀들이 하나 둘씩 몰래 빠져나가 예배실에 기도하러 가는 것을 보았다. 그녀들에게 언제 어디서 죄 용서받음을 느꼈냐고 물었더니, 대부분이 예배실에서 새벽에 홀로 기도할 때였다고 말했다.[38]

위 이야기는, 1905년 9월 서울 정동교회에서 배재학당과 이화학당 학생들을 대상으로 열린 부흥회 기간 중 은혜를 받은 이화학당 학생들이 새벽기도를 드렸다는 프라이(Frey) 교장의 증언이다. 이화학당 학생들의 이러한 새벽기도는 자발적이기는 하나 개인적인 형태의 기도였다고 평가된다.[39] 자발적이고 집단적인 예배 형태의 새벽기도회는 1905년 2월 개성지방에서 열린 부인 사경회에서 행해졌다고 한다.[40] 캐롤(Carroll) 선교사의 다음과 같은 보고를 통해 알 수 있다.

보통 한국 집은 방도 작고 또 여성들에게는 내외하는 풍속이 있

---

37) 이덕주, 위의 글, 55. 이에 비해 상대적으로 남성들은 통성기도를 많이 하였다고 한다.
38) L. E. Frey, "Revival at Ewa," *The Korea Mission Field* (May 1906), 133.
39) 이덕주, 위의 글, 55.
40) 위의 글, 55-56.

어서 방문객들이 숙식을 하는 데에 어려움이 적지 않다. 한 방에서 먹고 자고 해야 하기 때문에 내가 묵고 있는 방에도 휘장을 치고 건너편에 10~14명 정도가 잠을 잤다. 처음 사흘 동안은 그런대로 잘 지냈다. 그런데 그 중 몇 명이 자기 집에서 찾아올 것을 걱정하고 돌아간 후부터 정적이 깨졌다. 아침 여섯 시가 되자 마치 아침을 알리는 시계처럼 건너편에 있던 교인들이 일어나 찬송을 부르며 기도를 하는 바람에 나도 일어나야 했다. 그리고 그 다음 날 새로 몇 사람이 왔는데 새벽 4시에 사람들을 깨워 무려 한 시간 반 동안이나 대화를 나누는 것이었다. 나로서는 그렇게 일찍부터 일어나 일을 준비하지 않아도 될 것으로 여겨 어두울 때는 자고 대화는 낮에 하라고 권하였다.[41]

남편과 자식의 성공을 위해 그리고 가족들의 건강을 위해, 아침마다 일찍 일어나 정화수를 떠놓고 천지신명에게 기도를 드리던 한국 여성들에게는 새벽기도가 익숙한 종교문화적 행위였다. 여성들이 자발적으로 행한 이러한 새벽기도에 대해 "자연발생적인 토착 신앙 양태"[42]라고도 하고 "승화"[43]된 신앙습관이라고도 한다. 한국 여성들의 새벽기도에 대한 이러한 평가는 전통적인 종교문화와의 외형적인 연속성에 주목한 것이다. 그러나

---

41) A. Carroll, "Songdo Woman's Class," *The Korea Methodist* (Jun. 1905), 103. 이덕주, 위의 글, 56에서 재인용.
42) 이덕주, 위의 글, 56.
43) 이병수, 위의 글, 79.

한국 여성들의 새벽기도에는 정화수 기도전통과는 다른 불연속적인 측면이 있다. 그것은 기도의 내용과 방향이 다르다는 것이다. 기도의 내용과 방향에 대해서는 새벽기도 자체에 대한 보고를 통해서보다는, 그 당시 여성들이 전개한 기도운동을 통해 짐작할 수 있다. 부흥운동을 통해 은혜를 체험한 여성들은 기도모임을 만들어 주기적으로 모였다고 한다.

> 우리는 매주 목요일마다 부인 기도회를 열었는데 아주 유익하였다. …… 부인들은 지난 주간 중 특별한 은총을 받은 것이 있으면 하나님께 찬양을 드리고 죄를 지은 것이 있으면 그것을 자백하였다. 그들은 또한 기도 제목을 가져오기도 하고 어떻게 기도하는지 배우기도 한다. 이 같은 작은 모임에 참석하는 이들은 이런 식으로 하나님에 대해 알고 또 하나님을 사랑하는 법을 알게 되는데 우리에게도 아주 소중한 경험이어서 그들을 만나는 시간이 돌아오기를 기다린다. 요즘같이 힘들고 어려운 시기에 고난을 극복하고 힘을 얻도록 부흥회를 만들어 주신 하나님께 감사드린다.[44]

위 보고는 원산부흥운동 직후 원산지방 여성들이 만든 기도

---

44) A. Carroll, "Report of General Work in Wonsan," *Minutes of the Annual Meeting of the Korea Mission of the Methodist Episcopal Church, South* (1904), 44. 이덕주, 위의 글, 66에서 재인용.

모임에 대해 캐롤 선교사가 증언한 것이다. 이러한 기도모임을 통해 여성들은 자기를 성찰하고 서로의 신앙을 나누고 성숙시키며 서로 기도해 줌으로써 어렵고 힘든 시기를 견뎌낼 수 있었다. 또한, 여성들은 나라를 위한 기도모임을 갖기도 하였다. 1905년 을사조약이 체결된 후 이화학당 교사들과 학생들은 학교에서 매일 오후 3시, 훗날 여성독립운동가로 활약한 조신성의 인도 하에, 구국기도회로 모였다. 이전의 종교적인 성격의 기도모임이 정치적인 성격으로 바뀐 것이다.45) 페인(Paine) 선교사의 증언을 들어보자.

> 내가 돌아와서 첫날 수업에 들어갔는데 언문 선생이 나를 찾아와 오후 세 시에 있을 내 수업에 기도회를 가질 예정이니 몇 분 정도 시간을 내달라고 부탁하였다. 며칠 후 내가 학생들에게 매일 무엇을 위해 기도하느냐고 물었더니 '나라를 위해 기도합니다'라고 대답하였다. 그들은 매일 정한 시간에 수업을 중단하고 잠시 나라를 위해 간절하게 기도한 것이다.46)

이화학당의 구국기도회는 재학생들을 통해 다른 지역에 알려지면서 확산되었는데, 그 중 한 사례로 예수를 믿지 않던 부모

---

45) 이덕주, 위의 글, 67.

46) J. O. Paine, "Ewa Haktang-Seoul," *Report of Annual Session of the Korea Woman's Conference of the Methodist Episcopal Church* (1906), 5. 이덕주, 위의 글, 67에서 재인용.

가 나라를 위해 기도하는 딸에게서 감동을 받아 함께 기도하게
된 사연이 있어 아래와 같이 소개한다.

> 겨울방학을 마치고 돌아온 학생 한 명이 그동안 믿지 않은 부모
> 와 함께 집에서 지내면서 얻은 놀라운 승리의 역사를 들려주었
> 다. 그 부모는 그 학생이 매일 나라를 위해 기도하는 것을 허락
> 하였을 뿐만 아니라 정오에 드리는 기도에는 함께 참여하였다
> 고 한다. 기도를 들어주시고 응답해 주시는 하나님을 믿는 우리
> 는 그 하나님께서 이처럼 간절하게 그 마음을 당신에게 바치는
> 이 민족의 호소에 응답해 주실 것을 믿는다.47)

이러한 예들을 통해, 필자는 한국교회 여성들의 새벽기도를
정화수 기도전통과의 외형적인 연관성에 초점을 맞추기 보다는
기도 내용 및 방향의 차별성에 주목할 필요가 있다고 생각한다.
정화수 기도가 가족의 건강과 안녕 그리고 출세를 비는 것이었
다면, 부흥운동을 통해 은혜를 경험한 한국교회 여성들의 새벽
기도와 그 이후의 기도모임을 통한 기도운동은 그러한 가족 이
기주의에 머무르는 것이 아니라 그것을 넘어서서 교회와 나라를
위한 것이었다. 새벽기도와 기도모임의 형태로 여성들이 자발적
으로 전개한 기도운동에서 필자는 교회와 나라를 살리는 '공동체
살림의 영성'을 발견한다.

---

47) J. O. Paine, *ibid.*, 5-6. 이덕주, 위의 글, 67-68에서 재인용.

IV. 성미와 날연보에 나타난 헌신의 영성

1. 성미

요즘은 성미를 따로 모으는 기독교인을 찾아보기 힘들지만, 필자가 어렸을 때, 필자의 집안에서 가장 먼저 예수를 믿으신 할머니께서 성미를 떼놓으시는 걸 본 적이 있다. 한때 개척교회를 하셨던 필자의 어머니께서도—비록 당신이 목회자였음에도—성미를 모아 두셨다가 가난한 교인에게 나눠주시거나 교회행사 때 쓰셨던 것이 기억난다. 이 두 분의 공통점은 살림을 하는 여성이었다는 것이다. 성미는 한국교회 여성들의 오래된 토착적 신앙전통으로 부흥운동 무렵부터 시작되었다고 한다.48) 그 무렵(1905년) 개성지방 콜리어(Collyer) 선교사의 다음과 같은 보고를 통해 성미 제도가 있었음을 알 수 있다.

> 많은 교인들 가정 부엌마다 '주 단지'(The Lord's Pot)라는 것이 있
> 다. 부인들은 가족을 위해 밥을 할 때마다 곡식을 한 줌씩 이 단
> 지에 넣는다. 그리고 월말에 이 곡식들을 팔아 목회자 생활비로
> 댄다.49)

---

48) 이덕주의 연구에 따르면, 성미운동은 새벽기도와 같은 시기(1904년)에 시작되었다
고 한다. 이덕주, 위의 글, 56.
49) C. T. Collyer, "Report of Songdo South Circuit," *Minutes of the Annual Meeting of the
Korea Mission of the Methodist Episcopal Church, South* (1905), 36. 이덕주, 위의 글,

경제적 기반이 약했던 여성들이 그나마 자신의 재량권 하에 있는 쌀을 밥할 때마다 조금씩 모아서 교회에 바쳤던 것이 성미이다. 여성들이 바친 성미는 토착교회 목회자 생활비 보조[50]와 가난한 자 구제와 같은 교회의 재정에 기여하였다. 이러한 성미 제도는 천도교의 오관(五款)이라 불리는 기본적 신앙 의무의 하나였던 것을, 기독교가 자립(self-support) 운동의 일환으로 수용한 것이다.[51] 이러한 사실이 콜리어 선교사와 같은 개성지방 크램(Cram) 선교사의 보고에 다음과 같이 잘 드러나 있다.

이 교회 부인들은 기독교인이 되기 전에 각자 집에서 귀신을 섬겼는데 끼니때마다 정성스럽게 한 줌씩 쌀을 떼어 두었다가 일정 기간이 지나면 그것을 제물로 바치곤 하였다. 이제 교인이 된 후 똑같은 정성으로 끼니때마다 쌀을 한 줌씩 떼어 모아 두었다가 자기 구역 전도사에게 주기로 했다는 것이다.[52]

56에서 재인용.

50) 1912년 평양 남산현교회 여성들이 부인전도회를 조직하여 전도부인 한 명을 파송하는 비용을 마련하기 위해 회원들이 성미를 모았다고 한다. 이덕주, 『한국 감리교 여선교회의 역사』 (기독교대한감리회 여선교회 전국연합회, 1991), 171-172.

51) 이덕주 지음, 『초기 한국 기독교사 연구』, 104; 이덕주, "한국교회 초기 부흥운동과 여성," 57.

52) W. G. Cram, "North Ward Circuit, Songdo," *Minutes of the Annual Meeting of the Korea Mission of the Methodist Episcopal Church, South* (1905), 35. 이덕주, "한국교회 초기 부흥운동과 여성," 57에서 재인용.

성미 제도는 이렇게 개성지방에서 시작되어 다른 지역으로 확산되었으며, 경제적 기반이 약했던 우리네 할머니들과 어머니들의 헌신적인 신앙 표현의 하나가 되었던 것이다. 예수께서 헌금을 적게 한 가난한 과부를 그 누구보다도 칭찬하신 이유가 무엇일까? 비록 객관적으로는 적은 돈이지만 가진 것 모두를 헌금함에 넣은 그 과부의 헌신적인 믿음을 예수께서 보신 것이다. 여성의 경제 활동이 활발한 요즘과 달리, 사회에서 경제활동을 거의 할 수 없었고 그래서 하지 못했던 부흥운동 무렵의 여성들이 그나마 바칠 수 있었던 것이 쌀(곡식)이었던 것이다. 여성들은 자신들이 거의 도맡아 하는 살림을 아껴 살면서 적은 양이나마 마음과 정성을 다해서 성미를 모았던 것이다.

2. 날연보

날연보(Day Offering)란 돈이나 물질을 하나님께 바치듯, 시간(날)을 바치는 것을 의미한다.[53] 한국교회 특유의 '무보수 자원 전도' 전통인 날연보에 대한 기록이 처음으로 나타난 것은 1905년 북장로회 선천 선교부 보고이다.

지난 해 사업 중에 가장 두드러진 현상은 전체 교회에 전도 열기가 넘쳐나고 있다는 점이다. 교인들은 매일 이웃에 사는 불신

---

53) 이덕주 지음, 『한국 토착교회 형성사 연구』, 101.

자들에게 전도하고 멀리 복음이 들어가지 않은 곳에 복음을 전하기 위해 설립한 전도회를 자발적으로 지원하는 것에 그치지 않고 개인적으로 좀 더 주님을 위해 헌신하려는 욕망이 솟구쳤다. 이런 욕망이 돈이 아닌 시간을 바치는 것으로 표현되어 구체적으로 날을 적어 내고는 개인적으로 불신자들에게 전도하는 형태로 발전되었다. 이것은 [1904년] 11월 철산 사경회에서 시작되었는데 그 때 350일이 넘는 날이 헌납되었다. …… 이런 식으로 불과 며칠 만에 유급 전도자 한 사람이 1년 동안 활동할 수 있는 날이 헌납되었다.54)

바쳐진 날들은 전도와 교회 행사를 하는 데 사용되었고, 유급 전도자가 부족했던 초기 한국교회에서 유익한 제도로 활용되었다고 한다.55) 여성들도 적극적으로 날연보를 바쳤는데, 특히 자기 시간의 십분의 일, 즉 십일조를 하나님께 바치는 여성들이 있었다. 이 여성들은 미감리회 여성들의 자발적인 여성전도 모임인 '십일조회'(Tither's Class) 소속의 '십일조 부인'(Tithing Woman)이었다. 이 여성들은 1년 52주 중에 십분의 일인 5주를 전도하는 일에 바치기로 서약하였다.56) 십일조회는 경제적 기반이 약했던 한국 여성들의 헌신적인 신앙을 보여주는 대표적인 예라고

---

54) "Syen Chun Station Report," *Annual Report of the Korea Mission of the Presbyterian Church in the U.S.A.* (1905), 7-8. 이덕주 지음, 위의 책, 146-147에서 재인용.

55) 이덕주 지음, 『초기 한국 기독교사 연구』, 101.

56) 위의 책, 102-103.

하겠다. 십일조회를 지도한 에스티(Estey) 선교사의 증언을 들어
보자.

아마도 '십일조회'란 명칭이 바뀌어야 할 것 같다. 왜냐하면 부
인들 대부분이 자기 시간의 십분의 일만이 아니라 오분의 일까
지도 기꺼이 바치려 하기 때문이다. 영변에 있는 어떤 부인은
종종 이런 말을 한다. 주님께서 제게 이같은 기쁨과 평안을 주
셨는데 이 정도밖에 드리지 못한다면 말도 안 됩니다. 그래서
저는 3개월마다 한 달만 집안일을 하고 나머지 날들은 주님께
바치기로 했습니다. 이 부인은 실제로 지난해 약속한 날 이상을
일했다. 여행하는 데 드는 경비를 제외하고는 봉급을 한 푼도
받지 않은 채 말이다.57)

날연보를 농경사회의 '품앗이' 제도와 맞닿아 있다고 보는
견해58)가 있다. 이는 물질이 아닌 시간과 노력을 바치는 외형적
인 유사성에 주목한 결과이다. 그러나 필자가 보기에, 품앗이는
상호부조의 성격을 가진 반면, 날연보는 아무런 반대급부를 바
라지 않고 전적으로 자신의 시간과 노력을 내어 놓는 것이므로,
품앗이와 날연보를 같은 맥락에서 보는 것은 무리가 있다고 생

---

57) E. M. Estey, "Tithing Class," *The Annual Report of the Korea Woman's Conference of
   the Methodist Episcopal Church* (1910), 73. 이덕주 지음, 위의 책, 103에서 재인용.
58) 이덕주 지음, 위의 책, 102.

각한다.

한국 여성들은 헌신을 여성이 갖추어야 할 덕목으로 요구받아왔다. 여성에게 사회문화적 규범으로 부과된 헌신은 여성의 진정한 자발성을 담아내기가 쉽지 않다. 겉으로는 자발적인 헌신인 것 같지만, 여성에게는 원천적으로 강제성을 띤 규범이기 때문이다. 물론 헌신이라는 규범 자체는 누구에게나 적용되는 것이다. 그러나 헌신의 의미와 가치가 살기 위해서는, 그 '누구'가 주체적인 판단과 자발적인 선택을 할 수 있는 '도덕 행위자'일 때이다. 초기 한국교회 여성들이 성미를 바치고 날연보를 드린 것은, 단순히 전통적인 여성적 덕목인 헌신을 맹종적으로 행한 것이 아니라 은혜를 경험한 후 주체적이고 자발적인 판단과 선택에 의한 것이기에 그 의미가 특별하다고 하겠다. 외형적으로만 볼 때는 초기 한국교회 여성들의 헌신적인 활동이 전통적인 여성적 규범의 표출로 간주될 수 있겠지만, 전자와 후자의 동기는 확연한 차별성을 지닌다.59) 필자는 한국교회 여성들의 성미와 날연보운동에서 진정한 의미의 '헌신의 영성'을 발견한다.

---

59) 오늘의 한국교회를 들여다 볼 때, 여성은 '도덕 행위자'됨을 온전히 인정받지 못하고 있는 현실이다. 의식의 차원은 물론이고 법적·제도적 장치조차 미비한 실정이다. 그럼에도 불구하고 여성의 신앙행태를 여성신학의 관점에서 적극적으로 해석해냄으로써, 여성들이 보여주는 헌신의 모습이 전통적인 여성적 덕목의 실천이 아니라 신앙적 동기에 의한 주체적이고 자발적인 것임을 드러내야 할 것이다.

V. 나오는 말

이 글은 여성신학의 관점에서 평양대부흥운동을 연구하여 사회변혁의 영성을 모색하는 것이었다. 필자는 한국의 기독교인들이 대부흥운동을 통해 기독교의 본질을 경험하고 그 경험은 이후 한국교회와 사회를 변화시키는 원동력이 되었다는 전제하에서, 대부흥운동을 통해 나타난 여성들의 신앙경험과 이후의 행태에 주목하였다. 그 결과 다음과 같은 사회변혁의 영성을 확인할 수 있었다.

첫째, 자기성찰의 영성이다. 부흥운동 과정에서 두드러진 현상은 죄를 자각하고 공개석상에서 죄를 고백하는 것이었다. 부흥운동 과정에서 나타난 한국교회 여성들의 철저한 죄 자각과 공개적인 죄 고백은 철저한 내적 자기 성찰의 모습이었다. 여성들이 자기 의(義)와 교만을 철저하게 자각하고 회개하는 모습에서 필자는 '자기성찰의 영성'을 발견하였다. 이러한 토착 교인들의 자기성찰의 영성은 선교사들에게도 영향을 미쳐 선교사 자신의 우월주의적인 태도를 성찰하는 계기를 마련해 주었다.

둘째, 공동체 살림의 영성이다. 대부흥운동은 기도를 그 배경과 기반으로 하여 전개되었다. 부흥운동을 통해 은혜를 경험한 한국교회 여성들의 새벽기도와 그 이후의 기도 모임을 통한 기도 운동은 정화수 기도의 가족 이기주의에 머무르는 것이 아니라 그것을 넘어서서 교회와 나라를 위한 것이었다. 새벽기도와 기도 모임의 형태로 여성들이 자발적으로 전개한 기도 운동에서 필자는 교회와 나라를 살리는 '공동체 살림의 영성'을 확인하였다.

셋째, 헌신의 영성이다. 부흥운동 무렵부터 여성들에 의해 성미와 날연보 운동이 전개되었다. 초기 한국교회 여성들이 성미를 바치고 날연보를 드렸다는 것은, 단순히 전통적인 여성적 덕목인 헌신을 맹종적으로 행한 것이 아니라 주체적이고 자발적인 판단과 선택에 의한 것이기에 그 의미가 특별하다고 하겠다. 필자는 한국교회 여성들의 성미와 날연보운동에서 진정한 의미의 '헌신의 영성'을 읽을 수 있었다.

평양대부흥운동을 비롯한 한국교회 초기의 부흥운동은 기존 교인들의 영적 재각성의 측면이 강하다고 하겠다. 부흥운동 과정에서 나타나는 그 당시 선교사들의 의도나 토착 교인들의 모습을 통해서 그러한 사실을 확인할 수 있었다. 그러므로 침체에 빠진 한국교회의 재성장을 위해 대부흥운동을 기억하고 기념한다는 것은 대부흥운동의 성격과 의미를 잘못 파악한 것이다. 평양대부흥운동은 오늘날 침체된 한국교회의 재성장과 부흥을 위한 모델이 아니라, 기존 교인들로 하여금 성숙하고 지속적인 그리고 살아있는 신앙을 가지도록 촉구한 대각성운동이었다. 그런 의미에서 대부흥운동이라기보다는 대각성운동이라는 말이 더 적절한 표현이라고 하겠다.

교회는 우리 시대, 우리 사회가 무엇을 최우선 가치로 주류

가치로 생각하는지 진단하고 분석해야 한다. 그리고 그 가치가 기독교 정신과 부합하는지 판단하고 비판해야 한다. 우리 사회는 인권을 침해하고 사람답게 살지 못하도록 하는 끝 간 데 없는 경쟁을 부추기고 강요하는 무한경쟁의 가치와, '할 수 있으면 해야 된다'는 과학기술시대의 논리가 지배적이다. 한국교회는 기독교 정신과 결코 부합될 수 없는 이러한 가치와 논리를 비판해야 함에도 불구하고, 오히려 그것들을 내면화하고 신앙적으로 정당화하고 있다. 무한경쟁의 가치는 경쟁력 유무에 따라 인간을 평가하고 대우하기에, 인간을 인간 그 자체로 존중해야 한다는 기독교 정신에 위배된다. 또한 '할 수 있으면 해야 된다'는 과학기술시대의 논리는 기술적 가능성이 윤리적 당위성을 규정하기에, 작고 힘없는 약자/소수자들을 위해 자신을 절제하고 비우라는 예수의 창조적 포기의 영성과 양립할 수 없다. 한국교회는 무한경쟁의 가치와 과학기술시대의 논리에 입각한 성장/부흥 모드에서 벗어나, 자기성찰에 기초한 성숙 모드로 나아가야 할 것이다. 한국교회를 변혁시키기 위해서는 내가 살고 있는 사회, 내가 몸담고 있는 교회, 나의 신앙, 나의 가치관을 기독교 정신에 비추어서 객관화하고 끊임없이 성찰하는 영성이 요구된다. 이러한 자기성찰의 영성은 자연스럽게 공동체 살림의 영성과 헌신의 영성을 동반하며, 이 세 가지 영성이 어우러질 때 한국교회가 변혁되기 시작할 것이다.

　　부흥운동 과정에서 자기성찰의 영성과 공동체 살림의 영성

그리고 헌신의 영성을 보여준 초기 한국교회 여성들은 이제 새로운 세상이 도래하고 있음을 선포한다.

> 평양은 점점 더 거의 기독교 도시로 변해 가고 있습니다. ……
> 한국 설날 아침에 저의 방 옆방에서 잠을 잔 전도부인이 아침에
> 일어나서는 큰 소리로 외치고 창문에 "새 세상이오"라는 말을
> 써 붙였습니다. 저는 밖에 있는 그녀를 불러 무슨 뜻이냐고 물
> 었습니다. 그녀는 "모든 이웃 집 굴뚝에서 연기가 피어오르고
> 있어요. 몇 년 전에 사람들은 밤을 새며 제사를 지내고 이어서
> 제사 음식으로 잔치를 했지요. 그런 낭비를 한 후 깊이 잠들었
> 기 때문에 이른 아침에 밥을 하기 위해 불을 피우는 사람이 없
> 었습니다." 그 전도부인은 설날 새벽에 굴뚝에서 올라오는 연기
> 를, 과거에는 이교 가정이었으나 이제는 기독교 가정이 되었음
> 을 나타내는 것으로 본 것입니다. 흥미롭게도 그녀의 입에서 나
> 온 말은 "새 세상이오"였습니다.[60]

"새 세상이오"라는 선포는 선포자 자신의 경험과 결단이 있을 때 가능한 것이다. 부흥운동을 통해 새로운 세상을 만들 수 있다는 가능성을 체험하고 실천한 여성들은 작은 변화에서도 희망을 읽을 수 있게 된 것이다.

---

60) Margaret Best letter to A. J. Brown (March 12, 1907). 옥성득, "평양대부흥운동과 길선주 영성의 도교적 영향," 『한국기독교와 역사』 제25호 (2006), 90-91에서 재인용.

최태용에 대한
기독교윤리학적 조명

Ⅰ. 들어가는 말

먼저 저의 고백적인 이야기부터 하지 않을 수 없겠습니다. 제가 이 공개강좌 발표를 확정적으로 맡게 된 것은 지난 8월 복음교회신학위원회 회의에서였습니다만, 4월 회의 때 이미 잠정적으로 이야기된 바였습니다. 그래서 여름방학 기간 동안 『영과 진리』를 열심히 읽었습니다. 그때 저는 최태용 목사님의 사상에 푹 빠졌었습니다. 최태용 목사님의 논리적이고 확신에 찬 주장이 저의 머리와 가슴을 사로잡았습니다. 그러다가 저의 성격 탓이라고 할까 아니면 저의 열등감 때문이라고 할까, 저를 매료시켰던 그 논리 정연함과 확신이 오히려 저로 하여금 최태용 목사님을 거부하게 만들었습니다. 솔직하게 말하면 인간미를 느낄 수 없었습니다. 게다가, 단 한편 뿐이었지만 최태용 목사님의 친일적인 글을 접하고서는 깊은 혼란의 수렁에 빠져 한동안 헤어나질 못했습니다. 그런 저를 이끌어 내 준 것은 최홍정 장로님의 인터뷰 기사와, 최태용 목사 친일행적에 대한 복음교단의 죄책 고백이었습니다. 최홍정 장로님의 인터뷰 기사를 통해 목회자로서의 최태용 목사님을 발견할 수 있었습니다. 제게 냉철한 이성의 소유자로서만 각인된 최태용 목사님이 교인들을 사랑하는 따뜻한 마음을 가지신 분이라는 것을 알게 된 것이지요. 저는 비록 목사로서의 목회 경험이 채 1년도 안 되는데다가 협동목사이지만, 교인들을 위한 목회자의 마음이 이런 것이겠거니 하며 어렴풋하게나마 깨닫고 있는 중입니다. 그러기에 최태용 목사님의 친일적인 글이 한 교인을 위한 목회자의 사랑에서 비롯된 것임을, 머리로가 아니라 심정적으로 이해하게 되었습니다. 최태용 목사 친일행적에 대한 복음교단의 죄책 고백이 저를 혼란의 수렁에서 이끌어 냈다는 것은, 그러한 고백행위가 다름 아닌 최태용 목사님의 정신을 이어받은 결과라는 것을 깨달았기 때문입니다. 제가 『천래지성』과 『영과 진리』를 통해 파악한 최태용 목사님은 자신의 입장 변화를 솔직하고 철저하게 밝히신 분이셨습니다. 복음교단의 죄책 고백은 최태용 목사님의 그러한 정신과 기백을 계승했기에 가능한 일이었습니다. 팔은 역시 안으로 굽는 가 봅니다. 혹시 오늘 이 자리에 이웃 교단 분들이 오셨다면 양해해 주십시오. 복음교회 목사인 저는 이렇게 다시 최태용 목사님을 이해하고 바라보게 되었습니다.

복음교인으로서의 실존적 고민 못지않게 저를 버겁게 한 것은 최태용 목사님의 방대하고 깊은 사상 세계와 생애를 기독교 윤리학의 관점에서 조명하는 것의 어려움이었습니다. 최태용 목사님은 그리 길지 않은 삶을 사셨지만, 그 사상과 활동의 변화 폭이 크기 때문입니다. 고민 끝에 저는 그 변화들에 주목하면서도 그것들을 꿰뚫어 연결하는 윤리를 최태용 목사님의 사상과 활동에서 이끌어내고자 합니다.

II. 기독교윤리를 발견할 수 있는가?

최태용 목사님의 윤리를 본격적으로 말씀드리기 전에 몇 가지 전제하고 시작할 것이 있습니다. '윤리란 무엇인가? 기독교윤리란 무엇인가? 일반윤리와 구분되는 기독교윤리의 독특성은 무엇인가?' 하는 것입니다. 윤리란 무엇일까요? 여러 견해가 있지만, 저는 윤리란 "현실에 기반을 두기는 하지만 현실을 넘어서는, 즉 새로운 세상을 향한 비전"[1]이라고 정의합니다. 윤리를 이렇게 정의할 때, 윤리는 기존 가치체계 또는 규범체계에 대한 비판을 함축합니다. 그러면 기독교윤리는 무엇일까요? 학문적인 개념정의들을 한마디로 요약하자면 기독교윤리란 '그리스도인의 삶'입니다. 또한 기독교윤리는 앞서 언급한 윤리의 개념과 함의를 공유합니다. 그러나 기독교윤리는 일반윤리와 구분되는 독

---

1) 이인경, 『에큐메니칼 페미니스트 윤리』 (서울: 한들출판사, 2005), 124.

특성이 있습니다. 그것은 바로 기독교윤리가 '그리스도인 됨'을 전제로 한다는 것입니다. 즉, 그리스도인이 되어야 그리스도인으로 살아갈 수 있다는 것이지요. 요컨대, 기독교윤리란 '그리스도인 됨'과 '그리스도인의 삶'을 가리킵니다.

거의 대부분의 기독교윤리학자들은 '그리스도인 됨'을 기독교윤리의 당연한 전제로 생각하기에 '그리스도인의 삶'만 집중적으로 다루는 경향이 있습니다. 그런데 저의 지도교수이신 김중기 교수님은 다른 기독교윤리학자들과 달리 '그리스도인 됨'을 강조하셨습니다. 기독교윤리를 구성하는 중요한 두 축인 '그리스도인 됨'과 '그리스도인의 삶'을 균형 있게 다루어야 한다는 것이지요. 김중기 교수님은 전자를 가리켜 '신앙'이라 하고, 후자를 '윤리'라고 표현하십니다.[2] 만일 제가 김중기 교수님의 가르침을 받지 않았더라면, 저는 최태용 목사님의 사상과 활동에 나타난 윤리를 제대로 발견하지 못했을지도 모르겠습니다. 왜냐하면 최태용 목사님은 '그리스도인 됨' 즉, '신앙'을 그 무엇보다도 강조하셨기 때문입니다.

최태용 목사님은 신앙을 실제생활에서의 의지결단과 태도결정으로 보시기에 신앙생활이라고 하십니다. 이 신앙생활은 두 방면의 생활이 있는데, 첫째는 하나님을 향한 생활이요 둘째는 사회를 향한 생활입니다. 전자는 영적 생활, 후자는 윤리생활이

---

2) 김중기, 『신앙과 윤리』(서울: 종로서적, 1986); 『참가치의 발견: 성서윤리의 틀』(서울: 도서출판 예능, 1995).

라고 달리 표현하기도 하십니다.3) 물론 둘 다 '그리스도인의 삶'이지요. 그러나 저는 최태용 목사님의 다른 글들을 통해 보건대, 하나님을 향한 생활, 즉 영적 생활은 '그리스도인 됨'에 다름 아니라고 생각합니다. 최태용 목사님은 그리스도인이 된다는 것은 신앙하는 것이며 그 신앙하는 일에 그리스도인의 인격이 있다고 하셨습니다. "사물 하나하나에 영의 뜻을 행하기 위하여 우리에게 인격적으로 요구되는 태도는 신앙이니, 신앙이 곧 신자의 인격을 형성"4)하기 때문입니다. 신앙이 신자의 인격을 형성하기에, 그리스도인의 인격은 '신앙인격'5)이라고 합니다. 그러므로 '그리스도인 됨'을 최태용 목사님의 표현으로 바꾸어 말하면 '신앙인격의 사람'이 되는 것입니다. '신앙인격의 사람'이 되는 것 그 자체가 사회에 선을 제공하기에, 사회를 향한 생활, 즉 윤리생활은 최태용 목사님에게 그다지 중요한 문제가 아니었습니다. 신앙생활 안에 영적 생활과 윤리생활 둘 다를 포함시키셨지만, 결국 하나님을 향한 존재적인 운동인 영적 생활만 신앙생활인 것입니다. 그러므로 최태용 목사님의 기독교윤리는 영적 생활만을 강조한 신앙생활 그 이상도 그 이하도 아니었습니다. 다음의 글을 통해 저는 그러한 사실을 확인합니다.

---

3) "신앙생활관,"『영과 진리』제58호.
4) "신앙인격,"『영과 진리』제7호.
5) 위의 글.

근본적으로 틀린 자가, 좋은 행동을 하려니 될 것인가? 저는 사회 중에서 도덕 생활에 절망하고, 저를 신앙 세계에 옮겨 놓은 자이다. 저는 사회에 선을 보이려는 것이 아니라, 사실에 있어서 신앙이란 법으로 자기를 그리스도에게 던진다. 저를 성령의 권능에 내어맡긴다. 그래서 이 결단이 또한 사회에 선을 제공하는 것이다. 이것이 기독교윤리이다. 그러니, 크리스천 생활이란 신앙생활 이외 아무 것도 아니다. 저는 하나님과 생활을 한다. 이 생활에 있어서 사회가 반드시 저의 안중에 있지 않다.6)

인생의 제일의적인 목적은 다른 아무 데도 있지 아니하고, 하나님이요, 그를 향한 존재적인 운동이 그 제일의적인 생활인 것이다. 이에 있어서 윤리 문제의 위치도 정하여짐을 우리는 볼 수 있다. 윤리문제는 인간의 존재문제를 떠나 있는 것이 아니고, 존재운동은 그것을 윤리적 측면으로부터 보면 윤리운동인 것이다. 하나님을 향한 존재적 비약은 그것이 윤리적 성격을 가진 것이다. 그것은 죄의 회개요, 육의 부정이요, 그리고 그리스도 안에 있어서의 구원이요, 성결이요, 평안이요, 자유임이다. 동시에 이것이 사회적인 의미도 가져서 회개의 존재운동이 이웃에의 선행이 됨은 쉽게 간취할 수 있는 일이며, 그런 양심적인 존재가 사회에 좋은 영향을 주는 일은 물론이다. 사람은 하나님을 향하여 살면 이로써 저의 전 생활이 성립된다. 하나님을 향

---

6) "복음생활관," 『영과 진리』 제58호.

한 운동이 동시에 이웃에의 선이다.7)

이처럼 최태용 목사님은 신앙을 강조하셨습니다. 이러한 사실은 『신생명』지에 실린 글과 『천래지성』을 통해서도 알 수 있습니다.8) 최태용 목사님의 사상이 시기별로 변화되어 나타나기는 하지만, 신앙의 강조는 일관된 주제라고 하겠습니다. 왜냐하면, 최태용 목사님에 의하면 그리스도인은 사물 하나하나에 영의 뜻을 행하는 것을 추구해야 하기 때문입니다. 그리스도인은 도덕적 성을 목표로 하지 말고 영을 목표로 하여야 한다는 것이지요. 그리스도인은 영이 되어야 한다는 것입니다. 영이 되는 일에 요구되는 것이 신앙인데, 이것은 앞에서도 언급한 바, 하나님을 향한 존재적인 운동입니다.

> 신앙생활은 하나님을 향한 행위인데, 사람에게서 일어나는 하
> 나님을 향한 행위는, 그것보다도 먼저 거기에 사람을 향한 하나
> 님의 행위가 없어서는 아니 된다. 사람이 저 혼자는 하나님을
> 생각할 수도 없고, 하나님을 향하여 행동할 수도 없다. 하나님
> 의, 사람을 향한 행위가 곧 사람이 하나님을 향하여 하는 행위

---

7) "존재운동인 신앙," 『영과 진리』 제88호.
8) 『신생명』지에 실린 글은 모두 18편입니다. 이 글들을 김한준 님이 『생명신앙』이라
는 제목의 책으로 엮으셨습니다. 모든 글이 그러하지만 특히 "制度乎? 信仰乎?",
"信仰의 復興", "事業乎 生命乎", "信仰은 人生의 모든 것이라", "理想과 信仰" 등
의 글이 신앙을 강조하고 있습니다.

가 된다. 그래서 이를 하나님 편으로부터 말하면 신앙생활은 그 것이 하나님의 창조이다. 사람의, 하나님을 향한 행위는 그것이 하나님의 창조력에 추진되어서만 가능한 것이다. 하나님의 권 능에 몰려서 사람이 그를 향하여 행동하지 아니할 수가 없어서 하는 행위가 신앙행위이다. 그래서 신앙생활이란 하나님과 사 람과의 수직적인 관계, 하나님과 사람 사이의 거래이다.9)

이처럼 신앙은 "자기 대 하나님"의 관계입니다. 신앙은 이웃 을 향한 사랑으로부터도, 교회로부터도, 성경으로부터도, 전도 로부터도 독립하여야 합니다. 이러한 사실을 가리켜 최태용 목 사님은 "신앙의 독립성"이라고 하십니다.10) 신앙은 하나님 외에 그 어떠한 것으로부터 독립되어야 한다는 것이지요. 저는 최태 용 목사님의 "신앙의 독립성" 주장에서 '신율의 윤리'의 단초를 발견합니다. '신율 theonomy'이란 "우리 안에 임재한 신적인 영 Spirit의 현존에 관해서 우리 자신이 가지는 개인적 경험을 의 미"11)합니다.

신율을 이야기하기 위해서는 자율과 타율 개념을 함께 말씀 드리지 않을 수 없겠습니다. '자율 autonomy'이란 "자기가 자기 자신에 대한 법이라는 것을 의미"합니다. 또한 자율은 "인간의

---

9) "영적 기독교의 과제와 그 현재적 개정 (제3강)," 『영과 진리』 102호.
10) "신앙의 독립성," 『영과 진리』 제14호.
11) 폴 틸리히 저, 『19-20세기 프로테스탄트사상사』, 송기득 옮김 (서울: 한국신학연구 소, 1980), 38.

이성적 능력을 사용하는 용기를 의미"합니다.12) 윤리는 이러한 자율을 기초로 합니다. 윤리는 인간의 이성적 판단을 요구하기 때문입니다. 그래서 전통적으로 윤리는 자율적 인간을 도덕 행위자의 전형으로 간주해 왔던 것이지요.13) 기독교윤리도 거기서 예외가 아닙니다. 기독교윤리의 기초도 자율입니다. 물론 기독교윤리는 자율의 근거를 하나님께 두어야 합니다. 즉, 기독교윤리는 "자신의 신적 근거를 알고 있는 자율 곧 신율"14)에 기초해야 한다는 것이지요.

기독교윤리는 궁극적으로 신율의 윤리가 되어야 합니다. 그러나 현실적으로 기독교윤리는 성경의 권위나 교회의 권위에 기대어 신적인 근거를 그리스도인에게 강요하는 경우가 있는데, 이러한 신적인 근거는 진정한 의미의 신율이 될 수 없습니다. 왜냐하면 성경의 권위나 교회의 권위가 하나님 그 자체가 아닐 뿐 아니라 비록 그 권위들이 하나님으로부터 온 것이라고 할지라도, 하나님에 의해 창조된 우리 자신의 선한 본성의 의지에 역행하는 것일 수 있기 때문입니다. 이러한 권위들은 '낯선 법' 즉 '타율 heteronomy'인 것입니다. 대부분의 그리스도인들은 형벌의 두려움이나 해결하기 힘든 문제에 대한 두려움 때문에, 하나님이 주신 이성의 능력을 사용하는 용기를 선택하기 보다는 낯선

---

12) 위의 책, 36-37.
13) 이에 대한 페미니스트 윤리의 문제제기에 관해서는 이인경, 『에큐메니칼 페미니스트 윤리』를 참고하십시오.
14) 틸리히, 38.

권위가 보장하는 안전성을 선택합니다. 이러한 타율이 신율로 바뀌는 것은, 앞에서도 언급했듯이, 성경과 교회가 증언하는 신적인 영에 대한 우리 자신의 개인적 경험에 의해서입니다.15)

안전을 보장하는 타율에 기대지 않고, 자신의 이성적 능력을 사용하는 용기 즉 자율을 가지되, 그 자율의 근거가 하나님께 있다는 것을 아는 것, 이것이 바로 신율의 윤리입니다. 저는 최태용 목사님의 사상에서 이러한 신율의 윤리를 읽을 수 있었습니다. 최태용 목사님은 그 어떠한 낯선 법―이웃을 향한 사랑, 교회, 성경, 전도 등―으로부터도 신앙이 독립되어야 함을 강조하셨으며, 그 낯선 권위를 인간의 이성적 능력으로 비판하되, 인간의 이성적 능력이 하나님께로부터 온 것임을 알아야 한다고 주장하셨습니다. 아래의 글들은 최태용 목사님의 이러한 주장을 단적으로 보여줍니다.

우리는 자주 사람의 세계에 갇혀 버린다. 모든 것이 사람의 이론에 화하여 버린다. 기독교는 성령으로 말미암는 이적의 말씀임을 알아라. 그러나 또한 기독교가 사람의 인식을 초월한 말씀이면서도 사람의 인식법에 어그러진 것이 아닌 일에도 한낱 주의는 줄 것이다.16)
나의 신앙이상은 그것이 그 영에 있어서 성경의 영과 일치한 것

---

15) 위의 책, 37-38.
16) "성령경험,"『영과 진리』제49호.

이면서 그 사실 실험의 언표에 있어서는 아무 권위의 위협을 받음이 없는 독립적이요, 자유스러운 이론임에 있다. 나의 신앙은 성경을 음미하는 데에 있지 않다. 또한 과거의 전통적 신경을 유지하는 데에 있지 않다. 나의 신앙은 성경에 역사된 영과 동일한 영의 인도를 받아서 사실 실험에서 하나님의 뜻을 배우는 데에 있다. 고로 영에 있어서는 성경의 영과 일치한다. 그러나 그 표현에 있어서는 반드시 성경의 문구와 일치한다고 할 수는 없다……. 사람이 쉽게 알지 못한다 하더라도 사람의 최고, 최후의 종교는 진리요, 영인 데에 있는 것은 사실이다. 성의 종교, 사랑의 종교도 씻겨가고, 그리고 진리의 종교, 영의 종교에 우리는 이르지 않으면 아니 되는 것이다.[17]

최태용 목사님에 의하면, 하나님 외에 그 어떠한 것으로부터도 독립되어야 하는 신앙은 영을 목표로 해야 합니다. 영을 목표로 한다는 것은 사물 하나하나에 영의 뜻을 행하는 것입니다. 영의 빛으로 즉 영의 도움을 받아 육된 존재 현실을 인식하고 비록 육된 존재일지언정 육으로가 아니라 영으로 살아야 함을 의미합니다.

그리스도가 영임에 대하여 우리는 육인 자이다……. 우리가 육인 자라고 하는 경우에 그 육은 전혀 영과 거리가 있는, 영에서

---

17) "나의 신앙 이상," 『영과 진리』 제9호.

는 멀리 떨어진 것이다. 그런데 이제 신앙생활은 그것이 이 영과 육의 관계인 것이다. 영으로 말미암아 육은 육이 된다. 그리고 영으로 말미암아 육은 영에 구출해 냄을 받지 않고는 마지아니한다. 그래서 이것이 신앙생활이다. 육은 육을 알지 못한다. 자기가 육인 줄도 모르고 있는 것, 이것이 육의 특징이라고 할 것이다. 그래서 육이 육으로 들어남에는 영의 조명이 요구된다. 영의 조명으로 육은 육으로 들어난다. 영이 없이는 육은 알려지지 아니한다……. 영으로 말미암는 육의 지식, 이것이 우리가 말하는 바 진리지식이다. 진리지식이란 영으로 말미암아 심판 받아 육을 육으로 아는 지식이다.[18]

육을 육으로 보는 것 그리고 육이지만 영으로 살아야 한다는 것, 바로 여기에서 저는 '프로테스탄트 원리'를 발견합니다. '프로테스탄트 원리 protestant principle'란 "개신교 교회에 의한 어떠한 주장이라고 하더라도, 그것이 상대적 현실에 대해 절대성을 주장하는 것이라면 반대하는 저항"[19]을 의미합니다. 상대적인 것을 절대화할 수 없다는 것이지요. 끊임없는 자기비판과 성찰 그리고 개혁의지가 프로테스탄트 원리에 내포되어 있습니다. 육을

---

18) "영적 기독교의 과제와 그 현재적 개정 (제3강)," 『영과 진리』 102호.
19) Paul Tillich, *The Protestant Era*, trans. James Luther Adams (Chicago: University of Chicago Press, 1948), 163. 강남순, "여성신학적 교회론—이론과 실천," 『교회와 여성신학』, 한국여성신학회 엮음 (서울: 대한기독교서회, 1997), 116에서 재인용했습니다.

육으로 보는 것은 영의 도움을 받아야 가능합니다. 상대적인 것은 그 스스로 자신이 상대적인 것이라는 사실을 알지 못합니다. 그러기에 상대적인 것에 불과한 자신을 절대적인 것으로 주장하는 오류를 범합니다. 상대적인 것을 상대적인 것으로 드러나게 하는 것은 절대적인 것에 의해서만 가능합니다. 육이지만 영으로 살아야 한다는 말의 의미가 바로 이것입니다. 요컨대, 육을 육으로 보는 것 그리고 육이지만 영으로 살아야 한다는 것은, 상대적인 것이 그 자신 상대적인 것임을 깨닫기 위해 절대적인 것의 도움을 받아야 한다는 말이지요. 최태용 목사님은 매순간순간 영의 도움을 받아 육의 자각에 이르러야 한다고 강조하셨습니다.

내가 나를 둘러 싼 사물 중에 있어서 육인 자인 일은 일상의 일로 그러하고, 그래서 나는 날마다 이 육에서 구원 얻지 않으면 아니 되는 일로, 매일의 요구로 나는 영을 쳐다보고, 때마다 영의 새로운 심판이 나에게 가하여서야 나는 구원 얻는 자임이다. 이 의미에 있어서는 어제의 구원은 오늘의 구원이 아니고, 오늘의 육은 오늘의 육으로 육이다. 산 세상에서 사는 우리의 사정은 나날이 바뀐다. 한 사정 중에 서 있는 나는 다른 사정 중에 서 있는 나와 별도의 물이다. 그것은 서로 독립하여 있는 다른 육과 다른 육이다. 그러니, 이 육에서의 어제의 구원이 오늘의 구원은 못되고, 오늘의 구원이 내일의 구원은 못된다. 그래서 육

인 우리에게 있어서 구원은 날마다 요구되는 것이요, 영의 현현
은 때마다 요구되는 것이다.[20]

매 순간순간 영의 도움을 받아 육의 자각에 이르러야 한다는
것은, 기존 가치체계 또는 규범체계에 대한 비판이라는 윤리의 함
의와도 맞닿아 있습니다. 새로운 세상을 향한 비전으로서의 윤리
는, 기존 가치체계 또는 규범체계를 절대화하지 않습니다. 윤리는
주어진 규범이나 규칙의 준수에 머무는 것이 아니라, 그 규범과
규칙이 새로운 세상을 위해 적합한 것인지 의문을 제기합니다. 윤
리는 주어진 모든 현실을 비판적으로 바라봅니다. 그러므로 새로
운 세상을 향한 비전이라는 윤리의 관점에서 볼 때, 기존 가치체
계나 규범체계는 상대적일 뿐입니다. 최태용 목사님이 강조하신
신앙생활은, 육이 상대적인 것에 불과하다는 사실을 매순간순간
절대적인 영과의 만남을 통해 깨닫는 것에 다름 아닙니다. 저는
최태용 목사님의 사상에서 프로테스탄트 원리에 기초한 철저하
고도 끊임없는 자기성찰의 윤리를 발견합니다.

III. 개인에게서 문제의 원인과 해결방법을 찾다

지금까지 저는 상대적인 것의 절대화를 비판하는 프로테스

---

20) "영적 기독교의 과제와 그 현재적 개정 (제3강)," 『영과 진리』 102호.

탄트 원리에 기초한 윤리와, 인간의 이성적 능력을 인정하되 그 것의 신적인 근거를 아는 신율의 윤리, 그리고 그리스도인 됨을 강조하는 신앙인격의 윤리를 최태용 목사님의 사상에서 이끌어 냈습니다. 이 세 가지는 기독교윤리를 형성하는 중요한 요소들입니다. 그러므로 저는 최태용 목사님의 사상에서 기독교윤리를 발견할 수 있는가라는 물음에 대한 답변은 주어졌다고 봅니다.

그렇다면 그 다음으로 제가 해야 할 작업은, 최태용 목사님의 기독교윤리는 접근방법의 특성 상 어떤 범주에 속하는지를 살펴보는 것입니다. 즉, 최태용 목사님의 윤리는 개인윤리인가 아니면 사회윤리인가 하는 것입니다. 결론적으로 말씀드리자면, 최태용 목사님의 윤리는 개인윤리입니다. '신앙인격의 사람'이 되는 것 그 자체가 사회에 선을 제공한다는 최태용 목사님의 주장은, 전형적인 개인윤리를 보여줍니다. 개인윤리의 가장 대표적인 특성은, 도덕적 문제의 원인과 해결을 개인의 도덕성에서만 찾는다는 것입니다. 개인윤리와 사회윤리를 구분하는 기준은, 다루는 영역이나 주제가 아니라 접근방법에 있습니다. 개인과 관련된 주제나 영역을 다룬다고 해서 개인윤리이고, 사회와 관련된 영역이나 주제를 다룬다고 사회윤리가 아닙니다. 다루는 주제나 영역에 상관없이 그 주제와 영역을 어떤 방법으로 접근하느냐에 따라 사회윤리와 개인윤리로 나누어집니다.

개인윤리와 사회윤리 각각의 접근방법의 특성을 간략하게나마 살펴보도록 하겠습니다. 개인윤리는 첫째, 도덕적 진리나

목적의 실현과 달성 또는 도덕적 문제의 해결을 개인의 도덕성
-개인의 의지의 자유와 결단-에서만 다룹니다. 둘째, 도덕적
문제의 원인을 개인에게만 있다고 봅니다. 셋째, 개인의 도덕성
이 사회적 영역으로 연장되는 것을 통해서만 사회적 문제를 해
결할 수 있다고 봅니다. 반면에, 사회윤리는 첫째, 예측할 수 있
는 결과 특히 사회적 결과를 현실적으로 문제 삼습니다. 둘째,
도덕적 행위나 문제의 사회적 원인을 문제 삼고 그것의 극복을
모색합니다. 셋째, 사회적 원인의 해결이나 제거를 사회적 정책
이나 제도 또는 체제의 차원에서 찾습니다. 넷째, 정치적 방법을
사용하여 윤리적 문제를 다룹니다. 다섯째, 상황 및 콘텍스트와
의 관련성에서 윤리적 문제를 다룹니다. 여섯째, 사회적 규범과
의 관련성-사회적 규범의 형성과정과 메커니즘, 사회적 규범의
기능-에서 윤리적 문제를 다룹니다.21)

　　이러한 접근방법의 특성에 비추어 볼 때, 최태용 목사님의
윤리는 개인윤리의 특성을 가집니다. 아래의 글들을 통해 이러
한 특성을 발견하게 됩니다.

　　망국인의 제일 의무는 부허를 제거하는 일이 아니면 아니 된다.
　　망국인의 성격은 부허가 거의 그 전부를 이루었음이다……. 고
　　로 망국민아 큰 부허를 버리고 작은 실에 나아가자.22)

---

21) 이 부분은 고범서 교수님의 『사회윤리학』 (서울: 나남, 1993)을 참고하였습니다.
22) "비굴," 『천래지성』 제5호.

남에게 무엇을 거저받기를 좋아하는 것이 망국인의 성격의 하나이다……. 고로 우리는 이제 회개하자. 이제부터는 남의 것을 거저 받아 좋아하는 마음을 없이하자.23)

노쇠한 국민으로 조선인의 성격은 몹시 비뚤어져 있고, 찌부러져 있다. 그리하여 저희 각자가 자기 개인을 옹호함이 그 생존의 제일 목적이다……. 선이, 대 사업이 우리에게서 일어나기 위하여 자기를 작게 하여 희생하는 용맹스러운 자이자. 자기를 옹호하는 비뚤어진 성격을 회개하고, 명랑한 성격의 삶이 되어 다만 선이, 대 사업이 우리 중에서 서기를 희망하여 허심탄탄한 자이자.24)

혹자는 이렇게 말할는지 모르겠습니다. 해방 이후 최태용 목사님의 사회활동25)은 사회윤리로 보아야 하지 않느냐고 말입니다. 과연 그렇게 볼 수 있을까요? 해방 이후 최태용 목사님은 활동 영역과 현장을 정치와 사회로 옮기셨습니다. 그러나 그렇다고 해서 최태용 목사님의 윤리의 접근방법이 바뀐 것은 아닙니

---

23) "浮虛,"『천래지성』제5호.
24) "명랑한 성격,"『영과 진리』제65호. "하나가 되라,"『영과 진리』제103호에도 이와 유사한 내용이 담겨 있습니다.
25) 이 부분에 대해서는 전병호 목사님의 "최태용의 생애와 신앙," "민족국가 건설운동과 최태용,"『최태용의 생애와 신학』, 기독교대한복음교회 총회 신학위원회 편 (천안: 한국신학연구소, 1995)을 참고했습니다.

다. 문제의 원인과 해결방법을 여전히 개인에게서 찾기 때문입니다. 저는 최태용 목사님의 해방 이후 사회활동을 하나로 관통하는 핵심주제인 '새사람운동'에서 이러한 제 판단의 근거를 찾을 수 있다고 봅니다. 최태용 목사님의 해방 후 사회활동은 새로운 국가건설을 위한 국민계몽운동이었습니다. 이것을 가리켜 최태용 목사님은 '새사람운동'이라고 하셨던 것이지요. 최태용 목사님의 새사람운동론을 일부분 인용해 보겠습니다.

> 신국가 건설에 매진하는 우리에게 또 한 가지 중대한 문제가 있다. 그것은 우리가 근대적인 인간을 초월치 않으면 아니되는 일 그리고 우리 자신의 역사에서의 옛사람을 탈각하지 않으면 아니되는 일 그리하여 새 국가의 창조를 위한 새 사람 새 타잎의 사람이 되는 일이다……. 새로운 인간이란 자기적 실존으로 충분히 개인이요 충분히 사회적인 인간이다. 자기자각에 철하여 공공사회에 자기를 잃고 행위하는 사람이 새로운 사람이다. 그 경우에 그 사람은 역사적 현실에 자기를 침잠하고 그 현실의 소리를 명령을 듣는 자인 일 역사적 현실 중에 자기를 잃고 거기에서 다시 자기를 찾는 일 그리하여 자아의 확집(確執)이 아니라 공공적 진리의 파지자(把持者)가 되는 일이 절대로 요구된다. 새로운 인간이란 이런 공공적 타잎의 사람을 말하는 것이다. 모든 사람이 이런 공공적 타잎의 사람이지 않으면 안 된다.[26]

---

26) 전병호, "민족국가 건설운동과 최태용," 『최태용의 생애와 신학』.

이처럼 새 국가를 창조하기 위하여 국민 개개인이 새사람으로 변화되어야 한다는 주장은, '신앙인격의 사람'이 되어야 한다고 최태용 목사님께서 해방 전에 강조하셨던 것과 비교해 볼 때 그 둘의 접근방법이 크게 다르지 않습니다. 비록 최태용 목사님의 활동영역이 정치와 사회분야로 바뀌었지만, 문제를 바라보고 해결하는 접근방법은 여전히 개인윤리적 특성을 가진다고 하겠습니다.

Ⅳ. 교회 안과 밖을 넘나들다?

현상적으로 볼 때는 최태용 목사님이 교회 안과 밖을 넘나든 것 같지만, 이러한 평가는 소위 '안'과 '밖'을 구분하는 기준인 교회주의의 관점에 기초한 것입니다. 교회는 최태용 목사님이 평생을 붙들고 씨름한 대상이요 주제였습니다. 교회에 대한 최태용 목사님의 입장은 시기별로 다르게 나타납니다.[27] 기성교회 시기, 무교회주의 시기와 비교회주의 시기, 새로운 교회 시기, 포스트 교회 시기가 바로 그것입니다. 기성교회 시기는 최태용 목사님이 기독교에 입신하여 기성교회에서 충실하게 신앙생활

---

27) 최태용 목사님은 교회에 대한 입장 변화를 "교회, 무교회주의, 교회," 『영과 진리』 제79호에서 밝히셨습니다. 저는 각 시기를 보다 분명히 해주는 수식어를 붙였습니다. 포스트 교회 시기라는 표현은 저의 발상입니다.

을 하시던 시기(1913-1920년)를 말합니다. 무교회주의와 비교회주의 시기는 우치무라 간죠의 영향을 받아 신앙혁명을 주장하고 기성교회를 비판하신 시기(1920-1935년)입니다. 무교회주의 시기와 비교회주의 시기를 한 데 묶은 것은 그 두 시기를 확연하게 구분하기가 쉽지 않아서입니다. 김교신과의 논쟁 이전인 1926년 10월에 발행된 『천래지성』 제17호에서 최태용 목사님은 무교회주의와 구별되는 비교회주의를 말씀하십니다. 그러나 김교신과의 논쟁 이후에도 최태용 목사님은 자신의 입장을 가리켜서 무교회주의라고 하셨습니다.

새로운 교회 시기는 기독교조선복음교회를 창립하여 목사로서 교회 목회를 하시던 시기(1935-1945년)입니다. 물론 비교회주의 시기에도 최태용 목사님은 새로운 교회 설립을 염두에 둔 것으로 보이는 주장과 활동을 하셨습니다. 서정민 교수님은 1933년 9월부터 시작된 부활사 집회를 그 기점이라고 하십니다.[28] 저는 최태용 목사님의 글을 통해 그 이전부터 그런 조짐이 있었음을 봅니다.[29] 최태용 목사님은 조직으로서의 교회의 무용성(無用性)을 주장했다기보다는 교회의 교회주의를 비판하셨습니다. 그렇기에 최태용 목사님은 무교회주의와 구분되는 자신의 입장을 '비교회주의'라고 하셨던 것입니다.[30] 이런 과도기

---

[28] 서정민, "최태용의 생애와 신학이 지닌 한국교회사적 의미―이상과 실천의 상관관계," 제1회 최태용 기념강좌 (2006년 12월 18일).

[29] "신앙형식과 신자의 시험," 『천래지성』 제24호 (1927년 5월); "외적 권위의 필요에 대하여," 『영과 진리』 제23호 (1930년 11월).

를 지나 새로운 교회가 탄생한 것이지요.

　　포스트 교회 시기는 해방 후 최태용 목사님이 교회 목회를 그만 두고 사회활동을 하신 시기(1945-1950년)입니다. 최태용 목사님의 이러한 활동에 대해 김승철 교수님은 "그의 신앙역정의 초기에 자리 잡았던 민족의 모티브가 다시금 전면에 등장한 것이었다"[31]고 평가하십니다. 또한 김광수 교수님은 "해방 후 복음 교회는 교세의 확장보다 사회 참여에 더 많은 관심을 기울였음이 뚜렷하다"[32]고 주장하십니다. 전병호 목사님은 최태용 목사님의 해방 후 사회활동을 목회의 연장선상에 있는 것으로 평가하여 그 활동을 가리켜 '민족목회', '역사목회'라고 평가하십니다.[33]

　　포스트 교회(post church)의 '포스트 post'라는 말은 두 가지 의미를 가지고 있습니다. 하나는 연속성을 강조하는 '후기'의 의미와, 다른 하나는 불연속성을 강조하는 '탈'(脫)의 의미입니다.[34] 포스트 교회의 포스트는 둘 다를 함축합니다. 교회를 예배공동체로만 간주할 경우, 최태용 목사님의 해방 후 사회활동은 '탈'교회의 시기로 볼 수 있습니다. 다른 한편으로 교회의 성격을 사

---

30) "비교회주의", "비교회주의자," 『천래지성』 제17호(1926년 10월).
31) 김승철, "최태용의 신학사상 형성에 대한 연구," 『최태용의 생애와 신학』, 202.
32) 김광수, 『한국기독교재건사』 (서울: 기독교문사, 1981), 37. 김승철, 위의 글, 202에서 재인용했습니다.
33) 전병호, "민족국가 건설운동과 최태용," 480.
34) 이인경, 『에큐메니칼 페미니스트 윤리』, 117.

회 속에 존재하는 시민공동체로도 인식할 경우,[35] 최태용 목사님의 사회활동은 '후기' 교회 시기라고 평가할 수 있습니다. 저는 최태용 목사님이 교회 밖으로 나오셨다기보다는, 해방 전에 소홀했던 교회의 사회적 책임을 적극적으로 실천하신 것이라고 봅니다. 그러므로 저는 최태용 목사님의 해방 후 사회활동을 예배 공동체와 시민공동체로서의 교회의 역할을 담당한 '후기' 교회의 시기라고 평가합니다.

V. 나오는 말

이때는 비상한 때이다. 매우 어려운 때이다. 암흑은 광명을 차단하여 전지(全地)를 덮었나니 빛의 일을 볼 수 없고 암흑의 권세만이 전지를 횡행하는 도다. 우리 중에 선은 가련한 섬광으로 이 암흑 중에 반짝일 때 암흑의 풍랑은 바로 저를 좇아와 삼켜버리는 도다. 서고자 하는 자는 환난을 당하여 넘어지고 파멸의 세력만이 모든 데에서 행하니 아! 참담한 암흑의 때, 비상한 때로다……. 아! 형제들아 비상한 때이다. 이때에 외적발전은 그 성공을 기약할 수 없다. 도리어 실패의 잔을 마시고 또 마시리라. 다만 힘쓸 것은 우리 자신을 더욱 견고한 암반위에 세우고 풍랑에 요동치 않을 각자의 입장을 건설할 일이다. 영의 생활을

---

35) 정재영, "시민사회 참여를 통한 교회의 공공성 회복,"『새가정』(2007. 12), 22-25.

위해서는 끊임없이 기도하자. 시험을 받지 않기 위하여 육신으로는 힘써 노동하자! 이 두 가지 일에 충성하므로 우리는 이 황패한 들에 살아남아 서는 자임을 얻으리라. 아! 형제들아 비상한 때이다. 비상한 각오를 가지고 이때를 당하지 않으면 아니 된다. 평범하다가는 망하고 말기 쉽다. 만일 시험 환난을 당하거든 아! 비상한 때이라, 비상한 각오를 요한다 하면서 멸망을 면키 위하여 비상히 기도하라. 맡은 바 일이 있거든 쉽게 놓지 말고 먹을 것을 위하여 부지런히 노력하라. 이것이 시험을 면하는 한 요건이 되느니라. 형제들아 끝까지 참아라. 그리하면 구원을 얻으리라.36)

위의 글은 제가 최태용 목사님의 생애와 사상을 연구하면서 풀리지 않던 의문에 대한 답입니다. 그 의문이란 다름 아니라 그 당시 우리 민족의 역사적 현실―일제 강점―에 대한 구체적인 언급과 비판을 최태용 목사님의 글에서 찾기 어려웠다는 것입니다. 해방 이후 국가의 미래에 대해 염려하시면서 그토록 열정적이고 적극적으로 활동하셨던 분이 어째서 해방 이전에는 우리 민족의 현실에 대해 그리도 무반응이셨을까 하는 의문이 제 머리 속에서 쉽게 사라지지 않았습니다. 그러던 중 이 글을 발견하고 저는 무릎을 쳤습니다. 나라의 독립을 위해 기도하는 학우들의 모습에 감동하여 신앙을 가지게 된 최태용 목사님이 아니었

---

36) "비상한 때," 『천래지성』 제21호.

습니까? 그런 분에게 왜 역사와 현실에 대한 인식이 없었겠습니까? 물론 기독교에 입신하고도 여전히 어머니의 뜻을 따라 입신출세코자 했던 최태용 목사님에게서 나약한 지식인의 모습을 발견할 수 있습니다. 그러나 "복음을 위하여 네 몸을 바치라"는 하나님의 음성을 듣고 소명체험을 한 최태용 목사님은 마침내 신학의 길로 들어섭니다. 그러면서 최태용 목사님은 암울한 민족의 현실 앞에 자신이 할 수 있는 일이 무엇인지를 고민하셨던 것 같습니다. 그리스도인들과 교회를 대상으로 한 신앙계몽운동이 바로 최태용 목사님이 선택한 방향이었습니다. 민족을 생명신앙 속으로 끌어들인 것이지요. 저는 이것을 최태용 목사님의 신앙적, 실존적 고민 끝에 내린 선택이었다고 봅니다. 민족의 독립을 위한 현실적, 물적 토대가 미약하다는 판단도 작용했을 겁니다. 위의 글은 그러한 선택을 한 최태용 목사님이 나라의 암울한 현실을 은유적으로 표현한 것이라고 생각합니다. 일제 강점 하에서는 사회 정책이나 제도 또는 사회 구조나 체제의 차원에서의 근본적인 변화를 기대할 수 없는 상황이었기에, 최태용 목사님은 신앙을 통한 개개인의 변화, 교회의 개혁을 주장하셨던 것입니다. 그러한 접근방법이 해방 이후의 활동에도 이어졌습니다. 그러나 최태용 목사님께서 좀 더 오래 사셨더라면 어떠하셨을까요? 그러한 개인윤리적인 접근방법만으로는 그 자체 메커니즘에 따라 작동하는 사회의 복잡다단한 문제를 해결하기에는 역부족이라는 사실을 아셨을까요?

끝으로, 여성신학자로서 그냥 넘어갈 수 없는 한 가지를 말씀드리겠습니다. 이정배 교수님도 이미 지적하셨던 바,[37) 최태용 목사님의 사상에서 당시의 여성 불평등에 대한 비판을 전혀 발견할 수 없다는 점입니다. 여성 불평등이 교회개혁의 걸림돌이 된다는 사실을 전혀 언급하지 않으셨습니다. 오히려 확인하게 된 것은 아래의 글에서 볼 수 있듯이 여성을 비하하는 듯한 표현입니다.

> 내가 일찍이 처음 기독교에 접촉하였을 때에 그 성경에 있는 이적처럼 내가 기독교를 받기에 방해되는 것은 없었다. 그 윤리적 교훈은 가하다. 이적이야기, 이는 매우 어리석은 여자들을 종교에 끌어들이는 수단은 될지언정 교육을 받은, 두뇌를 가진 자 누가 그런 이야기에 흥미를 느낄 것인가? 기독교 성경에 만일 이적이야기가 없으면 기독교는 훨씬 쉽게 모든 사람에게 받아들이는 바가 되리라는 것이 많은 지혜 있는 사람들의 생각이다. 그러나 알고 보니, 사실은 이적, 병 고치는 이적 이야기가 그 윤리적 교훈을 넘어서 기독교가 무엇임을 전하며, 사람의 구원을 더 완전히 설명하는 것이다.[38)

'매우 어리석은 여자들'이라는 표현은 "접촉의 구원"을 이해

---

37) 이정배, "한국적 교회갱신론," 『최태용의 생애와 신학』.
38) "접촉의 구원," 『영과 진리』 제22호.

하는 데에 하등 문제되지 않을 수 있습니다. 그러나 최태용 목사님께서 무심코 말씀하셨을 수도 있는 이 표현이 여성들에 대해서 기본적으로 가지셨던 성차별적 고정관념의 한 단면이라고 생각합니다. 그럼에도 불구하고 복음교회는 여성 목사 안수를 허용하는 몇 안 되는 교단 중의 하나입니다. 그 덕분에 저도 목사 안수를 받았습니다.

이것은 기독교윤리의 필수불가결한 구성요소인 '신앙인격의 사람'이 되는 것, '신율의 윤리' 그리고 '프로테스탄트 원리'에 기초한 윤리의 결과라고 생각합니다. 최태용 목사님의 이러한 윤리는 우리를 철저하고도 끊임없는 자기성찰로 인도합니다. 우리가 살고 있는 사회, 우리가 몸담고 있는 교회, 우리의 신앙, 우리의 가치관을 객관화하여 끊임없이 질문하고 성찰하는 것, 오늘 우리에게 놓인 과제입니다.

윤치병,
신언행(信言行) 일치의 삶을 살다

Ⅰ. 들어가는 말

지난 봄, 서울에 일이 있어 갔다가 대구로 돌아오는 기차 안에서 서울교회 이종철 장로님의 전화를 받았습니다. 이종철 장로님은 가을에 있을 전국장로수련회에서 윤치병 목사님에 대해 발표를 하지 않겠냐는 말씀을 하셨습니다. 그 제안을 듣는 순간, 저는 몹시 가슴 벅차고 두려웠습니다. 윤치병 목사님은 제가 한 번도 직접 만나 뵌 적은 없지만 20여 년 간 마음속으로 흠모하고 존경해 오던 분이었기에, 윤치병 목사님에 대해서 언젠가는 연구를 해야겠다고 생각했었습니다.[1] 그랬기에 드디어 올 것이 왔

---

1) 2007년 교단연합수련회 때 윤치병 목사님에 대해서 잠간 언급한 적이 있으며, 이후 기독교대한복음교회 총회 본부 하규철 목사님으로부터 윤치병 목사님에 대한 자료를 구하여 조금씩 공부하고 있었습니다.

구나 하는 마음에 가슴 벅차면서도, 한편 윤치병 목사님에 대해 잘 알지도 못하면서 그분의 삶과 신앙을 제대로 소개할 수 있을까 두려웠습니다. 지금 이 순간도 무척 두렵습니다.

　제가 윤치병 목사님에 대한 이야기를 처음 들은 것은 대학시절입니다. 제 지도교수이셨던 김중기 교수님으로부터 수업시간에 윤치병 목사님에 대해 듣고 그때부터 윤치병 목사님을 존경하게 되었습니다. 제게 윤치병 목사님은 그저 막연히 추상적으로 존경하는 소위 위인이 아니라, 그분처럼 살고 싶고 닮고 싶은 분입니다. 제가 그때 들은 이야기는 여기 계신 여러분도 다양한 형태로 알고 있는 이야기일 것입니다만, 말씀드리겠습니다. 하루는 사모님이 목사님에게 저녁거리로 산나물을 캐어다 달라고 부탁하셨답니다. 흔쾌히 나서셨던 목사님이 해가 이미 서산에 기울고 어둑어둑해졌는데도 집에 돌아오시지 않자 사모님이 몹시 걱정하셨답니다. 집 밖에 나서기만 하면 지천에 널린 게 산나물인데, 도대체 목사님은 어디 가서 헤매시고 있는 건가 하는 생각에 사모님은 안절부절 하셨던 거지요. 밤이 이슥해서야 마침내 목사님이 집에 돌아오셨답니다. 물론 산나물을 캐가지고요. 사모님은 그간 애타고 걱정했던 마음과 궁금함 그리고 나무람이 담긴 투로 목사님에게 어떻게 된 일이냐고 하셨겠지요? 그러자 목사님이 대답하시길, 집 근처에도 나물이 있지만 하루 종일 농사일에 지친 교인들/마을사람들이 돌아오는 길에 저녁거리 나물을 캘 터인데 목사님이 캐와 버리면 교인들/마을사람들이 가져갈 것이 없어질까 봐 인적이 드문 산골짜기까지 다녀오셨다는 겁니다. 저는 그 대목에서 가슴이 뭉클했습니다. 여러분, 생각해 보세요. 목사님 가족의 하룻저녁거리 나물이 얼마나 되겠습니까? 집 근처에서 캐어다 잡수신들 무에 그리 대수겠습니까? 그러나 목사님은 그렇게 생각하지 않으셨던 겁니다. 교인들/마을사람들 중에 누군가가 아침에 일 나가면서 저녁거리로 보아둔 나물을 목사님이 혹시라도 캐버린다면 지친 몸을 이끌고 돌아오는 그 사람이 얼마나 속상해할까를 염려하셨던 거지요.

오늘 제게 주어진 주제는 '비당 윤치병 목사의 생애와 신앙'입니다. 항상 다른 사람을 앞에 세우고 존중하며 뒤에서 묵묵히 복음교회를 지켜 오신 신앙의 대선배 윤치병 목사님을 감히 저처럼 부족한 사람이 연구하고 소개한다는 것이 부끄럽습니다만, 존경과 흠모의 마음을 담아 그분의 삶과 신앙을 조명해 보겠습니다.

Ⅱ. 생애
– 삶과 신앙의 방향을 바꾸어 놓은 사건들을 중심으로

윤치병 목사님은 1890년 3월 17일 충남 논산에서 윤상엽 씨의 차남으로 태어나, 당숙 윤상찬 씨의 양자로 자라셨습니다. 목사님의 본명은 '주병'(柱炳)이었는데, 1910년 나라가 망한 수치를 당했다 하여 부끄러울 '치'(恥)자로 바꾸셨다고 합니다. 열다섯

살에 이기효 씨와 결혼하여 삼형제를 두셨습니다.

1908년 중앙중·고등학교 전신인 기호학교에 입학한 윤치병 목사님은 학감 유일선의 전도로 예수를 믿게 되셨다고 합니다. 예수를 믿고 난 후 '누가 크냐?'라는 성공에 대한 야망을 접고 평생 예수의 제자로 살기로 결심하셨습니다. 이것은 윤치병 목사님의 삶의 방향을 바꿔놓은 첫 번째 계기라고 하겠습니다. 뒤에서 다시 말씀드리겠지만, 예수 믿기 이전과 예수 믿은 이후의 목사님의 삶의 목표와 목적이 완전히 달라집니다.

처음 출석한 교회에서 만난 일본인 와다시 씨의 영향으로 성경의 기적 이야기를 믿지 않던 윤치병 목사님은, 고베 신학교에서 성경의 기적 이야기를 긍정하는 신학을 공부하면서 수차례 갈등하다가 성경의 기적 이야기를 신앙적으로 받아들이게 되었다고 합니다. 이것은 합리적이고 지적인 신앙만을 추구하던 윤치병 목사님의 신앙에 또 하나의 새로운 측면이 생긴 계기가 됩니다.

고베 신학교 졸업 후 일본인 마스토미 씨[2])가 세운 오산학교와 오산교회에서 교사와 목회를 하다가 8년 만에 그만 두고, 일

---

2) 윤치병 목사님은 와다시 씨의 소개로 마스토미 씨를 만나게 되고 마스토미 씨의 후원을 받아 김영구, 양태승 등과 함께 고베 신학교에서 공부하셨습니다. 마스토미 씨와 윤치병 목사님의 관계는 이후로도 계속 됩니다만, 여기서는 자세히 다루지 않겠습니다. 마스토미 씨의 한국 내 활동에 대해서는 학계와 교계의 평가가 엇갈리며, 이에 대한 저의 입장이 아직 서지 않았기 때문입니다. 마스토미 씨의 활동에 대한 소개와 평가에 대해서는 다음의 책을 참고할 수 있겠습니다. 이규수 저, 『식민지 조선과 일본, 일본인』(서울: 다할미디어, 2007); 김충렬 저, 『마스토미 장로 이야기』(서울: 한국장로교출판사, 2009).

본 세이쇼쿠 영어학교에서 공부하였는데 그 기간 중에 발생한 동경대지진 때 목숨의 위협을 받으셨다고 합니다. 이때 받은 충격이 이후 윤치병 목사님의 삶과 목회여정에 어떤 식으로든 영향을 미쳤으리라 짐작됩니다.

1925년 귀국한 윤치병 목사님은 최태용 목사님과 만나게 됩니다. 1925년 12월 6일 서울 YMCA 강당에서 개최된 '조선기독교 혁명선언' 강연회에 참석한 윤치병 목사님은 『천래지성』과 『영과 진리』의 독자가 되면서 최태용 목사님과 함께 한국교회의 신앙혁명을 모색하는 동지가 됩니다. 윤치병 목사님은 1936년에 장로교회를 탈퇴하였지만 이미 그 이전부터 장로교회라는 틀에 매이지 않으셨습니다. 윤치병 목사님에게 보낸 주기철 목사님의 편지와 발신 날짜를 통해 이를 확인할 수 있습니다.

동래읍에서 열리는 부산구역 교역자 수양회에 참예參預(참여)하였다가 일전에 돌아와서 형님의 하서下書를 보았습니다. 일이 필경 그렇게 되고 보니 교회와 형님을 위하여 유감 됨이 많습니다. 그러나 시비(是非)는 제이(第二)의 문제이고 합하지 못할 바에는 갈라서는 것도 무방한 일이외다. 들어가 여러 사람의 총중(叢中. 무리를 지어 있는 사람들 속)에 서시든지 나아와 홀로 서시든지 오직 진리에 고착(固着. 굳게 붙음)하시기만 바라오며, 또한 여태까지 형님이 밟아 오신 길이 진리를 위하여 싸워 나온 자체인 줄을 아오니 주께서 분명히 형님과 같이하실

줄을 믿습니다. 만인의 사명이 반드시 한 길이 아니겠사온즉 형

님은 형님 길에서 주님께 영광을 돌리소서.

1931. 6. 15[3]

최태용 목사님과 백남용 목사님을 이단으로 규정하고 장로
교회 내에 있는 그 추종자들을 치리한 주기철 목사님이었지만,
최태용 목사님, 백남용 목사님 등과 뜻을 같이한 윤치병 목사님
에게는 여전히 존경과 신뢰의 끈을 놓지 않은 것을 편지에서 엿볼
수 있습니다.

윤치병 목사님은 1927년부터 매년 개최된 금마집회에서 성
경 연구회를 인도하셨고, 1935년 12월 22일 기독교 조선 복음
교회 창립예배 때 최태용 목사님을 목사로 안수하셨습니다.
1936년 제1회 복음교회 총회 참석이 문제가 되어 장로교회를
탈퇴하여 봉월리 복음교회를 개척하셨고, 1947년 금마교회로
부임해서는 1979년 7월 29일 소천하실 때까지 금마에 계셨습니
다.[4]

아래에 윤치병 목사님의 학력과 목회경력, 교육경력, 저술과
예술 활동을 간략하게 소개합니다. 표기한 연도는 자료마다 차

---

3) 주기철 지음, KIATS 엮음.『주기철』(서울:홍성사, 2008), 149-150.

4) 백도기·서재경,『聖貧의 牧者 非堂 尹恥炳 牧師』(수원: 한민미디어, 1998); 기독교
대한복음교회 약사편찬위원회 간,『복음교회50년 약사』(서울:기독교대한복음교회
약사편찬위원회, 1985); 익산고적선양회,「익산문화」제2집 (익산: 익산고적 선양
회, 1992); 최태용 저, 채문규 역,『최태용 전집』(서울: 도서출판 꿈꾸는터, 2009).

이가 있지만, 다음과 정리해 보았습니다. 한 가지 눈여겨 볼 점은 윤치병 목사님이 쓰신 『金馬古蹟(금마고적)』이라는 책입니다. 필자가 인터넷 고서점에서 우연히 발견하고 구입하였는데, 윤치병 목사님이 익산중학교에서 역사 선생님으로 계실 때에 쓰신 책입니다. 조사와 어미를 제외하곤 거의 한자로 되어 있으며 10여 쪽 분량인데, 언젠가 기회가 되면 번역했으면 좋겠다는 생각입니다.

학력
- 기호학교(1908~1911)
- 일본 고베 신학교(1913~1916)
- 일본 세이쇼쿠 영어학교(1923~1925)

목회경력
- 전북 고창 오산교회 담임(1917)
- 서울 안동교회 조사(1925)
- 경북 영주 영주교회 전도사(1926~)
- 경안노회에서 목사 안수(1930)
- 전북 김제 봉월리 장로교회(1931~)
- 전북 김제 봉월리 복음교회(1936~)
- 전북 익산 금마교회(1947~1979)

교육경력
- 전북 고창 오산학교 교사(1916~1923)

- 장로교 연경원 강사(해방 직후)
- 전주성경학원 전임강사(1943)
- 익산중학교 강사(1948~1968)

저술, 예술 활동(서예전)
- 「복음과 감사」 발행(1931. 9 ~ 1933. 2)
- 『금마고적』(1949)
- 서예전(1965년 군산, 1969년 서울, 1972년 이리)

Ⅲ. '누가 크냐?'에서 '그까짓 것'으로

윤치병 목사님은 기호학교에 다닐 때 항상 큰 인물이 되기를 갈망하셨다고 합니다. 공자 이상은 되어도 공자 이하로는 만족하지 않겠다고 생각하며 남산 꼭대기에 올라가 서울을 내려다보며 높이 되려는 야망을 품으셨다고 합니다. 그러나 예수를 믿고 나서는 출세의 야망을 쾌히 내려놓으셨다고 합니다.5)

하루는 남산에 올라가서 장안을 내려다보며 이를 악물고 맹서했지요. 내가 이 나라에서 제일 큰 인간, 제일 위대한 인간이 되지 않고는 만족하지 않으리라구요. 그런데 성경을 읽다가 세례

---

5) 백도기, 『聖貧의 牧者 非堂 尹恥炳 牧師』, 11-12.

요한이 이 땅에서는 가장 큰 자이지만 하늘나라에서는 가장 〈작은 자〉라는 말씀을 읽고나서 그 생각을 안 하기로 했지요. 하하하하……6)

'누가 크냐?'의 문제에 사로잡혀 있던 윤치병 목사님에게 기독교와의 만남은 목사님의 삶의 방향을 완전히 바꾸어 놓은 계기였습니다. 아래의 글이 그 일을 두고 쓰신 글인지 알 수 없으나 저는 그렇게 읽었습니다.

나는 그 때에 아주 중대한 결심을 하였었다. 그러나 얼마 안 되어 그 결심을 번복하고 지금의 내가 사는 믿음의 방식을 택했다. 그 결심에는 절대한 각오가 필요하였었다. 그 결심을 수행하는 수단방법 때문이 아니라 삶의 목적을 선택할 즈음에 지금의 내가 살고 있는 이 믿음의 삶이 그 때의 결심보다도 낫다고 인정한 까닭이었다. 지금 나의 삶은 남 보기에는 변변치 못하리라. 나도 스스로 자기의 부족을 한한다. 그러나 나는 가끔 그 일을 추억하며 지금의 삶이 함부로 할 수 없는 일이었음을 스스로 일깨운다. 또 오늘의 삶에도 다른 좋은 많은 것들이 있을 수 있겠지만 역시 어제처럼 여일하게 살아가겠다. 지금 하는 일을 하나님은 그 때 내게 시키셨다. 아직 다른 명령이 없으시니 오늘 내가 한 일이 좋은가 모자란가 어떠한 것인지를 모르나 나는 그

6) 앞의 책, 210-211.

일을 계속할 수밖에 없다. 아니 그게 그중 좋으리라. 그렇기 때문에 하나님께서는 지금 나를 이대로 두시는 것이다.[7)]

예수를 믿고 난 후 윤치병 목사님에게 인간은 두 부류일 뿐이었습니다.

대체로 인간은 누구만 못하다고 해서 걱정합니다. 그러나 믿고 보면 인간은 두 부류로 나누어집니다. 1) 믿고 구원받고 영생하는 인간. 2) 안 믿고 멸망하는 인간. 그러니 우리가 시방 이러니 저러니 하는 영욕, 성패, 득실, 대소 모두가 결국은 '그까짓 것'에 그치고 맙니다.[8)]

윤치병 목사님은 예수 믿기 전에 가졌던 자신의 성공에의 야망을 '그까짓 것'에 불과한 것으로 여기셨으며, 사람을 사회적 성공의 잣대로 판단하지 않으셨습니다. 윤치병 목사님은 하나님의 영광을 위해서, 하나님의 사명을 받들기 위해서, 성공이라는 잣대는 버려야 한다고 역설하셨습니다.

얼마 안 되는 생에 우리는 왜 그렇게 염려 고통합니까? 선악 외에 성패를 생각하는 까닭입니다. 왜 성패를 생각하게 됩니까?

---

7) "일각천금(一刻千金)", 『복음과 감사』 (1932년 8월).
8) 백도기, 『聖貧의 牧者 非堂 尹恥炳 牧師』, 46-47.

하나님을 높이는 데에 실수하는 탓입니다.9)

……우리도 우리 생에서 하나님의 영광을 나타내기 위하여서는 나의 신을 벗을 필요가 있습니다. 바깥에서는 모세의 신이 아무 문제가 없었지만 여호와 앞에 이르러서는 그 신을 벗게 되었습니다.

그와 같이 우리가 하나님의 사명을 받들기 위해서 버릴 것은 이 세상에서는 흔히 통용되던 것들입니다. 아니, 어떤 것은 이 세상에서는 없어서는 안 될 것이라고 하고, 믿는 사람들도 그르다고 하지 않는 것들입니다. 대망, 이상이 없고서는 성공하지 못한다는 것은 세상에서는 당연한 이치라고 생각합니다. 그러나 우리는 내가 어떻게 하겠다는 '나'보다도 영광 가운데 계신 하나님을 우러러보고 경탄해야 합니다. 우리는 보좌에 앉으신 하나님을 보고 이십사 장로와 함께 면류관을 벗어 놓고 찬송을 드릴 일입니다. 우리는 완전히 하나님의 영광에 삼킨바 되어야 합니다. 물론 우리는 자아의 의식을 잃는 것은 아니겠지요. 그러나 그것은 가나의 혼인 잔치집 항아리에 물을 채우는, 나사로의 무덤의 돌을 굴리는 힘이 되는 것으로 족합니다. 우리는 지금 물을 채우는, 돌을 굴리는 힘만 있으면 이로써 주의 영광을 나타낼 것이요, 그 이상의 '나'는 벗으라 하시는 명령에 순종하여 단연히 거절할 것입니다.10)

---

9) "徹底 (롬 11:36)," 「복음과 감사」 (1932년 10월).

오늘 한국교회에는, 김두식 교수의 지적[11]대로, "개인적인 성공이 곧 하나님의 영광이라는 신성모독적 가치관이 자리 잡기 시작했"으며 "이때 하나님의 영광을 결정하는 기준은 세상에서 성공을 가늠하는 기준과 정확히 일치"합니다. 하여, "개인적인 성공이 곧 하나님께 영광이 된다는 생각은, 성공하지 못한 사람들이 교회에 발붙일 수 없도록 만들었습니다." 결국 "사회적 지위가 교회에서 말을 하"는, 즉 돈, 권력, 명예를 가진 사람이 발언권과 결정권을 주도하는 현실이 오늘 한국교회의 현주소라는 것입니다. 한국교회의 이런 현실에, 윤치병 목사님의 '그까짓 것'이라는 말씀이 절실히 요청됩니다.

IV. 겸손의 삶: '자기성찰'과 '섬김'과 '자기희생'

사회적 성공의 잣대를 '그까짓 것'으로 여기신 윤치병 목사님의 생각과 자세는 겸손을 강조하는 글과 겸손 그 자체의 삶으로 나타납니다.

……겸손이야말로 우리 신자에게 온갖 덕의 근본이 되는 것입니다. 우리가 하나님 앞에 나아가서 그의 큼(大)과 나의 작음

---

10) "모세의 신 (출 3:5)," 「복음과 감사」(1933년 1월).
11) 김두식, 『교회 속의 세상 세상 속의 교회』(서울: 홍성사, 2010).

(小)을, 그의 거룩함(聖)과 나의 죄를 아울러 생각할 때에, 우리는 자연히 겸손해질 수밖에 없는 것입니다. …… 우리가 속되다 하는 인간에게는 하나님의 형상이 들어 있으며(창 1:27), 우리의 현재의 존재는 전혀 예수 그리스도께서 하나님의 형상으로 강생하여 이루신 겸손으로 말미암은 것이 아니겠습니까? 정말 신앙생활은 제일이 겸손이요 제이 제삼도 겸손일 수밖에 없습니다.

1. 겸손은 지적(知的)으로 자기 인식을 옳게 합니다. 하나님 앞에서 자기를 본 자는 어느 때든지 자기 운명에 대하여 "그러나 내가 하고자 하는 대로 마옵시고 아버지의 뜻대로 하옵소서"(마 26:39)하는 기도를 드리니, 결코 자기의 육의 뜻을 고집하지 못합니다. 그의 눈은 흐려짐이 없어서 자기의 운명을 인식하는 데 능히 그릇됨을 면합니다…….

2. 겸손은 의적(意的)으로는 사람을 섬길 수 있게 합니다. …… 타자인 하나님의 존엄하심과 자기의 무가치를 본 우리는, 하나님과 동등하시지만 오히려 몸을 낮추어 사람으로 탄생하신 그리스도를 믿는 우리는, 대야를 들고 제자의 발을 씻기신 주의 발자취를 따를 수밖에 없습니다. '남에게 대접받고자 하는 대로 남을 대접하라' 하셨습니다. 대야를 들고 남의 발을 씻길 때에 나는 힘들겠지만, 씻김을 받는 자는 좋을 것입니다. 나의 청구권을 뒤에 세우고 남의 그것을 앞에 세우는 우리는 십자가를 지기까지 남을 섬기지 않고는 도저히 양심의 만족을 얻지 못할 것

입니다.

3. 겸손은 정적(情的)으로는 자기의 멸망으로써 남의 구원을 바랄 것입니다. "나는 그리스도 안에 있어 진리를 말하고 거짓말을 하지 아니하는지라. 내 마음에 큰 근심이 있어 항상 애통함을 내 양심이 성신을 힘입어 나를 위하여 증거하노니 나의 형제 곧 골육지친을 위하여 내가 그리스도께 끊어질지라도 원하는 바로다"(롬 9:1-3).

이는 애국자인 바울의 동족에 대한 사랑을 표현한 말입니다. 이는, 자기의 청구권보다도 남의 그것을 앞세운 것은, 자신의 영광보다도 사람의 운명을 더 생각하신 그리스도의 십자가와 같이 겸손한 일입니다. 더욱이 남을 먼저 하고 나를 뒤에 할진대, 자기가 그렇게 열렬히 바라는, 생명으로써 구하는 구원을, 자기의 멸망을 돌아볼 겨를이 없이, 남이 그것을 얻기를 바람은 당연입니다. 우리의 겸손은 이에 이르러서 철저하였다 하겠습니다. …… 그러나 자기보다 앞세우는 남의 구원을 바라는 정(情)은 도저히 나의 자유가 손닿지 못하는 곳의 일입니다. 자신의 치욕을 돌아보지 않고 사람의 구원을 위하여 하나님의 높음에서 인간의 낮음에 강림하여 종의 모양을 취하신 그리스도의 겸손은 하나님의 전능하심으로만 될 일입니다. 우리가 아무리 자기를 버리고 남을 위한다 할지라도, 우리의 능력은 겸손을 실행하는 데도 제한이 있어서 도저히 마음이 원하는 대로 되지 못합니다. …… 우리가 하나님을 뵈올 적에 갖는 겸손으로써 사람에게 대

할 때에는, 비록 이 한도 안에서라도, 주께 상 받을 생을 살 수 있습니다. ……12)

위의 글에서 강조된 겸손은 '자기성찰'과 '섬김' 그리고 '자기 희생'에 다름 아닙니다. 윤치병 목사님은 큰 자와의 비교, 큰 자가 되려는 생각을 접고, 겸손의 삶 즉 '자기성찰'과 '섬김'과 '자기 희생'의 삶을 사셨습니다. 윤치병 목사님은 자신보다 한참 나이 어린 소년에게도 "형님"이라고 부르고, 나이 어린 소녀나 처녀에게도 "누님"이라고 호칭하셨다고 합니다.13) 농으로 그러신 것이 아니라 몸에 배인 겸손의 표현이라 하겠습니다. 자신을 한없이 낮추는 섬김의 자세가 아니라면 가능하지 않은 일이지요.

윤치병 목사님이 익산중학교 졸업식 때 졸업생들에게 하신 말씀과 전북 지사에게 보낸 편지에는, 자기성찰의 중요성을 강조하신 윤치병 목사님의 평소 생각이 담겨 있습니다.

나는 여러분 중에 대통령이 나오는 것을 바랄 맘은 없습니다. 여러분 중에서는 '우리 대통령이 되어 달라'고 해도 나는 부족하니까 더 훌륭한 사람을 고르라고, 사양하는 사람들이 많이 나오

---

12) "겸손의 한도 (빌 2:1-11)", 「복음과 감사」(1932년 12월).
13) 백도기, 『聖貧의 牧者 非堂 尹恥炳 牧師』, 16-17. 윤치병 목사님은 백도기 목사님을 향해서도 "형님"이라고 부르셔서 백 목사님을 몹시 난처하게 만드셨다고 합니다. 금마교회 교우들도 윤치병 목사님이 누구에게나 "누님", "형님" 하는 호칭을 하셨다고 들려 주셨습니다.

게 되기를 바랍니다.14)

당신이 지사가 된 것을 축하합니다. 그러나 당신보다 더 잘 일
할 사람을 발견할 때는 그 사람을 지사로 추천하고 스스로 물러
날 각오를 갖고 일하시기 바랍니다.15)

이런 말씀을 주위 사람들에게 하신 윤치병 목사님이었기에,
그 자신 능력이 출중함에도 불구하고 자신이 인정하고 존중한
최태용 목사님을 앞에 세우고 자신은 뒤에서 묵묵히 주어진 일을
감당하신 것이 아닌가 싶습니다.

V. 성빈의 삶: '나눔'과 '내어줌'

백도기 목사님의 표현에 따르면, 평생 가난이 윤치병 목사님
을 따라 다녔다고 합니다. 그러나 그 가난은 윤치병 목사님 스스
로 선택한 가난이었다고 합니다. 윤치병 목사님은 다른 사람을
자신보다 더 가난한 사람으로 보았기에, 남들로부터 대접을 받
는 것을 불편해 하셨고 무엇이라도 주기를 좋아하셨다고 합니
다.16)

---

14) 백도기, 『聖貧의 牧者 非堂 尹恥炳 牧師』, 21.
15) 앞의 책, 21.

금마교회 교우들이 기억하는 윤치병 목사님은 자신의 필요에는 인색하고 남에게는 자신이 가진 것을 아낌없이 주신 분이었다고 합니다.[17] 진순님 권사님이 회상하시길, 쑥을 캐어다 윤치병 목사님에게 갖다 드렸는데 목사님이 그 쑥으로 죽을 끓여서 다시 가져다 주셨다고 합니다. 윤치병 목사님 사택 바로 근처에 사셨던 김영헌 장로님의 증언에 따르면, 어느 믿는 가정에 쌀이 떨어졌다는 말을 들으신 윤치병 목사님은 자신의 쌀독에도 그날 저녁 해 드실 쌀 밖에 없음에도 불구하고 그 쌀을 다 퍼서 그 가정에 갖다 주셨다고 합니다. 또한 윤치병 목사님이 회중시계의 시계줄을 고무줄로 대신 하는 것을 안타깝게 생각한 교회학교 선생님들이 돈을 모아 시계줄을 선물로 드렸는데, 목사님은 시계줄 값을 알아다가 선생님들에게 돈을 돌려주셨다는 이야기도 유명한 일화입니다.

김정래 권사님이 들려주신 많은 이야기 중 몇 가지를 소개하겠습니다. 목사님 사택 광에 도둑이 들었길래 가까이 사는 교인

---

16) 앞의 책, 211.

17) 2010년 10월 3일 주일예배 후, 금마교회 교우들(김영헌 장로님, 김정래 권사님, 백덕기 장로님, 이덕남 권사님, 이용환 장로님, 진순님 권사님)이 윤치병 목사님에 대해 말씀해 주셨습니다. 그분들이 들려주신 이야기 속의 윤치병 목사님에 대한 공통적인 기억은 '청빈하고 겸손하게 사셨다'는 것과 '타인을 배려하셨다'는 것입니다. 그리고 그분들이 목사님에 대해 가지고 있는 마음은 '그리움'과 '존경'이었습니다. 자신들의 기억 속에 있는 그 목사님을 복음교단 안에서 뿐만 아니라 한국 교계와 세계 교계에 소개했으면 하는 것이 그분들의 바람이었습니다. 김영헌 장로님은 고이 간직하고 있던 귀한 문서자료를 제게 주셨습니다.

들이 불을 비추고 잡으려 했더니 목사님이 불을 끄라고 호통을 치시며 오히려 도둑에게는 "힘대로 많이 가져가시오. 회개하고 예수만 믿으시오"라고 하시고 도망갈 개구멍까지 가르쳐 주셨답니다. 목사님의 호의(?)에 감격한 도둑이 다른 곳에서 훔친 깨, 고추 등을 목사님 드시라고 강대상 안에 놓고 갔는데, 목사님은 도둑맞은 주인들을 수소문해서 다 돌려 주셨다고 합니다. 또한 윤치병 목사님이 익산중학교 강사로 계실 때, 봉급을 받으면 한 푼도 자신 필요로 쓰시지 않고 가난한 학생들 수업료로 주셨다고 합니다. 평생 좋은 옷 한 번 안 입으시고 신발도 짚신과 고무신만 신으셨다고 합니다.

익산중학교 1회 졸업생들 사이에 윤치병 목사님에 대한 유명한 일화가 있다고 합니다. 윤치병 목사님이 장례식에 가셨다가 돌아오는 길에 부여의 버스 정류장에서 칭얼대는 아이를 업은 낯선 아낙네에게 자신의 여비를 모두 주시고는 부여에서 금마까지 거의 100리길을 걸어오시느라 신발은 온 데 간 데 없고 버선도 발등에만 형체가 남아 있었다는 이야기입니다.[18]

이렇듯 윤치병 목사님은 그 자신 가난하게 사셨으면서도 자신보다 더 가난한 사람들과 '나누고' 더 나아가 자신의 것을 몽땅 '내어주는' 삶을 사셨습니다. 그랬기에 '청빈'으로는 목사님의 삶을 다 표현할 수 없어 '성빈'의 삶을 사셨다고 하는 것이 아닐 런지요?[19]

---

18) 익산고적선양회, 「익산문화」 제2집.

Ⅵ. 나오는 말

윤치병 목사님에 대한 문서 자료나 구두 증언에서 공통적으로 발견할 수 있는 것은, 윤치병 목사님이 기독교인과 비기독교인, 자기교회교인과 타교회교인, 자기교단과 타교단을 구분하지 않고 한결같은 마음으로 대하셨다는 것입니다. 윤치병 목사님에게는 특정 종교, 특정 교단, 특정 교회의 틀이 좁게만 느껴집니다. 윤치병 목사님은 교인들뿐만 아니라 마을사람들, 낯선 곳에서 만난 낯선 사람들, 도둑들까지 배려하셨습니다. 이는 모든 인간은 '하나님의 형상'으로 지음 받은 존엄한 존재라는 인식에 가 닿습니다. 윤치병 목사님은 개개인이 처한 어떠한 조건, 즉 빈부, 종교, 교단, 나이, 학벌, 사회적 지위 등에 따라 사람을 차별하지 않으셨습니다.

윤치병 목사님은 자신이 믿고 그 제자가 되어 살고자 한 예수의 모습을 닮으셨습니다. 예수의 "인자는 섬김을 받으러 온 것이 아니라 섬기러 왔으며"(막 10:45)라는 말씀을 평생의 좌우명으로 삼아 '자기성찰'과 '섬김'과 '자기희생'의 삶을 사셨습니다. 저는 건강하고 성숙한 신앙의 전형적인 모습을 윤치병 목사님의 삶에서 발견합니다. 윤치병 목사님은 '믿음'(信)과 '앎'(知, 言)과 '행함'(行) 중 어느 하나에 치우침이 없이 그 모든 것을 하나로 꿰뚫

---

19) 그래서였을까요? 6·25 때 지역 빨갱이들이 다른 목사님들은 잡아가면서도 윤치병 목사님은 오히려 보호했다고 합니다.

어서 일치된 삶을 사셨습니다. 윤치병 목사님은 외롭고도 힘든 그 길을 묵묵히 그러나 의연하고 확고하게 걸어 가셨습니다. 사회적 지위와 부가 교회에서 영향력을 발휘하고, 무한경쟁의 논리와 성공지향적 가치관을 신앙적으로 신학적으로 정당화하는 오늘 한국교회의 현실을 보면서, 저는 신언행(信言行) 일치의 삶을 사신 윤치병 목사님이 무척 그립습니다.

참고문헌

기독교 여성담론의 주체와 주제

강남순. 『페미니스트 신학』. 천안: 한국신학연구소, 2002.

_____. 『페미니즘과 기독교』. 서울: 대한기독교서회, 1998.

_____. 『현대여성신학』. 서울: 대한기독교서회, 1994.

길리간, 캐롤. 『심리이론과 여성의 발달』. 허란주 옮김. 서울: 철학과 현실사, 1994.

데일리, 메리. 『하나님 아버지를 넘어서: 여성들의 해방 철학을 향하여』. 황혜숙 옮 김. 서울: 이화여자대학교 출판부, 1996.

_____. 『교회와 제2의 성』. 황혜숙 옮김. 서울: 여성신문사, 1994.

러너, 거다. 『역사 속의 페미니스트: 중세에서 1870년까지』. 김인성 옮김. 서울: 평 민사, 2006.

_____. 『가부장제의 창조』. 강세영 옮김. 서울: 당대, 2004.

류터, R. R. 『성차별과 신학』. 안상님 옮김. 서울: 대한기독교출판사, 1985.

미스, 마리아 · 시바, 반다나. 『에코페미니즘』. 손덕수 · 이난아 옮김. 서울: 창작과 비평사, 2000.

박경미. "한국 여성신학 20년." 『신학연구 50년』. 이화여자대학교 한국문화연구원 편. 혜안, 2003.

_____. "초대교회의 가부장주의화 과정과 가정훈령: 목회서신을 중심으로." 「신학 사상」 102호(1998): 221-254.

_____. "오소서, 창조자의 영이여! - 한국교회와 여성주의적 성서해석." 「기독교사 상」 470호(1998): 10-28.

_____. "21세기 여성신학의 전망." 「기독교사상」 460호(1997): 116-132.

박순경.『민족통일과 여성의 과제』. 서울: 대한기독교서회, 1988.

_____.『통일신학의 미래』. 서울: 사계절, 1997.

_____.『한국 민족과 여성신학의 과제』. 서울: 대한기독교서회, 1983.

브란튼베르그, 게르드.『이갈리아의 딸들』. 노옥재 외 옮김. 서울: 황금가지, 1996.

손승희.『여성신학의 이해』. 서울: 한국신학연구소, 1989.

_____. "여성의 도덕성." 「기독교사상」 461호(1997): 113-124.

순이치, 이케가미.『여성에게 문화는 있었는가』. 김응천 옮김. 서울: 사계절, 1999.

양미강. "한국교회 여성사(女性史) 서술을 위한 가능성 모색."『여성 평화 생명』. 이우정 선생 고희기념 논문집 편찬위원회 편. 서울: 경세원, 2001.

양미강. "참여와 배제의 관점에서 본 전도부인에 관한 연구 - 1910년~1930년대를 중심으로." 「한국기독교와 역사」 6권(1997): 139-179.

_____. "초기 전도부인의 신앙과 활동." 「한국기독교와 역사」 2권(1992): 91-109.

오현선. "욕구와 통제 사이: 여성이주민의 현실과 여성신학의 과제." 한국여성신학회 봄학술대회 자료집(2007. 5. 12).

워커, 앨리스.『어머니의 정원을 찾아서』. 구은숙 옮김. 서울: 이프, 2004.

_____.『보라빛』. 안정효 옮김. 서울: 문경, 1986.

이경숙. "한국 여성신학의 발자취와 미래: 주제별 고찰과 내일의 과제." 「한국기독교신학 논총」 50집(2007): 175-214.

_____.『구약성서의 하나님 · 역사 · 여성』. 서울: 대한기독교서회, 2000.

_____.『구약성서의 여성들』. 서울: 대한기독교서회, 1994.

이우정. "한국 전통문화와 여성신학: 서민여성(민중)의 전통문화를 중심으로." 「한국여성신학의 과제: 아시아 여성신학 정립협의회 보고서」. 한국여신학자협의회, 1983.

_____. "한국속담과 여성의 비인간화." 「여신협 강연」 제1집(1982).

이은선. 『한국 여성조직신학 탐구』. 서울: 대한기독교서회, 2004.

_____. 『유교, 기독교 그리고 페미니즘』. 서울: 지식산업사, 2003.

_____. 『포스트모던 시대의 한국여성신학』. 왜관: 분도출판사, 1997.

이인경. "교회 내 가부장적인 분위기에 대한 알레르기 반응." 「새가정」 53권 4호
    (2006): 14-17.

_____. "하나님의 형상대로: 기독교와 여성." 『기독교의 이해』. 기독교의 이해 교
    재편찬위원회 편. 대구: 계명대학교, 2005.

_____. 『에큐메니칼 페미니스트 윤리』. 서울: 한들출판사, 2005.

_____. "여성의 희생과 교회의 폭력에 대한 여성신학적 분석." 「한국여성신학」 제
    51호(2002): 48-57.

_____. "복음서 안의 억압된 여인 사건에 대한 여성해방적 분석." 연세대학교 석
    사학위논문, 1992.

정현경. 『결국은 아름다움이 우리를 구원할거야 1, 2』. 서울: 열림원, 2002.

_____. 『다시 태양이 되기 위하여: 아시아 여성신학의 현재와 미래』. 박재순 옮김.
    왜관: 분도출판사, 1994.

조(한)혜정. 『성찰적 근대성과 페미니즘』. 서울: 또 하나의 문화, 1998.

최만자. "한국여성신학: 그 신학 새로 하기의 어제와 내일." 「한국기독교신학논총」
    22집(2001): 293-324.

_____. "한국 그리스도교 여성의 경험에서 본 성서 해석." 『성서와 여성신학』. 한
    국여성신학회 편. 서울: 대한기독교서회, 1995.

최만자·박경미. 『새 하늘 새 땅 새 여성』. 서울: 생활성서사, 1993.

최영실. 『성서와 여성』. 서울: 민들레책방, 2004.

_____. "성서적 관점에서 본 한국여성신학(Ⅰ)." 「기독교사상」 398호(1998):
    117-118.

_____. 『신약성서의 여성들』. 서울: 대한기독교서회, 1995.

트리블, 필리스. 『하나님과 성의 수사학』. 유연희 옮김. 서울: 태초, 1996.

피오렌자, E. S. 『돌이 아니라 빵을: 여성신학적 성서해석학』. 김윤옥 옮김. 서울: 대한기독교서회, 1994.

한국여성신학회 편. 『한국여성의 경험』. 서울: 대한기독교서회, 1994.

한국여성신학회 편. 『성서와 여성신학』. 서울: 대한기독교서회, 1995.

현경. 『미래에서 온 편지』. 서울: 열림원, 2001.

Cannon, Katie G. *Black Womanist Ethics*. Atlanta, Georgia: Scholars Press, 1988.

Christ, Carol and Plaskow, Judith eds. *Womanspirit Rising: A Feminist Reader in Religion*. San Francisco: Harper & Row, 1979.

_____. *Weaving the Visions: New Patterns in Feminist Spirituality*, San Francisco: Harper & Row, 1989.

Fabella, Virginia and Oduyoye, Mercy Amba eds. *With Passion and Compassion: Third World Women Theology Doing Theology*, Maryknoll, New York: Orbis Books, 1990.

Grant, Jacquelyn. *White Women's Christ and Black Women's Jesus: Feminist Christology and Womanist Response*. Atlanta, Georgia: Scholars Press, 1989.

Jaggar, Alison M. "Feminist Ethics: Projects, Problems, Prospects." in *Feminist Ethics*. ed. Claudia Card. Lawrence: University Press of Kansas, 1991.

Mananzan, Mary John and Park, Sun Ai, "Emerging Spirituality of Asian Women." in *With Passion and Compassion: Third World Women Theology Doing Theology*. eds. Virginia Fabella and Mercy Amba Oduyoye.

Maryknoll, New York: Orbis Books, 1990.

Morton, Nelle. *Journey is Home*. Boston: Beacon Press, 1985.

Sakenfeld, K. Doob. "Feminist Use of Biblical Materials." in *Feminist Interpretation of Bible*. ed. Letty M. Russell. Philadelphia: The Westminster Press, 1985.

Saiving, Valerie. "The Human Situation: A Feminine View." in *Womanspirit Rising: A Feminist Reader in Religion*. eds. Carol Christ and Judith Plaskow. San Francisco: Harper & Row, 1979.

Williams, Delores S. *Sisters in the Wilderness: The Challenge of Womanist God-Talk*. Maryknman, New York: Orbis Books, 1993.

Young, Iris Marion. *Justice and the Politics of Difference*. Princeton: Princeton University Press, 1990.

Young, Pamela Dickey. *Feminist Theology / Christian Theology: In Search of Method*. Minneapolis: Fortress Press, 1990.

여성의 구원을 위하여 그리고……: 엘리자베스 쉬슬러 피오렌자의 『돌이 아니라 빵을』 다시 읽기

강남순. "21세기에 들어선 여성신학: 여성신학의 인식론적 지평과 쟁점, 그리고 그 성찰적 과제에 대한 비판적 고찰." 「신학사상」 115집(2001 겨울): 155-192.

_____. "페미니즘과 성서 해석학." 『성서해석학』. 정기철 엮음. 호남신학대학교출판부/ 한들, 1997.

_____. 『현대여성신학』. 서울: 대한기독교서회, 1994.

김호경. 『여자, 성서 밖으로 나오다』. 서울: 대한기독교서회, 2006.

데일리, 메리. 『교회와 제2의 성』. 황혜숙 옮김. 서울: 여성신문사, 1994.

러셀, 레티 M. 『해방의 말씀』. 김상화 역. 서울: 대한기독교출판사, 1980.

손승희. 『여성신학의 이해』. 서울: 한국신학연구소, 1989.

이인경. "하나님의 형상대로: 기독교와 여성." 『기독교의 이해』. 기독교의 이해 교재
　　　　편찬위원회 편. 대구: 계명대학교출판부, 2005.

_____. "여성의 희생과 교회의 폭력에 대한 여성신학적 분석." 「한국여성신학」
　　　　(2002 겨울): 48-57.

정현경. "변혁을 위한 영성." 『신학하며 사랑하며: 한국 기독교의 거듭남을 위하여』.
　　　　장상, 소흥렬 외 엮음. 서울: 문학과 지성사, 1996.

최만자. "여성 원리 · 공존의 윤리 · 미래의 대안." 『여성의 삶, 그리고 신학』. 서울:
　　　　대한기독교서회, 2005.

최영실. "신약성서 해석의 모델-한국여성의 경험에서." 『생존과 해방을 위한 여정
　　　　』. 정숙자 외 10인 지음. 서울: 대한기독교서회, 1999.

_____. 『신약성서의 여성들』. 서울: 대한기독교서회, 1997.

피오렌자, E. S. "해석의 에토스: 탈근대적 - 탈식민적 상황." 「신학사상」 95집
　　　　(1996 겨울): 38-63.

_____. 『돌이 아니라 빵을: 여성신학적 성서해석학』. 김윤옥 옮김. 서울: 대한기독
　　　　교서회, 1994.

_____. 『크리스찬 기원의 여성신학적 재건』. 김애영 옮김. 서울: 종로서적, 1986.

한국여신학자협의회 성서언어연구반 엮음. 『한반도에서 다시 살아나는 여성시편』.
　　　　서울: 여성신학사, 2005.

한국여신학자협의회. 『새하늘 새땅을 여는 예배』. 서울: 한국여신학자협의회,
　　　　2003.

한미라. 『여자가 성서를 읽을 때』. 서울: 대한기독교서회, 2002.

현경. 『미래에서 온 편지』. 서울: 열림원, 2001.

Fiorenza, Elizabeth Schuessler. *But She Said: Feminist Practices of Biblical Interpretation*. Boston: Beacon Press, 1992.

_____. "The Ethics of Biblical Interpretation: Decentering Biblical Scholarship." *JBL* 107/1(1988): 3-17

_____. *Bread Not Stone: The Challenge of Feminist Biblical Interpretation*. Boston: Beacon Press, 1984.

Moses, Claire G. "'What's in a Name?': Feminism in Global Perspective." 계명여성세미나 특강 (2003년 11월 6일).

Russell, Letty M. *Household of Freedom: Authority in Feminist Theology*. Philadelphia: Westminster Press, 1987.

Stanton, Elizabeth Cady ed. "Introduction" in *The Woman's Bible*. Mineola, N. Y.: Dover Publications, 2002.

페미니스트 윤리의 한 모델: 생명살림의 윤리

강남순. 『페미니즘과 기독교』. 서울: 대한기독교서회, 1998.

길리간, 캐롤. 『심리이론과 여성의 발달』. 허란주 옮김. 서울: 철학과현실사, 1994.

김지하. "민족미학의 탐색: 율려운동과 고대로부터의 비전." 『예감에 가득 찬 숲 그 늘』. 서울: 실천문학사, 1999.

리치, 아드리엔느. 『더이상 어머니는 없다: 모성의 신화에 대한 반성』. 김인성 옮 김. 서울: 평민사, 1995.

미스, 마리아 · 시바, 반다나. 『에코페미니즘』. 손덕수 · 이난아 옮김. 서울: 창작과 비평사, 2000.

이은선. "여성의 원리, 공존의 원리-그 실천의 의미와 가능성."『포스트모던 시대의
　　한국여성신학』. 왜관: 분도출판사, 1997.

＿＿＿. "여성신학에서의 '여성의 경험'에 관한 해석학적 이해."『한국 여성의 경험』.
　　한국여성신학회 편. 서울: 대한기독교서회, 1994.

이현숙. "아시아 여성, 우리는 누구인가?"『생존과 해방을 위한 여정』. 정숙자 외
　　10인 지음. 서울: 대한기독교서회, 1999.

장필화. "여성주의 윤리학-보살핌의 윤리를 중심으로."「여성신학논집」 제1집
　　(1995): 9-32.

정현경. "변혁을 위한 영성."『신학하며 사랑하며: 한국 기독교의 거듭남을 위하여』.
　　장상, 소흥렬 외 엮음. 서울: 문학과 지성사, 1996.

＿＿＿.『다시 태양이 되기 위하여: 아시아 여성신학의 현재와 미래』. 박재순 옮김.
　　왜관: 분도출판사, 1994

조(한)혜정.『성찰적 근대성과 페미니즘』. 서울: 도서출판 또 하나의 문화, 1998.

＿＿＿. "가부장 체제를 넘어서: 생명 존중의 사회를 향한 여성 해방 운동."『한국의
　　여성과 남성』. 서울: 문학과 지성사, 1988.

최만자. "가부장적 모성을 넘어서서."『여성의 삶, 그리고 신학』. 서울: 대한기독교
　　서회, 2005.

＿＿＿. "아시아 기독교 여성의 영성"『생존과 해방을 향한 여정』. 정숙자 외 10인
　　지음. 서울: 대한기독교서회, 1999.

최영실. "신약성서 해석의 모델-한국여성의 경험에서."『생존과 해방을 향한 여정
　　』. 정숙자 외 10인 지음. 서울: 대한기독교서회, 1999.

현경.『미래에서 온 편지』. 서울: 열림원, 2001.

Brennan, Samantha. "Recent Work in Feminist Ethics." *Ethics* 109:4(July 1999): 858-893.

Hanson, Paul D. "Old Testament Apocalyptic Reexamined." in *Visionaries and their Apocalypses*. ed. Paul D. Hanson. Philadelphia: Fortress Press, 1983.

_____. *The Dawn of Apocalyptic: The Historical and Sociological Roots of Jewish Apocalyptic Eschatology*. Philadelphia: Fortress Press, 1975, 1979.

Jaggar, Alison M. "Feminist Ethics: Projects, Problems, Prospects." in *Feminist Ethics*. ed. Claudia Card. Lawrence: University Press of Kansas, 1991.

Mananzan, Mary John and Park, Sun Ai, "Emerging Spirituality of Asian Women." in *With Passion and Compassion: Third World Women Theology Doing Theology*. eds. Virginia Fabella and Mercy Amba Oduyoye. Maryknoll, New York: Orbis Books, 1990.

Noddings, Nel. *Caring: A Feminine Approach to Ethics and Moral Education*. Berkeley: University of California Press, 1984.

Tong, Rosemarie. *Feminist Approaches to Bioethics: Theoretical Reflection and Practical Applications*. Boulder, Col.: Westview Press, 1997.

Ruddick, Sarah. *Maternal Thinking: Toward a Politics of Peace*. Boston: Beacon Press, 1989.

Young, Iris M. "Five Face of Oppression." in *Justice and the Politics of Difference*. Princeton: Princeton University Press, 1990.

_____. "Humanism, Gynocentrism and Feminist Politics." *Women's Studies International Forum* 8:3(1985): 173-183.

생명공학 시대의 모성에 대한 페미니스트 윤리적 분석 – 출산 테크놀로지를 중심으로

리치, 아드리엔느. 『더이상 어머니는 없다: 모성의 신화에 대한 반성』. 김인성 옮김. 서울: 평민사, 1995.

리프킨, 제레미. 『엔트로피 Ⅱ: 유전자공학시대의 새로운 세계관』. 김용정 역. 서울: 안산미디어, 1995.

모노, 쟈크. 『우연과 필연』. 김용준 역. 서울: 삼성출판사, 1990, 1993.

박은정. 『생명공학 시대의 법과 윤리』. 서울: 이화여자대학교 출판부, 2000.

박진희 · 홍성욱, "여성과 기술: 생물학적 결정론과 사회적 결정론을 넘어." 『남성의 과학을 넘어서: 페미니즘의 시각으로 본 과학 · 기술 · 의료』. 오조영란 · 홍성욱 엮음. 서울: 창작과 비평사, 1999.

서정선. "분자생물학의 탄생과 생명현상." 『현대과학의 제문제』. 김용준 외. 서울: 민음사, 1991.

쉐넌, 토마스 A. 『기초생명윤리학』. 구미정 · 양재섭 공역. 대구: 대구대학교 출판부, 2003.

오조영란. "페미니즘으로 본 의료와 여성의 건강." 『남성의 과학을 넘어서: 페미니즘의 시각으로 본 과학 · 기술 · 의료』. 오조영란 · 홍성욱 엮음. 서울: 창작과 비평사, 1999.

와츠맨, 주디. 『페미니즘과 기술』. 조주현 옮김. 서울: 당대, 2001.

이은선. "21세기와 한국 여성신학." 『포스트모던 시대의 한국 여성신학』. 왜관: 분도출판사, 1997.

이인경. 『에큐메니칼 페미니스트 윤리』. 서울: 한들출판사, 2005.

_____. "유전자의 덫." 「한국기독교신학논총」 16집(1999년 12월): 331-361.

최만자. "가부장적 모성을 넘어서서." 『여성의 삶, 그리고 신학: 1980-1990년대

한국여성신학의 주제들』. 서울: 대한기독교서회, 2005.

최민희.『황금빛 똥을 누는 아기』. 서울: 다섯수레, 2001.

Atkinson, Clarissa W. *The Oldest Vocation: Christian Motherhood in the Middle Ages*. Ithaca and London: Cornell University Press, 1991.

Carr, A. and Fiorenza, E. S. eds. *Motherhood: Experience, Institution, and Theology*. London: T. & T. Clark, 1989.

Mananzan, Mary John and Park, Sun Ai, "Emerging Spirituality of Asian Women." in *With Passion and Compassion: Third World Women Theology Doing Theology*. eds. Virginia Fabella and Mercy Amba Oduyoye. Maryknoll, New York: Orbis Books, 1990.

Miller-McLemore, Bonnie J. *Also A Mother: Work and Family as Theological Dilemma*. Nashville: Abingdon Press, 1994.

Oakley, Ann. *The Captured Womb*. London: Blackwell, 1989.

Sherwin, Susan. "Normalizing Reproductive Technologies and the Implications for Autonomy." in *Globalizing Feminist Bioethics: Crosscultural Perspectives*. ed. Rosemarie Tong with Gwen Anderson and Aida Santos. Westview Press, 2001.

죽음의 인간화를 위한 생명윤리적 접근 – 죽음의 정의와 안락사 문제를 중심으로

곽경택. 〈챔피온〉(2002).

구미정. "낙태 문제에 대한 기독교적 응답."『현대사회와 기독교』. 현대사회와 기독교 편찬위원회 편. 대구: 계명대학교출판부, 2004.

김균진. 『죽음의 신학』. 서울: 대한기독교서회, 2002,

김상득. 『생명의료 윤리학』. 서울: 철학과 현실사, 2000, 2001.

문시영. 『생명복제에서 생명윤리로: 테크놀러지 시대의 책임적 생명윤리』. 서울: 대
한기독교서회, 2001.

박재영. "EUTHANASIA, 인간에게 '품위 있게 죽을 권리' 있다, 없다.……"「연세
대학원 신문」(2001. 6),

샤논, T. 외. 『생의윤리학이란?』. 황경식·김상득 옮김. 서울: 서광사, 1988.

쉐넌, 토마스 A. 『기초생명윤리학』. 구미정·양재섭 공역. 대구: 대구대학교 출판
부, 2003.

소병욱. 『삶의 윤리』. 서울: 성바오로출판사, 1991, 1993.

유호종. 『떠남 혹은 없어짐-죽음의 철학적 의미』. 서울: 책세상, 2001.

임종식·구인회. 『삶과 죽음의 철학: 생명윤리의 핵심 쟁점에 대한 철학적 해부』.
서울: 아카넷, 2003.

임종식. 『생명의 시작과 끝』. 서울: 도서출판 로뎀나무, 1999.

"지와 예의 프런티어(18): 미 프린스턴대 피터 싱어 교수."「조선일보」(2001. 5.
9).

최준식. 『죽음, 또 하나의 세계: 근사체험을 통해 다시 생각하는 죽음』. 서울: 동아
시아, 2006.

Callahan, Daniel. *The Troubled Dream of Life: Living with Morality*. New York:
Simon and Schuster, 1991.

Culver, C. M. & Gert, B. "The Definition and Criterion of Death." in
Biomedical Ethics. eds. T. A. Mapps & J. S. Zembaty. N. Y.:
McGraw-Hill Inc., 1991.

Draper, H. "Euthanasia." in *Encyclopedia of Applied Ethics* Vol. 2. New York: Academic Press, 1998.

Engelhardt, H. T. "Medison and Concept of person." in *Contemporary issues in bioethics*. eds. T. L. Beauchamp, LeRoy Walters. California: Wadsworth Publishing Company, 1978.

Feinberg, J. "The problem of personhood." in *Contemporary issues in bioethics*. eds. T. L. Beauchamp, LeRoy Walters. California: Wadsworth Publishing Company, 1978.

Fletcher, Joseph. *Humanhood: Essays in Biomedical Ethics*. Buffalo: Prometheus, 1979.

Puccetti, R. "The life of a person." in *Contemporary issues in bioethics*. eds. T. L. Beauchamp, LeRoy Walters. California: Wadsworth Publishing Company, 1978.

성 전환자의 호적상 성별 정정 허가 판결에 대한 신학적 · 윤리적 분석

『성경전서』 표준새번역 개정판, 대한성서공회, 2001.

부버, 마르틴. 『나와 너』. 김천배 역. 서울: 대한기독교서회, 1973.

이인경. "성 문제에 대한 기독교적 응답." 『현대사회와 기독교』. 현대사회와 기독교 편찬위원회 편. 대구: 계명대학교출판부, 2004.

조혜정. 『한국의 여성과 남성』. 서울: 문학과 지성사, 1988.

Moberly, Elizabeth R. "Transsexualism." in *The Westminster Dictionary of*

Christian Ethics. eds. James F. Childress and John Macquarrie. Philadelphia: The Westminster Press, 1986.

미첼, 존 카메론.〈헤드윅 Hedwig and the Angry Inch〉(2001).

"나를 정정해 달라-트랜스젠더의 성결정권."〈MBC PD 수첩〉(2006년 7월 11일 방송).

여성신학의 관점에서 본 부흥운동

강남순.『현대여성신학』. 서울: 대한기독교서회, 1994.

노대준. "1907년 개신교 대부흥운동의 역사적 성격."「한국기독교사연구」제15-16호(1987).

민경배.『대한예수교장로회백년사』. 대한예수교장로회총회, 1984.

_____.『한국기독교회사』신개정판. 서울: 연세대학교 출판부, 1993.

서정민. "초기 한국교회 대부흥운동의 이해-민족운동과의 관련을 중심으로."『한국기독교와 민족운동』. 이만열 외 7인 지음. 서울: 도서출판 보성, 1986.

손승희. "대한제국시대 기독교의 성령운동."「주제연구」Vol. 8 (1985): 37-70.

신광철. "한국교회는 대부흥운동을 어떻게 바라보고 있는가?"「한국기독교와 역사」제26호(2007): 117-136.

양현혜. "한국 개신교의 성차별구조와 여성운동."『한국여성과 교회론』. 이화여자대학교 여성신학연구소 엮음. 서울: 대한기독교서회, 1998.

옥성득. "평양 대부흥운동과 길선주 영성의 도교적 영향."「한국기독교와 역사」제25호(2006): 57-95.

이덕주. "한국교회 초기 부흥운동과 여성-1903년 원산 부흥운동과 1907년 평양 부흥운동을 중심으로."「한국기독교와 역사」제26호 (2007): 39-74.

_____. 『한국 토착교회 형성사 연구』. 서울: 한국기독교역사연구소, 2001.

_____. 『초기 한국 기독교사 연구』. 서울: 한국기독교역사연구소, 1995.

_____. 『한국교회 처음 여성들』. 서울: 기독교문사, 1990.

이병수. "1907년 평양 대부흥운동의 요인 규명." 「한국기독교와 역사」 제19호 (2003): 77-108.

이숙진. "'한국교회 초기 부흥운동과 여성' 논찬." 「한국기독교와 역사」 제26호 (2007): 75-80.

_____. 『한국기독교와 여성 정체성』. 서울: 한들출판사, 2006.

이인경. "하나님의 형상대로: 기독교와 여성." 『기독교의 이해』. 기독교의 이해 교 재편찬위원회. 대구: 계명대학교 출판부, 2005.

_____. 『에큐메니칼 페미니스트 윤리』. 서울: 한들출판사, 2005.

주재용. "한국교회 부흥운동의 사적 비판-1907년 부흥운동을 중심으로." 「기독교 사상」22호(1978): 62-72.

최영실. "성서적 관점에서 본 한국여성신학." 『신약성서의 여성들』. 최영실 지음. 서 울: 대한기독교서회, 1997.

피오렌자, E. S. 『돌이 아니라 빵을: 여성신학적 성서해석학』. 김윤옥 옮김. 서울: 대한기독교서회, 1994.

Blair, W. N. *The Korea Pentecost and other Experience on the Mission Field*. New York, 1908.

Jaggar, Alison. "Feminist Ethics: Projects, Problems, Prospects." in *Feminist Ethics*. ed. Claudia Card. Lawrence: University of Kansas Press, 1991.

Annual Report of the Korea Mission of the Presbyterian Church in the U.S.A., 1905.

The Annual Report of the Korea Woman's Conference of the Methodist Episcopal Church,

1910.

Minutes of the Annual Meeting of the Korea Mission of the Methodist Episcopal Church,
South, 1904-1905.

Report of Annual Session of the Korea Woman's Conference of the Methodist Episcopal
Church, 1906-1907.

The Journal of Mattie Wilkox Noble 1892~1934. 한국기독교역사연구소, 1993.

The Korea Methodist, 1904.

The Korea Mission Field, 1906-1907.

최태용에 대한 기독교윤리학적 조명

1차 자료(최태용의 글)

"나의 신앙 이상." 「영과 진리」 제9호.

"명랑한 성격." 「영과 진리」 제65호.

"복음생활관." 「영과 진리」 제58호.

"浮虛." 「천래지성」 제5호.

"비교회주의." 「천래지성」 제17호.

"비교회주의자." 「천래지성」 제17호.

"비굴." 「천래지성」 제5호.

"비상한 때." 「천래지성」 제21호.

"성령경험." 「영과 진리」 제49호.

"신앙생활관." 「영과 진리」 제58호.

"신앙인격." 「영과 진리」 제7호.

"신앙형식과 신자의 시험." 「천래지성」 제24호.

"영적 기독교의 과제와 그 현재적 개정 (제3강)." 「영과 진리」 102호.

"외적 권위의 필요에 대하여." 「영과 진리」 제23호.

"접촉의 구원." 「영과 진리」 제22호.

"존재운동인 신앙." 「영과 진리」 제88호.

"진리를 받는 자의 태도." 「천래지성」 16호.

"진리의 여수." 「천래지성」 8호.

"하나가 되라." 「영과 진리」 제103호.

2차 자료

강남순. "여성신학적 교회론-이론과 실천." 『교회와 여성신학』. 한국여성신학회 엮음. 서울: 대한기독교서회, 1997.

고범서. 『사회윤리학』. 서울: 나남, 1993.

김광수. 『한국기독교재건사』. 서울: 기독교문사, 1981.

김승철. "최태용의 신학사상 형성에 대한 연구." 『최태용의 생애와 신학』. 기독교대한복음교회 총회 신학위원회 편. 천안: 한국신학연구소, 1995.

김중기. 『참가치의 발견: 성서윤리의 틀』. 서울: 도서출판 예능, 1995.

_____. 『신앙과 윤리』. 서울: 종로서적, 1986.

서정민. "최태용의 생애와 신학이 지닌 한국교회사적 의미-이상과 실천의 상관관계." 제1회 최태용 목사 기념강좌(2006. 12. 18) 발표.

이인경. 『에큐메니칼 페미니스트 윤리』. 서울: 한들출판사, 2005.

이정배. "한국적 교회갱신론." 『최태용의 생애와 신학』. 기독교대한복음교회 총회 신학위원회 편. 천안: 한국신학연구소, 1995.

전병호. "민족국가 건설운동과 최태용." 『최태용의 생애와 신학』. 기독교대한복음교회 총회 신학위원회 편. 천안: 한국신학연구소, 1995.

_____. "최태용의 생애와 신앙." 『최태용의 생애와 신학』. 기독교대한복음교회 총
회 신학 위원회 편. 천안: 한국신학연구소, 1995.

정재영. "시민사회 참여를 통한 교회의 공공성 회복." 「새가정」54권 597호(2007):
22-25.

틸리히, 폴. 『19-20세기 프로테스탄트사상사』. 송기득 옮김. 서울: 한국신학연구
소, 1980.

Tillich, Paul. *The Protestant Era*. trans. James Luther Adams. Chicago:
University of Chicago Press, 1948.

윤치병, 신언행(信言行) 일치의 삶을 살다

1차 자료(윤치병의 글)

"겸손의 한도(빌 2:1-11)." 「복음과 감사」(1932년 12월).

"모세의 신(출 3:5)." 「복음과 감사」(1933년 1월).

"일각천금(一刻千金)." 「복음과 감사」(1932년 8월).

"徹底(롬 11:36)." 「복음과 감사」(1932년 10월).

2차 자료

익산금마교회 교우들과의 인터뷰 (2010. 10. 3).

기독교대한복음교회 약사편찬위원회. 『복음교회50년 약사』. 서울:기독교대한복음

교회 약사편찬위원회, 1985.

김두식.『교회 속의 세상 세상 속의 교회』. 서울: 홍성사, 2010.

김충렬.『마스토미 장로 이야기』. 서울: 한국장로교출판사, 2009.

백도기 · 서재경.『聖貧의 牧者 非堂 尹恥炳 牧師』. 수원: 한민미디어, 1998.

이규수.『식민지 조선과 일본, 일본인』. 서울: 다할미디어, 2007.

익산고적선양회.「익산문화」제2집(1992).

주기철.『주기철』. KIATS 엮음. 서울: 홍성사, 2008.

최태용.『최태용 전집』. 채문규 역. 서울: 도서출판 꿈꾸는터, 2009.